性別作為動詞
巷仔口社會學2

U0007247

SOCIOLOGY
AT THE
STREET
CORNER 2

戴伯芬　主編

序
巷仔口
發現性／別差異

戴伯芬 本書主編、輔仁大學社會學系教授兼系主任

　　巷仔口最常看到的是女人，也就是俗稱為「婆婆媽媽」的那一群人，那些被我們視而不見的人，是支撐整個社會運作的主力。我們都是被婆婆媽媽，或者是別人的婆婆媽媽撫養長大的，但是卻不了解她們，只有在她們罷工時才意識到家務的重要性，往往到了母親節才謳吟她們的偉大。當女人開始不安於室，走出家庭之後，大家才驚覺舊時代三從四德的女性已成為過去，女力時代正在崛起。

　　社會上最不被看見的是酷兒，也就是泛稱的同志以及跨性別社群，那些隱藏在差異性別身體的靈魂，最容易成為媒體獵巫對象，經常掛在新聞刑台

上被眾人指指點點。作為異性戀霸權中一員，我們不了解同志，只有當他們在同志大遊行中集體現身，才讓多數人看到他們的存在，提醒大眾性別不是非黑即白的男女之分，具有多樣化的光譜。

在政治上，女性治理成為新潮流，台灣出現第一位女性總統，政府部門中女性公務人員約占四成；在全球企業中女性擔任高級主管的比例已近四分之一，女性企業家占四成，而女性專業人員比率已超越男性；在社會場域中，同婚議題沸沸揚揚，挑戰保守主義者所謂亙古以來的家庭自然律，而少子女化危機、醫療以及高齡化的照顧問題，也由於性別角色的改變而變得更複雜，或者說打破傳統性別價值觀之後，人類最原始的家庭制度發展出更多可能性，以因應迎向未來社會的挑戰。

回顧巷仔口社會學的主題，性別一直是發燒的課題，不僅在學院內成為顯學，也反映了社會大眾對於性別議題的關注。本書除了引介性／別概念之外，環繞著日常生活中最常碰到的性別議題開展，包含婚姻與家庭、多元成家、父職與母職、親子教育以及性別在勞動、政治以及醫療等不同場域的作用，一方面檢視家庭結構變遷中在婚姻以及家庭角色中的變與不變，另外一方面也探討不同社會領域中性別變遷所帶來的影響。

社會學觀看性／別的視角

廖珮如的性別社會建構的四堂課，說明性別不是天生的，在 XX 與 XY 之外還有其他多種可能性，而游美惠告訴我們性別是在異性戀霸權下建構起來的概念。對於理論有興趣的讀者，楊佳羚進一步告訴我們性別不平等如何與族群相互作用，而對於少數族群中的特定性別形成壓迫；王佳煌提供了愛情社會學的讀本介紹，讓大家可以按圖索驥進階閱讀。

傳統異性戀婚姻制度正搖搖欲墜，而有關同婚／反同婚的論戰，更引爆台灣有史以來最大的一場性別革命。陳婉琪以嚴謹的社會調查分析來解答離婚對於子女影響的疑惑，挑戰過去「勸和不勸離」的觀念；孔祥明傳授我們

現代的婆媳關係的交戰守則，如何化雙方的暴戾為祥和；除了女性之外，廖珮如與唐文慧關注社會對於家暴男的刻板印象，希望降低對於他們的歧視，而龔宜君深入越南的台商研究，帶我們一窺台灣跨國婚姻中的新夫妻關係，顯示性別研究不單關心女人，也關心同樣被父權壓迫到喘不過氣來的男人。

經自由戀愛、組成一夫一妻制的異性戀家庭是當前社會的主流，但王宏仁的文章指出這樣婚姻形式在歷史上是非常晚近的事，用以反駁由一夫一妻組成的家庭才「合乎自然」的「神話」，陳美華、吳秋園從民意調查來詮釋同婚議題正、反雙方的民意，張宜君對於跨國的同婚制度比較，進一步駁斥了同婚帶來生育危機、愛滋病蔓延以及自然災害降臨的謬論，楊靜利從人口學的觀點說明多元成家與人口之間的動態，主張伴侶關係的多樣性，是提高生育率可能的出路之一。

社會學家視婚姻為一種因應社會變遷的變態制度，沒有必然的形式，異性婚或同性婚也好，都是個人之間的社會契約，不應有既定的形式，而家庭之內也可以打破既定的社會性別角色，夫妻、婆媳之間的關係因不同家庭而異，不再演出婆悍媳柔或夫強妻弱的傳統性別角色，因此，如何「做性別」，恰如其分地扮演自己的角色，成為當代人重要的生命課題。

▋ 看見性／別差異

常聽到有人說，女人是世界上最複雜的動物，這種說法一方面貶抑了女性作為人的主體性，但另外一方面也說明女性生理與心理的複雜性遠遠超過生理男性，女性在生理期的情緒焦慮、哺乳期的壓力，以至於空巢期的失落，這些獨特經驗只能在女性書寫中再現；同樣地，男性在異性戀霸權中必須力爭上游，男兒有淚不輕彈，男性的喜怒哀愁也成為被壓抑、不可言說的議題。但是隨著性別解放的風潮，男性研究正方興未艾，酷兒社群被壓抑的性，不僅成為社會科學研究的重要主題，也在小說、電影以及新媒體文化中占據重要地位。

育兒以及教育是性／別研究中重要的課題，梁莉芳與曾凡慈以母親的角色，揭露了母職的實踐潛力以及必須承擔的風險，高子壹則指出子女成績不應成為母親的考績；陳逸淳對於兒童過動症的分析，可以看到醫療如何形成一種新的規訓力量，介入孩童的教養歷程；何明修則從女兒小梅身上，印證了社會化的學習經驗；在一個雙薪世代的來臨，托育問題已經從社會學者親身經驗的私領域困擾，逐漸轉化為公共議題，並形成公共托育政策的建言。

社會學家們擅長用他們的觀察來理解家庭中的親子關係以及教育的角色，周怡君從德國初等教育經驗來對比台灣教育嚴苛的競爭主義，充滿慈母詼諧的反思，石易平從暑假作業的存廢來討論教育的本質與功能，拆解暑假作業的意義，這兩位具母親身分的社會學者看到台灣升學主義如何扭曲孩童的學習本質，形成對於學生學習的壓迫。我對性別平等教育的批判，旨在解構一種基於保護式父權主義的性別平等教育法規，如何強化性別秩序的控管，加深校園中的性別對立。而藍佩嘉有關兒童節的分析，在歷史縱深中反思兒童如何從過去國家的主人翁，轉變成消費的主體，喪失了純真的童年，無獨有偶，張盈堃的玩具動員論同樣看到一個以玩具消費的主體建構，且已不限於兒童。

扭轉性／別的社會實踐

2016 年，台灣選出了有史以來第一位女總統，姜貞吟對於女總統以及她的男性閣員的批判，代表婦女團體對於新政治的期望落差，林宗弘對於跨國女總統施政的比較，仍肯定女總統是民主社會的表徵，她們在改善政治暴力以及提昇女權上做出貢獻。但整體而言，台灣目前女性的政治參與仍不易改變公共領域既存的性別階序，田晶瑩指出父權社會總是要求女性要保護好自己的貞潔，並習於將自己置於相對的高處去檢視名人和政治人物的道德瑕疵，不過一切沒有這麼理所當然，也沒有那麼簡單。

從家庭私領域到公共領域，女性以及性少數在不同場域仍處於相對弱勢地位。陳美華對於美髮業中的性別情緒勞動有細膩的描繪，陳伯偉對於 Gay

Spa 的按摩服務，帶領讀者進入同志的性服務產業，呈現出當代情緒勞動中的性別操演，而姜穎對於運動員中失去女人味的女運動員分析，說明她們如何調和女性陰柔與運動陽剛條質之間的矛盾。何撒娜以韓國的火病為喻，說明了傳統家父長制加在女性身上家務重責、婆媳間的矛盾衝突、以及男尊女卑的思想壓迫等，形成一種女性獨特的病症——火病，她們的身體用各種病痛與不適，來進行抗議。雖然日常生活中的性別實踐有些可以逃逸於傳統性別價值觀之外，形成獨特的性別操演，有些卻仍深深捆縛於傳統性別角色中之中，難以掙脫。

最後，面對一個高度醫療化的社會，許甘霖指出了女為悅己者容的身體改造苦難，但是科技也有改造社會正面的功能，范代希看到女性在另類療法中學習到的解放。新的科技確實正在改變性別社會關係，施麗雯從產房中的男人看到性別角色的改變，黃于玲與吳嘉苓對於東亞低生育率提供了一個新的觀點，包含少子女化的勞力短缺可由高素質婦女勞動力替代，人工生育技術也可能支持新的婚姻形式，關鍵已經不在技術，而在於社會是否以及如何提供個人選擇的環境。

社會學眼中的性／別不再成為每個人與生俱來、不可改變的特質，而是人與人、人與周遭社會環境相互作用下的產物。透過不同社會學者的研究，可以重新檢視社會複雜而多元的性／別關係，更有助於揭露性／別關係中的不平等，也期望讀者透過社會學的視窗，不僅可以建立自身的性別認同，也可以肯認不同性／別傾向的他人。

這本書的出版，是循台灣社會學會王宏仁前理事長當初的公共書寫的理念的產物，必須感謝所有在百忙之中仍願意貢獻文稿的學界同仁，畢竟在一個斤斤計較的學術積點生產時代，巷仔口社會學提供大家掙脫學術全控場域，獻身公共領域的機會，僅以此書獻給被壓迫的女人、男人以及尚未取得婚姻平權的人。

第一篇　性／別社會學

性別社會建構的四堂課

廖珮如 屏東科技大學通識教育中心助理教授

　　自從 2004 年《性別平等教育法》施行以來，部分基督教人士組成真愛聯盟，連署阻擋教育部實施多元性別教材，近年來民間團體和部分立委致力於推動《民法》修正草案也引起部分宗教團體反彈。上述爭議多圍繞著「性／別天生」的概念，然而，「性別」二字之複雜，實非「天生自然」四字可含括，不同流派的女性主義者皆提出性別作為一種社會建構的概念，由此出發來理解不同文化、時空裡的性／別意義。我在這裡將以課堂上的教學經驗，分成生理性別、社會性別、性別特質、性慾取向四項課題展開討論，盼能為有興趣了解性別研究的讀者提供另外一道觀看「性別」的窗口。[1]

▌第一課　生理性別：XX 與 XY 之外的可能性？

　　我們從最簡單的「生理性別」（sex）一詞來討論一個最基本的問題，人天生下來就只有兩個性別嗎？這個問句包含兩個層次，一個是「天生」，一個是「兩個性別」。人類分為男性與女性，看似一件理所當然的事情，實則不然。2013 年 6 月一則新聞報導，香港一名陰陽人以男性身分生活了六十六年，在腹痛就醫後才發現自己是醫學定義上「性別不明」的人。世界上還有一群人被稱為「陰陽人」（intersex），在此我無法給予一個確切的數據說明陰陽人數的多寡，因為醫學上對於「性別不明」的定義分類繁多，各種分類所占比例亦大不相同。[2]

　　「天生如此」的這種想法從何而來？這得回溯到「現代醫療」論述產製與「現代國家」的建制過程。醫學研究與醫療科技的發達，使得一名嬰兒在出生之始，便被分派了某個「性別」，前面所說的「陰陽人」，正因其身體狀態不符合醫學知識產製的二元性別特徵，而被視為「不正常」。當醫學試圖以「理性的科學」解釋「生理性別」時，便產製了何謂正常、何謂不正常，被劃分至「不正常」類別的人，經常被認為是需經醫療矯治，方能有「正常」人類社會生活的一群人。一名嬰兒經醫師分配一種性別後，父母須為她／他填寫表格、報戶口、申請身分證明文件，各式表單上皆會出現一個填寫「性別」的欄位，國家制度預設在此欄位只有兩種選項：非男即女，以便現代國家實行人口治理。不過，澳洲自 2013 年 7 月起正式承認身分證件上的「第三性：X」，此舉撼動長久以來現代國家於人口治理政策上性別二元對立的意識形態，也讓人們開始重視性別不只兩種可能性。

---

1. 謹以本文獻給所有為婚姻平權、多元成家努力不懈的朋友，也希望本文可以讓原本不熟悉「性別」理論的朋友開始看到「人」，而不是性別相關的「標籤」。我在這裡試圖以較為淺顯的語言闡述性別研究的基礎概念，但限於篇幅，這篇文章或許過於簡化未能含括此領域內豐富多元的討論與論述，如果讀者有興趣做更深入的探討，歡迎參考註釋裡提到的相關文獻與資料。

2. 關於陰陽人的相關資訊請見「國際陰陽人組織」網站，欲瞭解他們生活的處境可從日本漫畫改編的影視作品《IS ～性別不明》（IS ～男でも女でもない性～）下手。

第二課 社會性別：「男人」就該如此？「女人」就該這般？

第二課的主題是「社會性別」（gender），女性主義者主張，性別是一種社會建構下的產物，經「社會建構」的「性別」便會因歷史、文化、種族、國家等等各種社會因素而有所差異。[3] 要如何解釋「建構」這個概念，中國東漢時期班昭所寫的《女誡》第一章便為我們闡述「女人」（與「男人」）的社會內涵與定義，乃社會建構下的產物，而非自然天生。東漢以降，儒家士大夫階級認為「女人」該扮演「卑弱」的角色，社會化過程中，教育「女人」的方式如《女誡》各章節所述，除了讓女人明白其卑弱地位之外，亦教導其於儒家社會中需勤勞持家、主持夫家祭祀之責……等社會義務與責任。

在此，我們便可分辨「生理性別」與「社會性別」。儘管我們生來的身體擁有性徵，然而「男人」或「女人」的社會意涵，會因文化、歷史、國族、種族、階級等差異而有所不同。社會期待的「性別」框架往往限縮「人」的發展潛力，例如，當代台灣學生在學科選擇時往往因家庭對「性別」的期待，選擇與自己興趣或專長不符合的類組科系。性別的社會期待也可能在發展親密關係過程中引起衝突，使得關係中的兩人僅以「性別」框架互動，而非看見真實的人、經驗和感受。

多數人固然於出生後的社會化過程中，「理所當然」地將「生理性別」等同於「社會性別」。有一群人卻不這麼想，她／他們認為自己的靈魂裝錯身體。醫學及學術論述上將他們稱為「跨性別」（transgender），現代醫療論述「自然化」與「正常化」性別的過程，將生理性別局限於二元對立的有限選擇裡，現代醫療知識自佛洛依德起始，也將「跨性別」視為一種精神疾病，稱為性別認同障礙，現代醫療科學建構的「二元性別」視「生理性別」不等同於「社會

性別」的人為「不正常」[5]。「性別」透過現代醫療論述形成「正常」與「不正常」的類別，這樣的劃分輕則讓那些被視為「不正常」的人，因缺乏支持網絡而感到混亂困惑，重則使他們被置放於高度危險的歧視文化中。[6]

第三課　性別特質：妳好「man」、他好「娘」

性別特質的討論可粗略劃分為「陽剛特質」跟「陰柔特質」，用通俗語言來說是「男子氣概」與「女人味」、或是「很 man」與「很娘」。所有生理女性、自我認同為女人的人都會散發「女人味」嗎？要做哪些事情才算有「女人味」？同理亦可推論至生理男性身上。茱蒂·巴特勒（Judith Butler）提出「做性別」（doing gender）的概念，人們必須在日常生活中不斷操演、展演，透過服裝、打扮、說話、動作等方式，來演出一種特定性別。[7] 性別特質若是需透過後天操演、習得而成，我們也可以因此將性別特質與生理性別解離、脫鉤，並且了解到「性別特質」的社會內涵與定義也會因文化、種族、國族、階級、歷史時空而有所差異。例如，藍領階級男性的男子氣概與白領階級男性的男子氣概有何不同？「打某」（打老婆）到底是「大丈夫」還是「豬狗牛」？

在我們成長過程中，花木蘭、祝英台、楊家將的故事都為我們展示，女人除了「女人味」之外，還有不同的選項；《蘭陵王》也為我們展現驍勇善戰的武將如何溫柔細膩，既能打仗、又能下廚做女紅，胸懷天下又心繫佳人，這其實頗符合雷金慶（Kam Louie）指出儒家文化下的男性注重允文能武、陽

---

3. 請參見 Stevi Jackson, 2007, 'Rethinking the Self: Constructions of Gender and Sexuality in Late Modernity', in Michael Kimmel (ed) *The Sexual Self: The Construction of Sexual Scripts*. Nashville TN: Vanderbilt University Press, pp. 3-15.

4. 現已更名為性別不安症（gender dysphoria）。

5. 推薦觀賞 2012 年由許鞍華執導、吳鎮宇主演的微電影《我的路》，以及 2015 年出版的《讓心中的女孩走出來——我是曾愷芯》。

6. 參看 1999 年希拉蕊·史旺（Hilary Swank）獲得奧斯卡金像獎最佳女主角的電影《男孩別哭》（*Boys Don't Cry*），討論了在 1993 年保守的美國中西部，一件跨性別者遭受凌辱殘殺的真人真事。

7. Judith Butler, 1990, *Gender Trouble: Feminism and the Subversion of Identity*. London: Routledge.

剛與陰柔兼備陰陽調和的特質。[8] 當代流行文化中更不乏女扮男裝的戲劇，如《花樣少年少女》、《咖啡王子一號店》、《風之畫師》、《成均館緋聞》、《雲畫的月光》等，這些作品能讓我們以輕鬆的方式思考性別如何操演、性別特質如何與生理性別脫鉤。[9] 我們不能無視於許多因性別特質受到霸凌欺辱的案件時時在校園中發生，中小學校園中一群孩子對著較為陰柔的男性謾罵「噁心」、「變態」、「人妖」，甚至強迫他脫下褲子證明自己性別的霸凌事件，時有耳聞；[10] 社會新聞中較為陽剛的女性，遭受男性透過性侵害進行「矯治」的事件也非特例。我們只有破除「正常」、「不正常」的二元對立思維，看見真實的「人」，而非他們身上的性別「標籤」，才有可能改善校園內的性霸凌問題。

▌第四課　性慾取向：男生愛女生、女生愛男生？

在「異性戀」跟「非異性戀」的二元對立中，「非異性戀」這個分類其實可以細分為許多族群，例如「雙性戀」、「男同性戀」、「女同性戀」、「無性戀」（asexual）、「泛性戀」（pan-sexual）等類別。近年來更細緻區分「性慾取向」，將人的情感需求和性慾需求分開來討論，有些人或許在情感上受到同性吸引，而在性行為上傾向和異性發生性行為。

反同志論述中將同性戀視為「不正常」、「不自然」也是一項由宗教和醫療共同建構而成的現象。「同性戀」（homosexual）一詞並非自古以來便存在的詞語，從字源學上來說，同性戀遲至十九世紀才出現，才漸漸發展成為指涉同性之間愛戀與性行為的名詞。隨著現代醫學出現，同性之間的性行為開始從宗教中的「罪」轉化成為醫學上的「不正常」。十九世紀末期現代醫

8.　請參見 Kam Louie, 2002, *Theorizing Chinese Masculinity: Society and Gender in China*. Cambridge: Cambridge University Press.

9.　當然，她們周遭為何恰巧都是花美男，以及主角為何恰巧都是異性戀等議題，限於篇幅無法在此討論。在此，我強力推薦觀賞 2009 年由岡田將生主演、改編自漫畫的日劇《乙男》（オトメン），讀者或許便能輕易理解「生理性別」、「社會性別」與「性別特質」如何脫鉤。或是，2010 年的韓劇《秘密花園》（시크릿 가든），也可以在靈魂互換的主題中看到性別特質如何習得與操演。

10.　參看歌手蔡依林為葉永鋕事件拍攝的短片「不一樣又怎樣」紀錄片（葉永鋕篇）。

療論述，開始將「同性戀」視為病態行為，呈現了同志被醫療化的過程。[11]然而，步入二十世紀中後期，許多研究指出，「同性戀」不會影響個人精神判斷能力、心智能力、社會工作能力等，「同性戀者」在生活上、思想上、心理健康上與「異性戀者」無異。[12]

「同性戀」既非病態行為，也不需矯治，[13] 泛宗教團體人士產製的反同志論述，其背後的道德意識形態，乃根基於《聖經》文本譴責「同性性行為」，這與歐美國家過去曾有的同性戀入罪歷史，[14] 來自相同的宗教脈絡。[15] 隨著社會變遷，性慾取向也被視為構成個人身分認同的重要元素，理解非異性戀者在不同的時空文化如何被建構成「不正常」或「不自然」將有助於我們在校園、生活和工作等不同場域看見非異性戀者的需求，[16] 並進一步在國家政策的層次上保障同志公民權。

---

11. 請參照《台灣女科技人電子報》第 56 期「當我們同在異起：同志與精神醫療研討會」的活動會後報導，研討會日期：2012 年 3 月 25 日。
12. 屏東大學教育心理與輔導學系王大維老師整理了美國主要心理健康助人專業學會，對於同性婚姻與同性扶養孩子議題的立場，例如美國心理學會、美國社會工作者學會、美國婚姻與家族治療師學會、美國精神醫學學會、美國諮商學會、美國小兒科醫學會等專業學會皆從實證研究的基礎上支持同性合法締結婚姻及收養孩童的權利。
13. 這一點從 2013 年 6 月「國際走出埃及組織」主席的道歉聲明可見一二，「國際走出埃及組織」乃保守基督教教會，希望透過禱告與諮商來「截彎取直」，使同性戀成為異性戀，該組織的主席發表全球聲明，為他們的行為道歉，並認為此舉嚴重壓迫同志族群及其家人。
14. 例如電腦之父艾倫·圖靈（Alan Turing）因為二十世紀中期英國同性戀入罪的法律而遭化學去勢，使他的身心受到極大的傷害。2017 年 1 月英國國會通過的《艾倫·圖靈法案》生效，共約四萬九千名因同性戀被定罪者獲得赦免。2014 年上映的電影《模仿遊戲》（The Imitation Game）即改編自安德魯·霍奇斯（Andrew Hodges）的《艾倫·圖靈傳》（Alan Turing: The Enigma）。相對來說，台灣並無同性戀入罪的歷史。
15. 反同志的宗教道德論述在世界許多國家，皆導致同志族群受到人身安全與生命威脅，2011 年時，英國 BBC 製播一集電視紀錄片《The World's Worst Place to be Gay》，該片進入烏干達拍攝，實地訪視當地同志，在教會人士強烈的反同志論述宣傳下，如何過著沒有隱私、沒有人權、遭受性侵害、被追殺的生活。該地的同志族群被家族耆老逐出、被迫居住在骯髒不堪的貧民窟、甚至需以難民身分尋求他國的政治庇護。
16. 請參考：衛漢庭等人（2014），〈同志友善醫院：健康照護平權指標〉，《台灣醫學》，18(3)：333-337。王紫菡、成令方（2012），〈同志友善醫療〉，《台灣醫學》，16(3)：295-301。鍾道詮（2009），〈從老年愛滋病毒感染者的需求檢視台灣長期照顧制度〉，《愛之關懷季刊》，68：48-55。鍾道詮（2011），〈同志面對的暴力與傷害情境〉，《婦研縱橫》，94：2-15。鍾道詮（2011），〈女男同志健康需求概述〉，《社區發展季刊》，136：357-371。

游美惠　高雄師範大學性別教育研究所教授兼所長

「異性戀霸權」是什麼？

從現象談起

　　從 2011 年「真愛聯盟事件」[1]開始，一直到後來又有為反對多元成家推動立法的「台灣守護家庭聯盟」[2]，投入相關活動的積極分子常常狀似無辜地喊冤說他們不是「異性戀霸權」（heterosexual hegemony），他們只是溫和地訴求，想要「擁護傳統家庭價值」，希望「救救下一代」。他們一再「望文生義」地自作詮釋，說自己並不「霸」，殊不知「霸權」跟態度是否霸氣根本無關。在許多對話交鋒的場合，這些積極擁護傳統價值的人因為不理解「異性戀霸權」理論概念，以訛傳訛，混淆社會大眾之視聽，真是令人憂心！

「真愛聯盟」或「守護家庭聯盟」的成員雖然辯稱自己不是「霸權」的擁護者，但問題是：「霸權」如果是一個體系，任何生活在體系之中的個人可以否認它的存在嗎？可以免於受其影響嗎？一位幼兒心理發展專家曾經在一個性別平等教育主題的學術研討會上公開出示一幅圖像，指出「你（同性戀者）出櫃，我（指異性戀者或反對同性戀者）入櫃」，表面上看起來，這「一出一入」似乎言之成理；但是只要我們檢視社會中「異性戀霸權」的運作實況，就可以知道這種說法是完全站不住腳的。同性戀者在「異性戀霸權」的社會之中要冒著被歧視的風險「出櫃」，是大部分的異性戀者很難體會到的感受，「異性戀霸權」的社會讓異性戀者不用努力爭取就能享有許多好處與「特權」（privilege），對外表明性身分之後所引發的影響，對於異性戀者與非異性戀者大大不同，如何可以等同視之呢？所以把「異性戀霸權」這個概念闡釋清楚非常重要！

▋ 什麼叫做「霸權」呢？

　　馬克思主義者葛蘭西（Antonio Gramsci）在他的《獄中札記》（*The Prison Notebooks*）一書中提出了「霸權」這個概念來解釋統治階級維持權力主宰的方式；他主張統治階級不是透過經濟權威的直接表達，而是積極發揮其知識、道德和意識形態的影響，讓大部分的人被說服，接受其作為統治階級，取得經濟與文化上的正當性。統治階級若要確保與維持霸權地位，就必須把制度、觀念和相關社會實踐和社會裡盛行的「常識」心靈狀態加以接合，讓人們自然而然接受「霸權」為事物的「自然」秩序。所以「霸權」是深刻編織在日常生活紋理當中的，透過教育和宣傳，它不只使人們把許多主流文化的假定、信仰和態度視為理所當然，它也同時超越於所謂的政治經濟體制（例如國家或市場）之外，在常民生活中形成微妙且無所不包的力量。運用這樣的概念來思考性取向的問題，可以讓我們對於性別壓迫有更深刻的理解。

---

1. 整起事件之始末相關說明可以參見王儷靜（2013），〈「真愛大解密：真愛聯盟訴訟案始末說明座談會」紀實〉，《婦研縱橫》，98：104-117。此外，也可參看「台灣性別平等教育協會」網站（http://www.tgeea.org.tw/）之「倡議發聲」項目中的資料。
2. 「台灣守護家庭聯盟」網站：https://taiwanfamily.com/。

什麼叫做「霸權」呢？用通俗的話來說，就是一方沒有逼迫另一方做，另一方就會自動去做，這就是一種霸權！例如，我們常常會說台灣是在美國的文化霸權之下，因為美國政府沒有規定我們要學習美式英文，但是台灣人還是一直要學美式英文；在台灣內部也是一樣，譬如居住在彰化和屏東的人可能不知道彼此所居住的鄉鎮地方發生了什麼事，可是大家透過大眾傳播媒體的新聞報導卻都知道台北市發生什麼事，台北市長今天又出席了什麼活動，這也是一種「台北霸權」的展現。另外還有一種我們相當熟悉的「核心家庭霸權」，就是我們每個人心裡都有一個「家庭劇本」，認為「家庭」一定是由父母與兄弟姊妹等成員所組成。但是真實的世界裡，有很多人不是生活在異性戀的核心家庭裡（例如單親、大家庭、同志伴侶或是單身等所組成的家庭）。但核心家庭的霸權透過教科書、大眾傳播媒體與日常生活常民言說到處傳布，可能對非生活在核心家庭中的人造成影響，覺得自己的「家庭不完整」以及「生命是有所缺憾的」。

而我們現在要探討的「異性戀霸權」，就跟上述的種種「霸權」一樣，讓非異性戀者一直覺得自己「跟別人不一樣」，甚至是「不正常」，以至於不敢公開自己的性身分，只能躲在「櫃子」之中無法現身（come out）。當一個人沒「出櫃」，我們就會預設他／她是個異性戀者；我們預設男人與女人會有親密關係、然後建立家庭，認為這是很理所當然的，社會傳統、經濟安排與法律結構都把異性伴侶當作是唯一的親密關係開展模式，把異性戀婚配所組成的家庭認為是「正常」家庭。因此，社會上的「異性戀霸權」讓LGBT [3] 等性少數者面臨「出櫃」的種種難題。另外，有人會提出疑問，是否可以用「異性戀中心」或「異性戀主流」來取代「異性戀霸權」，雖然這些詞語的意思差不多，但是「霸權」一詞更能彰顯此一「共識」是被建構形成，而且可能會被推翻的動態現實。

無所不在的「異性戀霸權」

對於同志議題與同志運動有獨到見解與清晰論證的女性主義哲學家柯采新（Cheshire Calhoun）在其《同女出走》（*Leaving Home: Reflections on Lesbianism* and Feminism）書中曾經指出：

> 我們的社會習慣、規範與制度都依著異性戀結構的需求來設計，製造出身體與文化上的兩種性別——陽剛的男人與陰柔的女人——然後慾望才能被異性戀化。男女有別的行為規範、男女有別的交往模式、性別分工以及其他種種，將被劃分成不同身體性別的個人。加工製造為不同文化性別的個人。……社會小心的教導著小孩、特別是青春期男女，讓她們準備好進入異性戀的互動方式。社會教的是異性戀的性教育，給予他們許多如何吸引異性的忠告，教他們異性戀的行為規範，也教他們在適當的場合裡（例如舞會與約會的儀式）表現慾望。成年人的異性戀更是進一步透過情色與色情、異性戀化的笑話、異性戀化的服裝、羅曼史小說等等來支持。異性戀社會認為：男人與女人會有親密關係、然後建立家庭，是很理所當然的。結果社會傳統、經濟安排與法律結構，都把異性伴侶當作唯一且極為重要的社會單位。[4]

　　類似的情形也出現在台灣的校園之中，我們可以看到許多教育工作者常常把異性戀關係當作是唯一的模式來進行親密關係相關主題的教學；許多學校的輔導室（或學生輔導中心）會對學生進行意見調查以了解學生想聽什麼主題的演講，結果常常都是想聽「兩性交往」相關主題的人數最多，而想聽「同性戀」議題的學生人數很少，學校依多數決的原則就安排講者來談男女兩性關係相關主題。在這樣的行事邏輯之下，同性戀甚至是多元性別的主題教學很難出現在學校教育的內涵之中，更遑論在相關教學活動中引介更多同志平權運動或其他相關性別人權推動訊息的國際視野讓學生知曉。

　　另外，法律學者陳昭如曾以婚姻為例，仔細剖析父權機制與異性戀霸權的運作，[5] 她指出近年來的法律改革雖然削弱了婚姻之中女性所受到的壓迫；

---

3. 我們在談多元性別的概念時，提到性身分的多樣性，常會以 LGBT 來指稱之。L 指的是女同志（Lesbian），G 指的是男同志（Gay），B 指的是雙性戀者（Bisexual），T 指的是跨性別者（Transgender）。
4. Cheshire Calhoun（1997），《同女出走》，張娟芬譯，台北：女書文化。
5. 陳昭如（2010），〈婚姻作為法律上的異性戀父權與特權〉，《女學學誌：婦女與性別研究》，27：113-199。

但是婚姻持續成為異性戀者獨享的特權，同志作為婚姻的「不適格者」與「破壞者」，永遠享受不到國家福利給已婚者的「補貼」等種種好處，這是不容忽視的不平等啊！所以，我們可以說「男生女生配」的遊戲不只是孩童常玩的一種遊戲，更存在於日常生活的互動模式以及攸關資源分配的現實政策與法令制訂之中。

然而，「守護家庭聯盟」在其網站上公開發文指出：

同性戀者不是我們的敵人，若站在他們的角度想一想，當被別人用歧視的眼光及不尊重的態度對待時，同性戀者心裡有許多的傷害及憤怒，我們要反對的是「法案」，也反對在背後推動這個運動的勢力及團體（底下簡稱同運團體，同運團體和同性戀者不一樣，同運團體裡的人不一定是同性戀者），我們反對的是沒有全國共識的法案可能會引起的社會混亂及國本動搖，婚姻及家庭制度關係到全國每一個人及下一代的未來……。[6]

這就是一種「異性戀霸權」的展現，當他們指出「沒有全國共識的法案可能會引起的社會混亂及國本動搖」而積極連署與發起群眾運動反對同性婚姻相關立法的推動，事實上就是在鞏固「異性戀霸權」！當他們夸夸其言指出同志應受尊重及基本權益保障，卻積極捍衛「一男一女婚姻之法律定義不應更動」，這樣前後矛盾的訴求與行為，事實上就讓我們發現「異性戀霸權」的無所不在及其頑強運作。

▍改變的開始：用不同的方式參與社會體系

理論上來說，「霸權」經常處於某種不穩定和脆弱的狀態，不過在許多文化傳統的深層結構當中，「霸權」基本上仍然持續以某種可見的形式恆久存在，「霸權」也經常在政治經濟的面向之外，如家庭、媒體與教育等分析範疇，形構其主導性的框架（framing）[7]作用。但是，誠如文化研究學者克里斯·巴克（Chris Barker）所言，「文化是一意義衝突與鬥爭的領域。霸權並非一個靜態的實體，而是由一連串不斷改變的論述與實踐所構成，同時這些

論述與實踐不斷地受到社會權力所局限。因為霸權必須被不斷地重製與重新贏得，所以它也開展了挑戰霸權的可能性」。[8] 所以我們必須將霸權視為僅是一暫時的穩定狀態，而非固定且永久的具有支配與宰制效果；同時，我們更要積極鬆動或拆解那些讓優勢社會團體的世界觀與權力得以維繫的霸權。

美國社會學者亞倫・強森（Allan Johnson）在其《性別打結——拆除父權違建》（The Gender Knot: Unraveling Our Patriarchal Legacy）一書中指出：「我們躺在某張床上，不表示床是我們製造的，如果我們還有更好的選擇，我們甚至不會想睡在這張床上。」[9] 他用這個例子來說明「參與社會體系」、「迎合且認同這個體系，想要它永存」、「非常有意識地創造體系」，這三者是不同的事情，不能將之混為一談。造就出性別不平等的「父權」和「異性戀霸權」都是一種社會體系，個人參與其中似乎沒有選擇；但是個人作為一個行動者，可以用不同的方式參與體系，甚至改變結構。所以，父權體制和異性戀霸權能否改變，其實也關乎參與其中的個人與團體，是否願意「起而行」做出不一樣的決定，採取不同的行動，拆解體系的配置安排。

以 2016 至 2017 年台灣社會掀起的同性婚姻合法化議題之論戰為例，正反雙方都積極為自己所擁護的立場辯論，同性伴侶對於法律關係保障的迫切需求是否應該有相關法律來加以保障權益？可以透過修改《民法》來達成目的或是應另立專法來作規範？激烈對峙的論述戰爭與政治角力引發社會大眾與媒體的高度關注！在衝突與激烈論辯的過程之中，甚至出現反對校園推動性別平等教育的聲音，認為推動性教育或性別平等教育會造成性解放或性濫交的後果，為了動員更多人反對婚姻平權，有心人士刻意製造謠言、混淆視聽，竟不惜散布恐嚇消息，藉此批判校園一直以來積極推動的性教育與多元性別概念。

---

6. 該篇文章標題為「尊重同志，反對同運」，網址：https://taiwanfamily.com/2129，檢索時間：2017 年 4 月。
7. 廖炳惠（2003），《關鍵詞 200——文學與批評研究的通用辭彙編》。台北：麥田出版。
8. Chris Barker（2007），《文化研究詞典》（The Sage Dictionary of Cultural Studies），許夢芸譯，台北：韋伯文化。
9. 亞倫・強森（2008），《性別打結——拆除父權違建》，成令方等譯，台北：群學出版社。

運用上述的看法：「個人作為一個行動者，可以用不同的方式參與體系，甚至改變結構」，我們可以藉此呼籲許多家長，當您收到手機通訊群組傳來的之訊息，可以不用急著焦慮或恐慌，不用急著轉傳訊息給別人，試著「用不同的方式參與體系」，去翻翻教科書，平心靜氣閱讀其中內容，看看是否有性解放或性濫交的內容，並自問：如果您的小孩只接受傳統的兩性刻板對立觀念真的對他／她比較好嗎？偏見和歧視的存在往往來自於無知，連帶形成恐懼、排外而造成不平等，教育應該帶領學習者看見差異，開啟更寬廣的視野。對「異性戀霸權」這個概念的理解，也許就是民主社會公民應積極學習的重要知識，讓自己超越局限、看見多元。

性／別化的種族歧視

楊佳羚　高雄師範大學性別教育研究所助理教授

　　所謂「性別化的種族歧視」（gendered racism），主要來自 Philomena Essed 及 Avtar Brah。Essed 以交織性（intersectionality）分析美國種族歧視，發現黑女人經歷的種族歧視與性別歧視往往密不可分。例如，黑女人遭性騷擾時，美國主流社會以責備受害者的方式，往往將受害者與美國黑奴史中黑人女性「性慾高張」（hypersexual）形象相連結，認為黑女人被騷擾只是「剛好而已」。而 Brah 則指出，「種族歧視向來是性別化的與性化的現象（a gendered and sexualized phenomenon）」：被壓迫族群的男性會以「具有女性化的特質」的方式被種族化（如「東亞病夫」），而被壓迫族群之女性則被再現為具有男性的特質（像是黑女人「太過強勢」、「不像女人」）。它不只是歧視，

還包括慾望等等矛盾情感：例如西方一方面貶抑「東方」，卻又對「東方」有許多異國情調的愛慕與遐想，包括想窺視阿拉伯閨房（harem）、侵略永遠帶著強烈性暗示（「探索」非洲「處女地」），都是這類「又愛慕又貶抑」的矛盾展現。

在本文中我將「性」與「性別」分列／並置在「性／別化的種族歧視」一詞裡，是因為我更想凸顯這類種族歧視不只用「性別化」（gendered）或「性化」（sexualized）的方式歧視另一族群，或讓另一族群的男女承擔不同種族歧視的後果；也包括西方國家以特定性別議題或性議題為名，進行種族歧視的現象。

以女性解放為名的「性／別化的種族歧視」

早在 1980 年代，英國黑人女性主義者 Hazel Carby 挑戰白人女性主義設定的核心議題時就提到，亞裔女孩總被認為是受到「東方家庭」壓迫的受害者，像是受到「大家庭」的壓迫，常常行動受限，又被父母安排的婚姻早早嫁掉。

曾看過《我愛貝克漢》（Bend It Like Beckham）這部電影的人，應該對這樣的亞洲女孩形象並不陌生——影片中出身印度家庭的女主角，就是被家裡管得死死的。母親總是看不見她的球技，只在乎她在觀眾面前露大腿，還認為她踢足球讓家族蒙羞。當我還沒受後殖民女性主義洗禮之前，常用這部片來談體育與性別。然而，我重讀黑人女性主義者的著作時，才驚覺自己過去的立場竟然和西方白人女性主義站在一起，透過建構「傳統移民家庭」的形象，來顯示西方社會的「解放與進步」。如果說，影片中所呈現的「印度家庭廚房」、「家族羈絆」、「相親結婚」都是負面的，卻又剛好「專屬移民家庭」；而「英國足球場」、「個人成功」、「自由戀愛」則「恰恰展現西方社會」，這樣的再現並非巧合，也不只是單純講述「代間衝突」，或是「自立自強有信心」的女孩努力讓自己擺脫家庭束縛的故事，而是再次地強化了「移民（東方）＝傳統、落後、壓迫」vs.「英國（西方）＝現代、進步、解放」的對比。而影片中因受歧視而怏怏不樂的父親，必須停止訴說遭受種族歧視

的傷痛、像女兒一樣努力跟白人成為好朋友、藉由體育活動融入英國社會，才會得到「幸福」（詳見 Sara Ahmed 對本片的分析）。

值得我們注意的是，像《我愛貝克漢》這類貌似談論性別平等議題的影片，卻夾帶對移民家庭的刻板再現，正是「性／別化的種族歧視」的幽微之處。也就是說，不像二戰時期德國納粹一樣赤裸裸地以種族差異為基，並以屠殺方式展現種族歧視，「性／別化的種族歧視」反而是以談論性別議題的「進步」之姿，強化對移民家庭的貶抑或病理化的描述，或甚至讓種族歧視「滅音」——因為移民的失敗是他自己不融入、不夠努力，而非帶有種族歧視的主流社會的錯；要改變的是移民個人，而非主流社會的種族歧視。這類「歸咎個人」的論述，正是新自由主義的特徵之一。

▋ 以進步國家認同為基的「性／別化的種族歧視」

《我愛貝克漢》這部電影之所以選擇足球作為女主角的運動項目，乃因為足球不只是運動，還象徵著國家主義。與此相似的，以性別平等著稱的北歐國家，則常以「性別平等」作為國家認同的重要符碼，使其文化種族歧視與性別議題結合，而形構出「性別平等」的「我們」vs.「父權、保守、落伍」的「他者」。

以瑞典 2002 年一位庫德族女性 Fadime Sahindal 被其父所殺的「榮譽謀殺」（honour killing）案件為例，Fadime 因自由戀愛，被認為有辱家風而遭父兄殺害，此案引起瑞典社會極大討論。瑞典媒體認為 Fadime 是因為變得「太像瑞典女孩」而不見容於移民家庭。然而，Fadime 案其實反映了某些對女性的暴力被種族化（racialized）的情況，也就是說，當移民殺害其女兒、太太時，被歸因他們國家或族群的「傳統父權文化」；但如果是瑞典男人殺害其女兒、太太時，卻被當成是「因酗酒、失業、有精神疾病者的個別問題」，而非「瑞典傳統父權文化」。瑞典的後殖民女性主義者認為，這樣談性別議題的方式會使得「移民文化」成為種族歧視的理由，並且在將某些移民的文化形構為「野蠻」、「傳統」與「父權」的過程中，讓「性別平等」彷彿成為瑞典社

會「專屬」的價值，使瑞典社會大眾誤以為自己「已臻平等」，不但忽視瑞典國內男性對女性暴力的問題，也在性別議題討論中形成文化種族歧視。

除了「榮譽謀殺」的議題外，還常被提到的包括「強迫式婚姻」——例如丹麥有所謂惡名昭彰的「二十四歲條款」，當丹麥人與外國人結婚時，必須等到配偶二十四歲才能申請來丹麥團聚，並要支付保證金；但丹麥人十五歲就可以自己決定是否有性行為、也沒有人必須因結婚而繳交保證金。這種雙重標準就是以保障女性權益的名義，行種族歧視及限制移民（尤其是非歐盟國家的移民）之實。就如同陳美華在〈性化的國境管理——「假結婚」查察與中國移民／性工作者的排除〉一文指出的，台灣政府與相關單位聲稱為了「防止人蛇集團販賣女性」，進行嚴格的境外訪談及之後對移民家庭的日常生活監控，以確保是「真實的婚姻移民」；而台灣的移民法規也有「保證金」的規定，這些都往往以性別議題為名，實施差別對待，並且完全忽略台灣對特定族群或家庭「制度性的種族歧視」（institutionalized racism）。

▎以尊重同志為名的「性／別化的種族歧視」

除了以「性別議題」為名的歧視，Patricia Hill Collins 則更進一步對美國種族歧視與異性戀主義（heterosexiam）的交織有精采的分析。美國種族歧視預設有一種所謂「真正的黑人特性」（authentic blackness），認為黑人的性是「性慾高張的、自然化的、導向生殖的」，進而將黑人定義為「像動物一樣地繁衍」的人種，以此對映出「優越」、「文明」的「白人特性」（whiteness）。

由於黑人的性被定義為自然化的，而所謂「違反自然」、不指向生殖目的之同性性行為就無法屬於黑人這個族群，於是「白人化」（whitened）的同性戀由此建構。但非裔 LGBT 人士指出，如果黑人運動不能打破這種對黑人的「性」的建構，不能反省自己社群中的異性戀主義，這將使黑人社群中傳統、父權及異性戀家戶與規範更加穩固，並且無法破除那些與「性別」及「性」議題緊密連結的種族歧視。

與美國境內針對黑人的種族歧視略有不同，近二十年來在西方世界的「反恐戰爭」的論述下，西方國家則把伊斯蘭教「種族化」或「文化化」（culturalized）了。也就是說，雖然穆斯林遍布世界各地，各國的伊斯蘭教發展也不盡相同，但在「反恐」的脈絡下，伊斯蘭教就成為一種固定的、像血緣一樣可以被「代代相傳」的「文化」。雖然西方國家的文化也多植基於基督新教或天主教，但他們總預設自己的基督教文化是「民主」、「世俗化」、「文明的」，而伊斯蘭文化則是「極權」、「政教合一」、「野蠻的」。在「性／別化的種族歧視」論述下，基督教文化還進而包括性別平等、尊重同志、尊重人權等「普世價值」，意謂著這些都是非西方國家、非基督教文化所「缺乏」的。

　　於是，如同前述「足球」成為英國國家主義的代表、「性別平等」成為北歐國家擁抱的國家形象一般，「同志平權」也漸漸成為西方國家所認為的「西方國家才有的價值、文化與成就」。例如前幾年在荷蘭與德國的公民權考試中，出現了諸如兩男親吻圖片的考題，如果申請公民權者出現了恐同的回答，就有可能無法取得公民權。而這兩個國家所排除的移民，往往是穆斯林移民。

　　若我們只以性別觀點來看，會認為荷蘭與德國的「性別主流化」竟然也展現在對同志的尊重，並「融入」公民權考題當中，十分值得稱許。然而，如果用前述「性化的國境管理」的觀點來重新思考則會發現，這類「偵測恐同」的公民權考題預設尊重同志是「西方基本價值」的展現，可以用來篩選「適合」西方國家的公民。然而，這類考題只用來控制或排除特定移民，在荷蘭、德國境內已有公民權身分的人若表現出恐同的言行，卻不會被剝奪公民權或遭驅逐出境；同時，反恐同也並非這些國家對其公民積極實踐的政策，跟前述丹麥的例子相同，這都是以性別平等之名的雙重標準政策，行歧視與排外之實。

1. 陳美華（2010），〈性化的國境管理——「假結婚」查察與中國移民／性工作者的排除〉，《臺灣社會學》，19：55-105。

2010 年，著名的性別研究學者茱蒂・巴特勒（Judith Butler）拒絕德國排外同志團體頒給她的獎項，因為這些白人同志團體將移民再現為「父權」、「恐同」、「暴力」及「野蠻」，並要求柏林增派警力在同志社區，強化對有色人種的監控。巴特勒指出，雖然她希望自己能在街上自由地與愛人接吻、表達愛意，但不表示不認同她作為的人都活該被驅逐。再者，此類「性／別化的種族歧視」預設了「同性戀 vs. 穆斯林」的「文化衝突」，認為所有同性戀都是白人、所有穆斯林則都是異性戀，這反而造成不利同志平權的效果。亦即，它讓西方主流社會誤以為自己的社會或人民已經完全尊重同志，卻無視自己國內有多少性／別霸凌與制度性的歧視；同時，它也會讓某些移民社群或非西方國家的保守國族主義者更加擁抱其父權或異性戀中心的「傳統」，而將自己族群的婦運或同志運動貼上「中了西方帝國主義的毒」的標籤，這反而不利不同族群內部性別平權與同志平權之推動。

跨國結盟的可能：拒絕固定化某個文化

我舉這些例子，並非表示我持「文化相對論」的立場，認為「只要存在就有道理」、「各個文化的傳統無法被質疑」。和其他後殖民女性主義者一樣，我認為「文化」不應以抽離社會歷史政治脈絡的方式談論。如果覺得這個概念很難，可以用「代換法」來思考：當性別差異被固定化、本質化或自然化時，往往就成為性別歧視的生理基礎；同樣的，當文化被固定化、本質化或自然化，就會成為文化種族歧視的基礎。

其實，「文化」是不斷變動的過程。如果我們能有這樣的警醒，則能在日常生活中減少太過簡單與直線的「文化」歸因，而能思考更為結構的問題。例如，我曾經參與「還我行人路權聯盟」，反對機車騎上人行道、還行人安全的行走空間。這時常有人會跟我說：「高雄『在地文化』本來就這樣，高雄人沒腳啦！」或是「這是華人的劣根性與自私自利的『文化』！」然而，這類本質化的「文化」歸因卻無法看到以車為中心的都市道路規劃、在人行道或騎樓劃設停車格的錯誤政策，以及缺乏方便普及的公共交通等問題。

在西方國家，我們已看到性／別議題被用來限縮移民、管控移民、教育（或改變）移民，或甚至合理化侵略戰爭。因此，我們要有能力解構「性／別化的種族歧視」，才不會在談性／別議題時，不小心再製了種族歧視的刻板印象，或是不自覺與排外勢力站在一起。我們也要在談論某些性／別議題時，想想是在什麼樣的知識權力架構中讓某些議題成為更主流、更政治正確的議題？正如第三世界女性主義者提醒的：白人女性主義者來到她們國家，總是想著「停止割禮」等議題，卻完全無視於跨國企業在她們國家造成多少環境汙染、剝削多少男女勞工甚或童工，或為了搶奪珍貴礦產資源，以武力支持內戰或系統性的強暴來讓礦產地上的人民遷村。如果我們能停止自己對某些特定議題的緊抓不放，我們才能真正和當地的女性對話或並肩抗爭。

愛情・社會・學

王佳煌　元智大學社會暨政策科學學系教授

　　在台灣的社會學界與通識課程當中，以愛情為主題的課程並不少見，最著名的就是台大社會學系孫中興教授開設的「愛情社會學」，其他學校的社會類科系、法律、通識教育課程開設的愛情相關課程也不在少數，只是課名不一定都是「愛情社會學」，而常與兩性、家庭、婚姻等有關，世新社會心理學系甚至設立了「愛情教育與研究中心」，堪稱國內創舉。

　　以愛情為主題的課程並不是社會學者的專利，心理學、社會學、性別研究、「兩性專家」、文化工作者與作家等，很早就在談愛情。相關著作連篇累牘，汗牛充棟。不論是專業系所，還是通識課程，只要課程名稱或主題有

「愛情」兩個字，或是兩性關係、婚姻與家庭等，通常都是熱門課程，甚至爆滿。那麼，社會學研究愛情，有什麼稀奇？又能有什麼獨到之論？

一般課程或教授談愛情，多半是從個案、實務、諮商、輔導、感情教育等著手，畢竟愛情是多數人親身經歷、體驗或觀察、聽說到的現象與問題。若論心理諮商與個案輔導，社會學者比不過心理學專家、心理治療師、兩性專家或輔導專家。若論文采，社會學者的寫作功力，也不一定比得上暢銷作家。若論愛情經驗與談情說愛，社會上芸芸眾生的日常情愛，通常會比社會學者精彩豐富。論表演作戲，偶像劇的編劇、演員，遠比社會學者強多了。有些社會學者自己的愛情體驗、經歷、故事有時也不怎麼樣，甚至一塌糊塗。這樣看來，社會學者憑什麼談愛情社會學？社會學者探討愛情，能有什麼了不起的貢獻？

想來想去，大概只能把「社會學的想像」（sociological imagination）搬出來用。社會學的想像，就是嘗試把個人的煩惱（personal trouble）與公共議題（public issues）連結起來。如果愛情是社會上大多數人，不論同性戀或異性戀或雙性戀或不倫戀，在日常生活中都會碰到的問題，甚至情殺、三角戀愛、五角大亂鬥之事三不五時上新聞，那麼社會學者就得好好想想，如何認知、描述、解釋愛情這個社會議題、社會現象。針對愛情，社會學不是不能提供諮商、建議、解答、開課、寫書，不過必須思考如何把愛情這個日常生活中許多人都會經歷到的問題與過程理論化、架構化，提出社會學的宏觀、中觀、微觀描述與解釋，讓社會系的學生與一般人都能明白「愛情有什麼道理」。

西方書籍的翻譯引入

很可惜的是，直到目前為止，在台灣能夠找到關於愛情社會學主題的書籍，多半是西方社會學者專書的翻譯。最早的大概是孟祥森翻譯佛洛姆（Erich Fromm）《愛的藝術》（The Art of Loving）（1989 年出版），2013 年還出版了一本《弗洛姆教你愛的藝術》，加上了「XXX 教你」的行銷流行語，看起來比較好賣。

2000 年起，關於愛情社會學的譯著逐漸增加。德國社會學者貝克（Ulrich Beck）夫婦所著《愛情的正常性混亂》（Das ganz normale Chaos der Liebe）正體字中譯本於 2000 年出版，2005 年再刷，2014 年換封面再版，顯示該書銷售量不錯。或許只要有「愛情」這個關鍵字詞，書就比較容易賣，儘管很多人可能不太知道貝克是何許人也，推測也可能有老師用這本書當教科書、指定或參考閱讀。

紀登斯（Anthony Giddens）的《親密關係的轉變——現代社會的性、愛、慾》（The Transformation of Intimacy: Sexuality, Love and Eroticism in Modern Societies）正體字中譯本於 2001 年出版。這本大概是相關主題書籍中譯本之中最知名的，可能是因為紀登斯的名氣與地位[1]以及身為英國布萊爾首相的「國師」身分所致。

包曼（Zyamunt Bauman）的《液態之愛——論人際紐帶的脆弱》（Liquid Love: On the Frailty of Human Bonds）正體字中譯本於 2007 年出版，承襲其液態現代性的理論思維，論述各種愛情的流動、多變與人際關係的脆弱。反正包曼正流行，社會學系的教師與學生多少要懂一點，何況書名中有「Love」這個字掛保證。

羅蘭‧巴特的《戀人絮語》（Fragments d'un discours amoureux）於 2010 年出版的正體中譯本，兩年後就印行 10.5 刷，大概是這幾本書中賣得最好的。[2]戀人嘛！看到書名就想買。書中引文簡短分立，不管懂不懂結構主義或符號學，也不需要起承轉合與邏輯概念，讀就對了。如果要寫情書（這年頭還有人寫嗎？Line 來 Line 去不就好了？），還可以抄一抄，增添一點浪漫的氣氛。

魯曼（Niklas Luhmann）《愛情作為激情》（Liebe als Passion）的正體字中譯本於 2011 年出版，附有孫中興的導讀，附錄加上了魯曼 1969 年夏季課程的講義〈愛情：一個觀察上的練習〉。雖然此書是由德文直接翻譯過來，還是很難讀懂。

愛情‧
社會‧學

這些書的作者多半都是社會學家，屬於不同的學派與理論陣營，對於愛情、親密關係等概念的解讀與詮釋，自然大不相同。若再加上羅蘭·巴特這位符號學者、結構主義者的作品，要吸收、整合、消化，實在不容易。

先看佛洛姆論愛的藝術，這位新馬克思主義者與法蘭克福學派的成員，書名用的是 Loving，強調的是主體的行動、實踐或他所說的練習。Loving 強調主體的意識作用，而非靜態的 love。愛是人類生存問題的解答，人類生存需要思考父母與子女之間的愛，也需要探討愛的對象（兄弟之愛、母愛或親子之愛、情愛、自愛、對神的愛），更需要正視現代西方社會的愛如何在資本主義之下分崩離析，設法找出解決方案——愛的實踐。愛的實踐是藝術的實踐，既然是藝術的實踐，就需要紀律（自我要求）專注、耐心、熱切。

貝克夫婦認為，愛情的常態性混亂有其社會背景與社會過程，那就是個人化的社會、個人主義、風險社會與風險機會。個人化或個體化帶來更多的選擇機會，讓每個人可以敘述、書寫自己的生命故事或生命史，卻也要承受、因應自己無法控制的社會過程與情境，如傳統紐帶的鬆脫。這種個人與外在力量相互拉扯的結果，就是愛情觀、親密關係、婚姻、家庭制度的重大轉變，包括自由戀愛與自由離婚、「愛情變成世俗化的宗教」、女性社會經濟地位的改變、親子關係的改變等、懷孕生子的選擇與醫療（產檢與基因研究）。

紀登斯論述的親密關係轉變，也是放在自我與現代性的結構與過程中來談。只不過他鑄造更多名詞或概念，描述、解析他所看到的社會現象：圍繞著性、愛、純粹關係（pure relationship）與自我。自我的概念群體包括自我的反身性（self reflexivity）、自我敘事（self narrative）、生活政治（life politics）、生活風格（life style）等。愛的類型包括激情愛（passionate love）、浪漫愛（romantic love）、昇華愛（sublime love）、匯流愛（confluent love）等。純粹

1. 紀登斯另著有《第三條路》（The Third Way）等著作。

2. 《戀人絮語》早在 1991 年就由桂冠出版社出版了正體中譯本，2010 年由商周出版了新的版本，2015 年由於是羅蘭·巴特的百年誕辰，商周推出了更換書封的新版本。

關係指性與情感平等的關係，也與自我反思、自我的敘事密切相關。浪漫愛是純粹關係產生的見證與預兆，與純粹關係有所衝突。純粹關係有解放的意涵，可塑的性（plastic sexuality）則是此種解放意涵的表現，也是女性追求性愉悅的依靠，要感謝避孕技術的進步與性生活觀念的改變。性不必再與生兒育女綁在一起，可塑的性更為男女同性戀的愛與情慾開創新的領域。

寫到這裡，這幾本書的內容都還算好懂，雖然紀登斯的名詞迷宮要背起來實在不容易，但多看幾遍，應該還記得住。再來的幾本書就很讓人比較難以下嚥了。筆者實在不喜歡魯曼的《愛情作為激情》（包括附錄）、包曼的《液態之愛》。羅蘭巴特的《戀人絮語》可以當閒書看，但沒有符號學與結構主義的知識背景，以及一點文學素養，即使讀完，也是霧裡看花。魯曼的難懂是著名的，雖然有很多專家寫論文闡釋其理論主調與意涵，但若不是很有興趣，投入大量時間閱讀中英文譯作，大概也不容易搞懂。包曼書中各章主題很清楚，如陷入情網與脫離愛情、進出社會交往的工具箱、愛鄰居的困難、當我們不在一起，但書中線索很多，很多條都可以拉出來再衍生許多討論與思考。其中的很多論述比較像是散文、雜文、感想、心得，好像也沒有全新的見解。

筆者相信，台灣有許多聰明人可以「用白話文」轉譯這幾本「令人討厭」的書。但更重要的是，讀完或了解這些「阿兜仔」寫的名著內容與論點之後，我們該做什麼？有沒有人能寫出一本本土的《愛情社會學》，跳脫這些著作內建的西方觀點（佛洛姆的基督宗教思維與西方文化脈絡、包曼潛藏的歐美中心主義），剖析本土的愛情社會議題與現象？這種書或著作，不是做幾個問卷調查、焦點團體或深度訪談，發表研究結果或研究發現，就可以畢其功於一役，儘管這種實證、經驗性研究，詮釋性理解也很重要。這種書或著作也不需要提出一些工具化、公式化的原則、建議、策略、忠告、教戰守則等，給想要戀愛、正在戀愛、不再戀愛的人參考。那種書已經很多了，不需要社會學者再插一腳。何況前面也已說過，社會學者自己的「實戰」經驗也不見得比一般人或那些所謂的兩性專家、愛情專家、心理諮商師強到哪裡去。

根植於在地的愛情社會學

　　認真地說，我們需要的是消化過西方愛情社會學名著或經典論述之後，針對其問題意識、研究結論與發現，發展出根植於在地社會文化或「台灣」（後）現代性的「愛情社會學」。例如，傳統的社會紐帶或社會網絡真的崩解，讓我們的愛情、婚姻、家庭朝向個人主義化發展嗎？人們日常的性愛生活，還是受到性科學的支配與凝視，完全沒有在地刻板印象與社會文化的神話、迷思（沒看過 A 片的男生請舉手）影響嗎？純粹關係是一種理念類型，還是正在發展，抑或是已經達成的理想境界？純粹關係如何解釋層出不窮的家庭暴力？高風險家庭、弱勢家庭或「貧賤夫妻百事哀」的家庭又要如何營造純粹關係？純粹關係如何擺脫婆媳與姑嫂不和的問題？不同社會階層的家庭或婚姻，會有一樣的純粹關係嗎？墜入愛河，真的是將對方主體的系統化世界觀內化嗎？還是更重視對方是否高富帥、美豔動人、富可敵國、身材曼妙（不重視外貌與麵包的請舉手）？其中完全沒有利益考量、誤解、衝動、肉慾嗎？中、西方的家庭制度、婚姻實踐、性與愛關係、少子化問題表面上類似，背後的社會結構與社會過程有哪些不同？原因何在？

　　關於愛情，社會學研究還有很多議題可以探討，可以採用多重的理論觀點，嘗試建構新的理論。愛情、性別、家庭與婚姻、同志愛情的相關課程已經夠多了，專家的建議也已經夠多了，接下來社會學者想做什麼、能做什麼，才能讓「愛情社會學」更上一層樓？不只是「愛情」，也不只是「社會」，還要「學」上一「學」，需要大家好好想一想，或是如何呼籲、「教導」大家來實踐愛的藝術？當然啦，如果有社會學者身經百戰，經驗豐富，會看手相、面相，還深諳占星學，不妨試一試。畢竟，一整個學期都在講愛情的「理論」，別說學生不耐煩，老師自己也會覺得很無趣吧。

第二篇　結婚萬歲！？

離婚真的不好嗎？

解析「為了孩子不離婚」的迷思

陳婉琪　台北大學社會學系教授

一椿婚姻裡，夫妻感情若敗壞至有名無實，經常聽到「為了孩子不離婚」的說法。我們的身邊，到底有多少人這麼想？

在《台灣社會變遷調查》2006 年的調查中，有一題是「想要離婚的人應等到小孩長大再離婚」，不同意者約占一半，但同意者也不少，超過三分之一（34%）。2011 年再次調查相同的問題，仍有近三成（28.1%）的人同意「為了孩子不離婚」的做法。另一題的問法是：「不好的婚姻，還是比離婚來的好」，在 2006 年與 2011 年的調查結果都差不多：不同意者占六成，而同意這種說法的人占大約三成。

依問法不同、調查時間點不同，贊同者的比例與強度都會受到影響。不過，從以上數據來看，贊同「為了孩子不離婚」這種做法的人，雖不是最多數，但也並不在少數——每十人大約有三人如此認為。

惡劣的婚姻品質與子女的心理健康

萬一夫妻兩人處不來，感情難以回復，為了孩子而維繫一個空殼婚姻，對孩子來說真的是比較好的選擇嗎？萬一婚姻品質不佳，充斥著冷戰與衝突的家庭環境，長期來說難道不會對子女累積不良的影響嗎？即便不衝突，父母之間終年相敬如「冰」的家庭氣氛，有可能不影響孩子嗎？

在見證了友人一連串惡質的婚姻互動之後，以上提問成為我心中最想解答的問題之一。目睹無辜稚齡幼童長期處於父母之間高張力、頻繁衝突的互動陰影下，我心中的不捨轉化為強烈的研究動機。父親或母親任何一方，一廂情願地「為了孩子不離婚」，真的對孩子好嗎？

要回答這個問題，需要針對兒少成長過程蒐集「長期追蹤」性質的資料，也就是針對相同的受訪者，蒐集至少兩個時間點以上的資料；譬如，從一群國三學生中抽樣做一波調查訪問，到了高二再請同一群學生提供後續的近況資訊。近十五年來，國內累積了不少品質優良的「長期追蹤資料庫」，要追尋本題的答案並不困難。

一般來說，多數人會直覺認定父母離婚、居住安排有變動、雙親變單親等等狀況實在不大可能對子女的心理健康有正面影響。但我提出了一個較複雜的研究假設：父母離婚對子女的影響，並不是單一性的壞影響或好影響；影響是正面是負面，乃視原先婚姻品質而定。如果原先父母的互動品質不佳，或是甚至相當惡劣，那麼面對現實，乾乾脆脆地談妥離婚安排，對每一個家庭成員來說，有可能是安心邁向下個階段的更佳選擇。

在分析《台灣教育長期追蹤資料庫》之後，我發現資料的確支持我的猜

想。圖一呈現了家庭狀況不同的四群青少年，其負面心理症狀（包括做惡夢、情緒低落、感到孤單、想大叫、不想與別人交往……等十種症狀）出現頻率的長期變化。

圖一　子女心理健康之變化：依父母婚姻品質與狀態有所不同
資料來源：台灣教育長期追蹤資料庫第二～四波追蹤樣本

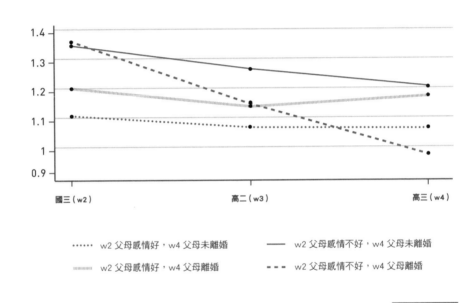

這張圖至少提供了兩個重要的訊息：

一、父母婚姻品質不好的青少年（在此指填答父母感情不好的國三學生），其負面心理症狀的出現頻率遠高於其他青少年。這一點並不讓人意外。

二、若父母原先的婚姻品質不好，四年後，父母仍維持在婚姻狀態內的青少年，其心理焦慮程度高居不下；相較之下，這段時間內經歷父母離婚的青少年，原先的高焦慮傾向消失了，負面心理症狀大幅減少！

離婚
真的不好嗎？

事實上，國外的研究結論也與以上分析結果一致。顯示上述說法並不因國情、社會文化脈絡之差異而有所不同。

▌「為了孩子最好不離婚」的迷思來自何處？

那麼，下個問題是，我們周遭那些相信「為了孩子最好不離婚」比例達三成的人，這種想法來自何處？

這個問題也不難回答。最主要的原因是大量研究顯示離婚單親家庭與子女福祉之間有負相關，因此，「離婚」與「對子女有不良影響」這兩者在大眾心中形成了牢不可破的連結，當然是再自然不過的事。不過，腦筋清楚的人都知道「相關不一定等於因果關係」。負相關必定等同於負影響嗎？

國內外至今所累積的社會科學實證研究已提供不少明確答案。本文整理出較重要的四個解釋「離婚與子女福祉之負相關」的原因。前兩個因素解釋了「為何離婚經常對孩子有負面影響」，後兩個因素則說明了「離婚」與「子女福祉」之間，有很大一部分是「虛假相關」，其背後有更關鍵的真正原因。

一、經濟資源：單親家庭之所以弱勢的第一大主因是經濟因素。最常發生的狀況是，離婚（或喪父）前的家庭分工是傳統的男主外、女主內模式，一旦父親無法或拒絕承擔家庭責任，單親母親便陷入就業困難的窘境及獨力養育子女的巨大負擔。這同時也表示，只要離婚後雙親都有意願及能力提供經濟資源，或是單親家長始終擁有正常的就業能力或穩當的經濟來源，此因素便不會是造成負面影響的原因。

二、家長心理健康：單親家庭之所以弱勢的第二大主因是家長的心理健康因素。不論是離婚或喪偶，單親家長經歷了婚姻瓦解，更同時要面臨獨力養育子女的負擔，因此心理健康不佳的可能性較大；而家長的身心健康可能進而導致教養效能低落。換句話說，與運作順暢的雙親家庭相比，單親家長要維繫一個讓每位成員身心都健康的家庭，困難度或許較大，但若是與運作

不順暢、爭端不斷、氣氛冰冷的家庭相比，哪種選擇較佳？這就沒有絕對的必然性了。

三、家長教育程度或社經地位：不同群體的離婚發生率事實上並不相同。教育程度或是社經地位較高者，離婚率較低。近二十年的台灣如此，多數先進國家亦然。但很少人去討論以上這項相關，因此鮮少人知道這個社會現象。換言之，離婚後的單親家庭之所以弱勢，其中一個原因是這群人在離婚前平均來說已經較弱勢了。（此處指的是平均，當然不表示個別狀況必然是如此。）

四、原先的婚姻衝突：所謂冰凍三尺，非一日之寒。一對夫妻既然後來選擇離婚，婚姻衝突可能早已持續了一段時間。與其問「離婚是否對子女心理健康造成負面影響」，倒不如將問題調整為：「造成不良影響的關鍵因素，究竟是離婚事件本身，還是離婚前的問題家庭？」一旦將離婚前的夫妻關係考慮進去，實證研究確實發現，父母的長期婚姻衝突對子女所造成的負面影響，經常要比離婚本身來得大。也有些研究指出，來自「離婚前家庭」的孩子，早在父母離異前就展現問題了。換句話說，離婚與否並非重點，背後關鍵因素是「壓力鍋家庭」。

接續上圖的發現，我的進階分析〈都是為了孩子？父母離婚負面影響之重新評估〉[1] 這份研究論文發現，父母衝突的確是影響子女心理健康的重要因素。不過，相較於這種不脫常識、眾人皆知的結論，另一個更值得注意的研究發現是，父母之間的劇烈爭吵對父母沒有離婚的青少年來說，會顯著增加其焦慮傾向，但對父母已離婚的青少年來說（在此指雖已離婚、分居，但彼此仍劇烈爭吵的父母），竟然沒有什麼負面影響。這樣的分析結果暗示著「父母明明感情差，卻勉強維持名實不符的婚姻」要比「離了婚還是會爭吵」很可能對青少年造成更大的心理傷害！這項結論讓我們更了解家庭動態如何影響兒少發展，值得我們注意。

「離婚與否」並非重點，親密關係的品質才是關鍵

對部分衛道人士來說，本文可能有「鼓吹離婚」、「破壞社會安定」之嫌。不過，希望讀者不要忘了，本文論點最重要的前提是「如果婚姻品質不好」。也就是說，在夫妻互動不佳、關係惡劣的情況下，若堅持不離婚才是對孩子好，這是一種可怕的迷思。

任何人際關係（不僅夫妻，尚包括親子、伴侶、手足、家人，或朋友），若缺乏雙方的誠意、努力，及適當的溝通技巧，便不可能有好的關係品質。通常關係愈是親密，困難度及需要的努力程度也就愈高。一樁出現問題的婚姻、一個面臨挑戰的家庭，要問的問題不是離婚是否萬萬不可，而是，解開糾結的問題根源、回復正常的家人互動、尋回溫暖的家庭氛圍，有無可能？該如何做？如果不能，又該如何？假裝問題不存在，只為了維繫婚姻的形式，卻讓成長中的子女目睹了「無意願正視問題」或「無能力處理問題」的父母，孩子會受到什麼樣的影響呢？

1. 陳婉琪（2014），〈都是為了孩子？父母離婚負面影響之重新評估〉，《台灣社會學刊》，54：31-73。

自己的婆媳關係自己救！

孔祥明　世新大學社會心理學系副教授

　　婆媳問題在華人社會存在數千年，受「父居制」的約束，女人一旦嫁人就要與夫家同住，讓此問題成為已婚女性逃不開的惡夢。在「父系制」的運作下，男嗣是綿延家族的唯一根據，能生出兒子才可穩固女人在婆家的地位。另受「父權制」和「主從秩序」（pecking-order）強調輩分、年齡以及性別作為家庭權力劃分依據的影響，年輕媳婦在婆家要熬出頭，也要倚靠生兒子才有可能。據此，在深受儒家思想影響的華人家庭中，兒子對女人而言，在心理上甚至比丈夫都要來得重要。

現代媳婦要當娘娘，門兒都沒有！

　　隨著二十世紀下半葉台灣快速工業化、現代化、以及女權觀念的引進，

在家庭內，子女外出就學、就業及自由戀愛風氣使得父權體系逐漸鬆動；在社會上，性別平等的提倡也改變了女性在政治和法律面向的地位。但從 1997 年的深入訪談資料來看，所有婆婆仍處於家中較有權勢的地位，雖然，開始有少數媳婦偶爾敢回嘴或違抗婆婆的意思。到了 2016 年的訪談依然顯示，當代婆媳地位並未全面改變，縱使頂嘴、不依婆婆意見而為者大為增加，基本上仍然維持至少表面尊重婆婆是長輩的上下關係。不過，也開始出現了類似朋友的婆媳關係。

為何整體婆媳相對地位沒有明顯翻轉？過去研究顯示，夫妻間擁有資源的多寡（如教育程度、收入等），可改變他們的相對地位。其實婆媳關係和夫妻關係都是一種 dyad（雙人關係），難道擁有較多資源的媳婦，不會因此在家講話比較大聲嗎？雖然電視上是這樣演沒錯！但實際決定媳婦在婆家地位的關鍵因素，卻在於媳婦娘家父母（尤其媽媽）以及媳婦的丈夫身上。

媽，我會在婆家好好幹，不讓妳丟臉

受重男輕女，強調「女子無才便是德」的傳統價值觀影響，古代對女兒的教養著重在料理家務的訓練，主要負責人便是母親。舉凡嫁出去的女兒被婆家嫌棄時，娘家媽媽就成了眾矢之的。即便今日女性自主權高漲，娘家仍擔負女兒家教是否良好的名聲。許多媳婦為了不讓娘家父母擔心或承擔罵名，都選擇盡量做到媳婦本分。顯然，過去工業化、現代化的發展並未讓一些家庭制度面向隨之改變，娘家名聲仍是出嫁女兒必須承擔的責任。當然，娘家媽媽對女兒應如何處理婆媳問題的態度，也是決定媳婦與婆婆互動關係的重要因素。

男人們，別再裝孬了，好嗎？

那媳婦的丈夫又如何產生作用？很多男性都認為婆媳問題不就是兩個女人的戰爭？於是理所當然地將自己從此問題中排除。只要先生抱持這樣想法的家庭，婆媳關係幾乎都不好。許多先生／兒子不愛聽太太和媽媽的抱怨，

往往採取走避方式，認為時間會解決一切，結果問題仍然存在。此外也有為數不少的丈夫則一味要求太太忍耐，因媽媽年紀大，沒幾年好活。不過，好幾個媳婦都說已經十幾年過去了，婆婆依然耳聰目明。還有少數熱心想要解決問題的老公，總會很盡職地將婆媳雙方抱怨的內容，傳話給對方，結果只是提油救火，問題更大。這點清楚反映婆媳問題在表面上看起好像是一個雙人關係，但實際上至少是一個三人團體（triad）的關係。其與雙人關係的差別就在於可以形成結盟，而且讓第三者可以扮演仲裁者抑或是牆頭草的角色。

要解決婆媳問題，居間仲裁的先生／兒子的態度、處理方式和處理時間點都非常重要。很多媳婦都一致認為，先生就是婆媳間的潤滑劑，更是天平的槓桿。若能平衡處理，老婆開心，老媽也舒服。有位先生就很自豪自己採取讓媽媽和老婆成為同一陣線盟友的策略，免於落到像他的好哥兒們為了婆媳問題搞到焦頭爛額的地步。

正因丈夫是處理婆媳問題的重要中間人，因此，也成為幾十年來台灣巨大社會變遷過程中，婆媳地位始終沒有全面改變的首要原因。雖然，孝道約束力已削弱，大眾強調的孝道內容也有些改變，許多兒子因本就孝順，或不想擔負不孝罵名，甚或自小就不敢忤逆母親，於是在婆媳意見不合、生活習慣不同時，多半都會懇請太太遷就母親。絕大部分媳婦，為了婚姻和諧，也多半將就。因此，即便在 2016 年，受高等教育、經濟獨立的受訪媳婦，即使不會對婆婆所言照單全收，但與具有長輩身分的婆婆相比，地位仍略遜一籌。

▍婆媳關係一定都是甄嬛鬥華妃嗎？

在古代文學作品及現代連續劇的影響之下，時下許多人對婆媳關係的第一印象就是雙方必定過招數百回，提到婆婆也幾乎沒好話形容，但這並非台灣婆媳關係的全貌。作者從過去蒐集的深入訪談資料中發現，仍有一些家庭婆媳關係是融洽的，甚至好到連大姑、小姑都吃醋。這些是例外嗎？還是因為那些媳婦命好，嫁到好婆家？其實，婆媳問題充分顯示出「事情不像表面

一樣」的社會學本質。不少婆媳關係好的家庭，並非一開始就是如此，其間媳婦丈夫費心處理非常重要，另外的關鍵因素就在於婆媳雙方的心態。重點是，必須雙方都要用心付出，才能建立一個雙方都能接受的平和關係。本文主要針對心理面向，歸結以下幾項可幫助改善婆媳關係的做法。

修築萬里長城，還是推倒柏林圍牆？種什麼因，得什麼果

並非所有婆婆都難以親近，有些是很願意跟媳婦建立良好關係的。一位受訪婆婆每天都替在銀行上班又吃素的媳婦另外多煮兩道菜；知道過年前銀行都很忙，從未要求媳婦參與年前大掃除，只希望媳婦週末能抽空跟她一起逛街、喝咖啡。但讓她感到萬分遺憾的是，媳婦多年以來，回家後多半躲在自己房間不出來，更遑論跟她逛街、買東西了。

有位媳婦則表示，婚前編織的夢想是與先生兩人共築自己的愛巢。誰知婚後不久，因故婆婆與小姑搬來同住，將自己的夢幻王國全打碎，於是就是看這兩人不順眼，回家後根本懶得跟她們互動。然而，隨著兒子出生，自己又經常出差，只好託婆婆和小姑幫忙照顧。由於小孩的緣故，這位媳婦不得不經常和婆婆、小姑講話、互動。透過這些接觸，她才發覺過去全是自己築起高牆阻礙了對婆婆和小姑的認識，而一旦打破這道牆，看到的卻是兩個好人。這位媳婦再三強調有了健康的心理建設，很多事情便不再是問題了。

咱們都是自己人，一家親

婆媳關係要好，雙方是否將對方視為自己人公平對待尤其重要。一位婆婆表示，媳婦入門多年來不但不用做家事，每月還可拿上萬元零用錢。然而媳婦每次下班回家都將公婆當成隱形人，招呼也懶得打就逕自回房。反觀媳婦經常往返娘家，和自己的媽媽一講起電話，就有說有笑個把鐘頭，對比之下著實讓婆婆覺得心寒。

另有一個從小康家庭長大的媳婦，嫁入豪門後對於婆婆經常在家宴客的

親朋好友，總是盡心盡力熱情招呼，讓婆婆面子十足，開心不已。她說，婆婆知道自己從小由阿嬤帶大，與阿嬤最親後，出國必帶禮物給阿嬤，也常會分送家中康給阿嬤。該媳婦認為，婆婆願意接受並關心自己娘家人，讓她大受感動，也就只有盡力回報婆婆的善意。

婆媳間也是需要交心的。要求做到像母女一樣並不容易也不自然，只有婆媳互相誠心將對方當成自家人對待，而非只是放在嘴上說說，才有可能建立良好關係。

▌容不容得下媳婦，是婆婆的氣度。 能不能讓婆婆容下，是媳婦的本事

一個婆婆有多個媳婦的情形屢見不鮮。每個媳婦與同一個婆婆有同樣關係嗎？答案是否定的。一位媳婦表示，先生的大嫂總認為自己的丈夫是長子，兒子是長孫，所有公婆分配的東西一律計較是否多拿，但家事卻不肯多做。表面上看來大嫂好像很精明，但受訪媳婦說，婆婆對於她的「不爭」全看在眼裡，所以婆婆將自己的保險箱、財務都交給她打理，逢年過節也少不了私下給受訪媳婦比大嫂更多的禮物，對她也比對大嫂親。

還有一位形容婆婆脾氣像活火山的媳婦表示，婆婆經常嫌她桌子擦不乾淨，地掃不清潔，常會在她打掃完了之後又去做一遍。令人訝異的是她們婆媳關係並不差，原因在於媳婦會換個角度想，婆婆把家裡打掃更多次，家裡就更乾淨，有何不好？為何要執著於猜想婆婆是否故意找碴，嫌自己做不好卻還要叫自己做事呢？每天都要這樣算計，一定不開心，何苦來哉！

確實，關係不錯的婆媳，對於對方的不足或缺點多用「睜一眼，閉一眼」的方式應對；對於不一致的習慣或做事方法，也想辦法變通，磨合出一個即使不太滿意，但可接受的方式就好。凡事計較就是自尋苦果。

椿哪沒打好，人生是黑白的；椿哪有固好，人生是彩色的

　　對未婚者而言，最怕碰上惡婆婆。婚前若能對婆家人有一定的認識，才有可能避免陷入悲慘的夫妻或婆媳關係中。許多年輕人談戀愛時只沉浸在兩人世界裡，直到談論婚嫁才去對方家拜見長輩。這當中可能遇到的問題就是，根本無從知道對方家人的個性和生活習性是什麼？有位媳婦就表示很後悔婚前沒有到丈夫家多認識夫家人的互動模式，婚後才發現老公和公公一樣是只等著老婆處理一切家務的大男人。

　　然而，就算婚前常去未來婆家走動，知道對方家人習性又如何？另一位媳婦婚前就知道婆婆為人刻薄，但覺得自己是「嫁丈夫，又不是嫁婆婆」，應該沒關係。殊不知婚後被婆婆當成十足的外人對待，對她的娘家人更是不放在眼裡，這才知道自己當初太天真。

　　即使接觸後仍決定往結婚邁進時，便要注意與婆家人關係的維繫。婆媳關係並非始於婚後，婚前就要開始打椿了。有些準新人為了婚後要不要跟公婆住、婚禮怎麼舉辦……等事情吵翻了天，尤其為了是否跟公婆同住這件事，最容易讓婆婆產生永遠解不開的心結。如果自己沒有把握做到以後完全不跟婆家人有任何往來，否則最好還是避免婚前就和準婆婆鬧僵，這會連帶將日後的夫妻關係都賠進去。

　　最後，還是要強調婆媳關係的改進並沒有任何特效藥，最重要的還是要主動溝通，主動了解對方真正的想法，才能避免不必要的誤會與衝突。當然，夾在中間的兒子／丈夫更是要有智慧地適時出面排解問題；或許頭一、兩年會有一個頭兩個大的時候，但主動面對，才是家庭未來的長治久安之道！

家暴丈夫委屈有理？

廖珮如　屏東科技大學通識中心助理教授

唐文慧　中山大學通識教育中心、社會學系合聘教授

從張德正事件看「家暴防治」體制

2014 年發生張德正駕車衝撞總統府的事件，從新聞報導及他的部落格陳述中發現，他是因為自己的家暴案遭判決不公，而萌生以極端手段抗議的念頭。相信許多人都會跟我們一樣感到好奇，究竟張德正的不平與委屈有理嗎，社會應如何看待？

媒體對於該事件的討論，無法幫助社會大眾對「家庭暴力防治」有更多的認識，也無助於對加害人相關處遇措施的檢討改進；我們認為張德正個人行為背後的制度因素也應該被討論，才能窺得事件的全貌。

「莽夫」不值得同情？

1998 年，《家庭暴力防治法》乃由婦女團體、女性主義學者、助人工作者的積極倡議通過立法，其宗旨乃在「防治」暴力，而執行處遇流程的工作人員則跨越社政、警政、衛政、司法等不同部門。家暴防治體制的專家們，經常片面期待加害者「反省自己不當的情緒管理」，並且要求他們「改善個人的暴力行為」，卻無視他們想要表達和吐露自己的心聲，說明他們在結構限制困境下的處境。他們從生活經驗中所發出的「真實的敘說」不被傾聽、認可與接納的結果，導致其對體制更大的反彈，未能達到家暴防治作用，也造成了性別壓迫的後果，這往往是專家與常民生活經驗的距離所造成的。

「家庭暴力」類型繁多、成因複雜，處遇流程亦是跨部門的複雜工作網絡，過去各界一直強調執行需再提升，例如讓加害人不再犯，受害人不再陷入受暴循環等，然而我們發現，關於「家庭暴力」的知識生產，已有來自社工、醫療、警政、司法人員等第一線工作者豐富的論述，也有許多對女性受暴者的經驗研究，卻較少從「相對人」，如加害人、施暴者的主觀經驗切入。社會大眾對於「家暴丈夫」印象，總認為他們是一群「莽夫」，罪有應得、不值得同情，他們的聲音少有人傾聽。第一線社工也往往認為，加害人為自己辯護的言語或舉止是否認和淡化自己的暴力行為。

但是，我們發現社政、衛政、警政、司法等不同系統對「家庭暴力相對人」的理解是來自《家庭暴力防治法》立法之後，這也意味著不管是家暴案件的「受害人」或「相對人」都是這項法律立法實施後的「客觀知識」，第一線工作人員依循的法規文本受到過去婦女運動的「保護婦女」意識形態所影響，使得男性相對人在上述的暴力防治體系中難以發聲，一旦他們試圖釐清或說明親密關係中的問題，往往被斥為「淡化暴力行為」。帶著「保護婦女」的意識形態執法往往助長國家機器的家父長心態，從而強化女性的受害者位置，更加弱化婦女的主體性。

此外，圍繞著「保護婦女」的意識形態所形成的社會組織也可能在父權

資本主義的統治關係結構下，透過專家論述與文本媒介的過程，對家暴丈夫的生活經驗視而不見、聽而不聞，他們真實的感受與在地生活經驗往往被否定。

男性的述說，經常被忽略

當我們從家暴丈夫的經驗去看他們與家暴防治網絡的互動關係時，發現《家庭暴力防治法》仍有許多改進的空間，例如：男性再犯率高、持有保護令的婦女仍遭殺害等等。目前家暴處遇較積極地在保障受暴者人身安全，因家暴被構思為保障女性不再受虐的法律，卻很少「觀照」處遇流程是否意識到施暴者的多樣性，如階級、教育、族群等差異，給予合理且有效的處遇，以減低暴力事件的再發生。另外，我們認為「保障」二字會比「保護」來得好，因為若一再強調女性需受「保護」，而未能發展她們的主體性與能動性，那《家庭暴力防治法》便成為取代父權社會兄長制來弱化女性的機器了，而且也無法照見男性受害者在陽剛的父權文化中更難以言說的處境。

專業工作者需注意特定階級或性別偏好造成的歧視

「家庭暴力」的類型繁多，有「尊親屬暴力」、「卑親屬暴力」、「親密關係暴力」、「婚姻暴力」等多種樣貌，又可再細分如「同志伴侶親密關係暴力」、「異性戀同居伴侶親密關係暴力」、「高齡異性戀婚姻暴力」等，既然家暴類型繁多，產生因素自然迥異，施暴者既有可能是男性，也有可能是女性，受暴者亦然。其中通報量占多數的男性對女性「婚姻暴力」，可被視為「性別暴力」的一種形式，分析性別面向對於了解異性戀婚姻暴力有其重要性。

但是性別並非自然天生，而是後天建構而成，故我們在理解異性戀婚姻暴力時需思考，台灣社會對男性與女性的性別建構是什麼？對理想的異性戀婚姻關係又是什麼樣的想像？例如，好男人溫柔專情又不失男人味，看似成為當代台灣社會男性的理想形象，這種形象背後代表一種中產階級白淨的專

業形象，與當代台灣社會中不同年齡層、不同階級、不同教育背景的男性存在眾多差異。在《家庭暴力防治法》施行前的年代裡成長的男性，假若他們自小學習的男子氣概便是建立在貶抑女性、對妻子拳腳相向，那麼，第一線專業工作者要如何評判這位男性相對人的性別價值觀呢？

　　第一線專業工作者若存在好男人需如何、應如何的性別價值觀時，專家論述形成的統治關係，便容易帶著傳統性別意識形態與特定階級的價值觀來評價加害人，使得許多來自低社經地位的家暴丈夫身處家暴防治網絡時，感受到跨階級經驗的衝突。他們沒有專業論述的詞彙可以敘說自身經歷的困境時，使用常民的語言又不被中產階級專業者所認可。他們抱怨法律都是站在太太那一邊，批評《家庭暴力防治法》是破壞家庭的惡法，認為處遇計畫對他們並沒有太多實質的幫助。其問題根源只來自於相對人個人情緒管理不佳，不懂夫妻經營之道嗎？

▌ 男性的觀點需要被看到

　　家暴丈夫的不滿反映了他們與家暴防治網絡互動之後的社會關係，目前家暴防治工作相當缺乏教育和宣導，許多勞工階層的男性表示，從不知自己這樣的行為違反《家庭暴力防治法》。試想，此法通過乃近十幾年來的事情，許多家暴丈夫出生成長於四、五十年前的台灣社會，彼時台灣社會的性別價值觀與婦運興起後的性別觀念已有很大差異，性別觀念的養成既是一種社會建構，也因時、因地，甚至因年齡、階級、教育、族群而有所差異。性別平等和情感教育更是近十年來才開始於各級學校所推展，許多早已離開校園步入社會的成年男性並沒有足夠的資源、餘暇接觸相關教育宣導，累積數十年的價值觀，光要靠處遇計畫中數十小時的認知教育課程來矯治，恐怕沒那麼簡單。家庭教育往往將親密關係的衝突視為情緒管理的個人議題，然而，異性戀親密關係中性別價值觀的衝突，乃至於丈夫與妻子對理想家庭圖像的差距，都是結構性的性別問題。丈夫需養家餬口來維繫其男子氣概、妻子需洗衣煮飯相夫教子以成為賢妻良母，一旦整體經濟環境不佳衝擊到家庭裡的性別角色分工，家務實踐與理想家庭圖像產生衝突時，反應出來的是伴侶之間

性別刻板印象所帶來的衝突，而不僅僅是個人的情緒管理議題。

此外，司法流程及後續的認知團體矯治課程等，皆帶有濃厚的中產階級專業意識形態，一些低社經教育程度的男性，被通報家暴時，陌生的法條對他們來說，是無法承受的重。難以親近的法律語言、窘迫的經濟，讓他們只有一項選擇，那便是尋求免費的法律扶助。另外，對於工作形態無法配合司法開庭時間以及處遇計畫上課時間的家暴男性來說，繁複的司法流程和處遇過程使得他們的經濟條件更為惡化，也讓夫妻兩造原就存在的衝突更加惡化，這是他們最深沉的痛。

在「保護婦女」的意識形態主導下，男性情緒不平和抗拒主要原因在於家暴防治業務及司法流程，皆大量仰賴受暴者的證詞，男性生命經驗和對婚姻衝突的不知所措並不被認同，更遑論將男子氣概與暴力之間的連結視為結構問題來省視家庭暴力的根源，單從個人情緒管理問題或成癮議題進行處遇，反而加深男性相對人對法律介入家務事的抗拒心態，更難讓相對人脫離男子氣概對其帶來的壓迫與宰制。婚姻中累積下來的夫妻衝突爆發成為家暴案件而進入處遇流程之後，衝突遂轉化為單一或數次暴力事件，婚姻關係中來自於性別文化的衝突、理想家庭圖像的碎裂等皆無法討論，也無人承接，使得既有的體制在「保護婦女」的同時又強化中產階級專家的凝視，難以跨越階級和族群藩籬去處理婚姻暴力背後的性別議題。

看到性別、階級脈絡下的婚姻衝突

我們從這些家暴丈夫的經驗中看到《家庭暴力防治法》將婚姻暴力行為入罪，在司法體系中，入罪意味著僅處理單一暴力事件，法律本身並不負責觀照婚姻衝突發生的背景，忘記了婚姻衝突脈絡的重要性。與家暴丈夫的訪談也發現，夫妻的暴力衝突之前便發生大小不一的衝突，許多與雙方的性別角色期待有所關聯，例如妻子覺得「好丈夫」「應該」外出工作，因此會奚落失業在家的丈夫；丈夫覺得「好妻子」「應該」待在家照顧孩子，於是因妻子外出與朋友聚會而發生爭執等。

夫妻之間的性別角色期待落差，也經常成為家暴的結構因素

　　婚姻衝突的脈絡離不開好丈夫、好爸爸、好妻子、好媽媽、好媳婦等性別角色，來自於對性別角色期待的矛盾與雙方既有的性別價值觀差異，不同階級、族群、文化的男性與女性也會賦予性別角色不同意涵。家暴防治專業工作者在「保護女性」的善意之下，僅將男性暴力行為做個人歸因，而忽略性別這項結構性因素，這也導致許多男性即使身處不同婚姻或伴侶關係，仍一再被通報家暴，而他們對國家法律的抗拒心態，加上男性的社會成長過程中往往選擇以暴力行為作為解決問題的手段，《家庭暴力防治法》的實施及處遇計畫必須更有意識地看見階級、族群、國族等議題交織而成的面向，方能將婚姻衝突脈絡化、結構化，而非將問題個人化。

什麼時候，男人也會怕女人？

龔宜君　暨南國際大學東南亞學系教授

Vietnam

「天下沒有白吃的午餐，沒有人免費跟你睡覺⋯⋯」「哪天女朋友跟你真的翻臉，你可能都什麼沒有了，連那台摩托車都不是你的！」。這是我在越南進行有關台商的研究訪談時，常聽到他們彼此告誡的警語；但代表什麼意思呢？簡單來說，就是警告台商不要用「二奶」來當公司的「人頭」。

越南有許多「一只皮箱走天下」的台商，想要到越南做生意，原始資本不夠成為外資，要怎麼辦呢？以台灣人「愛拼才會贏」的個性，怎能就此罷休，一個方便的辦法，就是找一個有越南身分的公民當人頭，偽裝成民族資本開公司／做生意；也就是說，台商可以娶一位越南新娘，以「彈性

地位」（flexible status）的在地化策略來規避越南政府的經濟規範和公民身分（citizenship）規則，同時挑戰民族國家經濟民族主義的紀律，如除了有外資的規定外，外國人在越南也不能購買土地、房子、車子，甚至包括機車。

性別權力與經濟資本的轉換

最初，台商找的人頭大多是當地的華人族群，這是立基於一種「四海之內皆兄弟」的「想像的共同體」上，華人作為台商的族群資本是建立在原生主義共同血緣的兄弟愛想像之上。但往往這樣的合作因種種的不信任關係而不歡而散；於是，有許多台商將人頭轉為自己的越南「生活助理」，如女朋友或妻子。為什麼會轉到她們身上呢？台商的想法是，我提供金錢包養越南女性，交換她的服從，即將經濟資本轉化為性別權力進而再累積經濟資本。

台商這樣的做法，可以說是建立在男權體制（patriarchy）男尊女卑的性別關係想像上，他們將親密關係視為社會資本是因為有著異性戀婚姻體制中對妻子、情婦的從屬性想像，家庭內部理想化的權力關係是男性支配女性，妻子（妾）服從和協助丈夫，分享丈夫的社會地位。

而這些妻子／女朋友人頭是誰呢？台商們指出大多數是日常工作場合中認識的越南女性，如秘書、翻譯、會計等，他們會利用越南女性作為員工或工作夥伴的階段來觀察她們，包括她們的家庭、學歷背景、家族親戚、工作能力等。台商也很直接地表明妻子的工具性和從屬性是建立親密關係的重要條件，台商說明他們選擇老婆人頭的過程：「我當時也是挑很久啊」。「以男性（人頭）來講，畢竟他會有自己的想法，女孩子（妻子人頭）畢竟她的依賴心會比較強，比較順從……」。

而有關二奶是風塵女郎的「後宮想像」，很多是來自沒有「老婆人頭」的台商對於溢出一夫一妻婚姻制度之親密關係的汙名想像，他們認為二奶大都是擁有優異的床上功夫，但卻是拜金女郎，他們就這樣說過：「ㄟ，你知道會做人家的二奶喔……她的房間性趣一定要服務比髮妻好才會把這個男人

留住在越南⋯⋯，所以人家說家花哪有二奶香？我講比較粗的啦，二奶她整天不用做工作，只要顧一個 LP 就行了，對不對？」。

同時身為工作夥伴的越南妻子

　　然而事實上，不論是妻子或女朋友是有很多工作要做的，並不只是一般台商想像中的「生活助理」而已，她們更是工作上的夥伴。在大多數製造業台商的例子裡，除了生產技術由自己掌握外，他的越南妻子／女朋友負責管理越南工廠大部分的營運，包括會計、金融、人事、對外公安等，工廠也登記在她們名下。在銷售或貿易相關行業，大多數的當地市場也都由越南妻子／女朋友來掌握。此外，越南妻子／女朋友的家人也有許多是在他們的企業或工廠中工作，台商形容這是「一人得道，雞犬升天」。許多台商也以越南妻子／女朋友的名義購買建廠的土地並投資土地，隨著越南經濟的發展，胡志明市及周邊的土地價格不斷地飆漲，台商購買的土地價格早已上漲了數倍之多，也賺了好幾倍。這些利潤是受惠於越南妻子／女朋友的公民身分，也讓她們名下的土地所有權一夕攀升。

　　從上文有關台商人頭公司經營實作的描述我們可以看到，在以親密關係者為人頭企業的跨國家庭中，性別角色的界限有時不是那麼固定。例如，男主外、女主內的情形未必適用。作為本地人的越南妻子／女朋友，因為身分、語言又是名義上的企業主，有時反而必須負責當地的外在業務，不一定只在家中當家庭主婦。當台商在越南有了子女後，台商可能會傾向長期居住在越南；而在越南經營的事業，因為已經不會再拿回台灣了，也希望子女能繼續在當地發展。我們看到有一些越南妻子／女朋友生下的孩子，拿的是越南護照，是越南籍、在越南接受教育。

　　男權體制通常也是父系（paternal）體制，華人家庭主流的倫理與規範模式是父系世代相傳，與母系斷裂分離；但是，在台商的越南家庭中，相當多子女是從越南母親的國籍，冠母親的姓，留在越南發展。比較有意思的是，我們本來想像工具性的婚姻關係和養妾、包二奶是很男權文化的社會現象；

但我們在越南台商的親密關係中所看到的現象，倒是有點傾向母系為主的方向發展。除了子女從母姓、跟隨母親的國籍外，社會化過程也以母親的文化為主、以父親的文化為輔。

擔心被掃地出門的台商

不具公民身分的越南台商使用越南女性作為人頭的在地化策略，原先是建立在男權體制男尊女卑的性別關係想像上；簡單來說，就是越南台商原先的想像是以金錢包養越南女性方式，將經濟資本轉化為性別權力，男性提供金錢交換女性的服從。但是，當非公民身分的台商經由親密關係借用越南女性的公民身分時，因為公民身分作為一種制度化的排除／納入機制，在佔名關係的實踐過程中，可能會以意料不到的方式影響了台商與越南女性之間的性別權力關係，尤其是男權體制的實踐。所以，才會有各式各樣與越南女性有關的警語和策略；例如，當資產愈來愈大，台商也就愈會擔心妻子／女朋友有一天會將他們掃地出門。

所以，一般台商會比較傾向將女朋友變成妻子，因為越南《家庭與婚姻法》第二十七條的規定夫妻共有財產，第九十五條規範離婚時分割財產的原則，以對半分割為原則，哪天夫妻鬧翻了，至少還有一半的財產。《家庭與婚姻法附加規定》中也規範，男女同居如夫妻而不辦理結婚登記，均無法獲得法律承認；倘提出離婚要求，法院不承認其婚姻關係，關於財產問題，就不是依照對半分割原則，而是個人財產歸個人所有。那麼當女朋友翻臉，通知越南公安來趕人時，台商就很有可能落得一無所有。

用小孩綁住越南妻子

我曾問過台商，要如何防止越南妻子／女朋友「背叛」呢？有人提到「我TEST 過」、有人說「要溝通討論」，也有人馬上回答，「所以要生小孩，用小孩來綁住她」。非常令人訝異的是，以往這句話通常是出自女性口中，現在卻成了男性台商的護身符。藉由這個台商非預期的過程或許可以讓我們

重新思考一下，男權體制在資本全球化的脈絡中如何受到國族政治／制度的影響。

依照卡羅爾‧帕特曼（Carole Pateman）的說法，在古典社會契約的論述中，其實隱藏實踐上一種現代兄弟男權制（fraternal patriarchy）的性契約；女性事實上被排除在社會契約簽署之外的，並未進入公民社會。所以，性契約並不是男性和女性之間的約定，而是男性之間的約定，保證每個兄弟都有獲得妻子的權利，女性於是才以作為兄弟之妻為條件被授予公民身分而得以納入共同體之中。也就是說女性只能以「婚姻契約」的方式併入公民社會，女性並不是以「個人」的身分，而是以「兄弟之妻」的身分被併入公民社會，她所獲得的公民身分在本質上是從屬於男人的。

而後來在公民身分的發展過程中，公民的權利與義務的實踐被等同於個體所擁有的護照；但是國家進行資源的再分配時往往是以丈夫而不是以妻子代表家庭，成為福利救濟、失業支付等的受益者。海蒂‧哈特曼（Heidi Hartman）等人也強調，男權體制的存在是有其物質基礎的：男權體制是「具有物質基礎，讓男性可以維持同性間階層制度關係，以及男性支配女性的共識而有的一連串社會關係」，而其物質基礎，是指由男性來支配女性的勞動所得，這種支配藉著排斥女性接近經濟上必要的生產資源，統治女性的性機能而得以維持。因而她認為，廢棄男權制度無法藉著改變個別男性的態度、意識而達成，只有變更現實的物質基礎──制度與權力結構──才能完成。我們可以這樣說，男權體制的運作，一方面是建立在性契約中女性從屬性的公民身分的發展上，另一方面則是建立在男性所掌握的物質基礎。

舉一個例子來說明這種「典型的」男權制中的性別權力關係，我曾訪談一位越南台商，他有一位越南女朋友，兩人之間生了一個孩子。但是這位越南女朋友並不是台商公司的人頭，只協助公司的經營與管理；也就是說，這位台商是純外資與女朋友間的親密關係並不受到借用人頭／佔名關係制約。後來，這位台商認為沒有辦法與她溝通經營管理問題，要她離開，同時孩子也讓她一併帶走。這位台商與其女友間的親密關係，可以說是一種「用後即

⁞⁞⁞⁞⁞⁞⁞⁞⁞⁞⁞⁞⁞⁞

什麼時候，男人
也會怕女人？

丟」的邏輯，他是這樣說：「妳辦事能力不夠，我就請妳回去啊，就像請工人也一樣啦，在一起（同居）也一樣啦……男女之間隨時都可以分開啦，也隨時可以再找啦，舊的不去新的不來啊，這很正常」。我們問他，那小孩呢？他說：「生是生了，但誰也不能認定啦……不要講小孩子，小孩子等於是多餘的，只是要付出一點代價」。這個案例和以越南妻子／女朋友為人頭的台商在性別權力關係上有明顯的差異，因為在這個案例裡，公司的所有權財產權掌握在台商的手中，女性在親密關係中只能作為從屬者的角色，是台商可以呼之即來，揮之即去的。而生孩子對台商來說也不是用來綁住越南女性的重要機制，反而是多餘的，因為他不需要孩子作為維護私有財產的保險機制。

公民身分對性別從屬位置的翻轉

不具公民身分的越南台商使用越南女性作為人頭的在地化策略，原先也是建立在男權體制男尊女卑的性別關係想像上；可是，越南女性在越南的共同體中雖然是處於從屬於男性的地位，但她在與非公民身分的台商進行身分的協商與交換時，卻因為其公民身分削弱了台商實現男權支配的物質基礎，進而轉化了她的從屬位置。在越南台商與妻子／女朋友的關係中，我們可以看見大部分的生產工具、財產所有權是登記在擁有公民身分的越南女性名下，而由名義上的所有者到實質上的所有者，往往只有一步之遙，用台商的話來說，「萬一她一夕之間走了，你的資金就完全沒有了」，這大大地侵蝕了台灣男性男權支配的物資基礎。於是，一位缺乏公民身分的男性資本家，除了要小心翼翼地聽老婆／女朋友的話外，他也必需經由此一夫一妻的異性戀婚姻體制才能獲取部分的國家規制下的物質財產權的保障。

由此，我們發現作為台商人頭的越南女性在相當程度上僭越了台商想像的「典型的」男權體制，這個僭越可以揭穿男權體制的「真實性」與「本質性」。在男權體制的性別關係中男性對女性的支配是通過將女性從屬化的過程而達成的，這個過程並不只是「女性態度」意識形態的灌輸，還包括物質過程，例如將女性排除在某些政治／經濟領域之外。但當男性被排除在某些政治／經濟領域之外時，他們的性別權益／權力也將被限縮。

第三篇 家，不只一種模樣

所有婚姻
制度都是歷史偶然

解構反同婚神話

王宏仁 中山大學社會學系教授

　　反對同志婚姻的團體，最喜歡講保衛傳統家庭價值了，例如副總統陳建仁曾在接見反同團體後，接受訪問時說：「我們必須在台灣文化和對家庭、婚姻價值的理念脈絡下去考量同性婚姻。」大法官釋字第五五四號解釋：「婚姻具有維護人倫秩序、男女平等、養育子女等社會性功能」。但是，什麼是台灣文化的家庭、婚姻價值呢？什麼是「人倫秩序」呢？難道是反同婚團體說：「一男一女的婚姻具有自然生育與教養子女的功能，使得社會一代又一代地延續下去」嗎？

　　這種訴諸「傳統、自然」的說法，其實就是羅蘭·巴特說的神話論述：「神話的任務就是讓歷史的意圖，得到自然的正當性，讓偶成的事件看起來像是

永恆的事物」。反同團體目前的歷史意圖，就是讓大家相信：婚姻本來就是一男一女的，家庭有「自然的」生育跟教養功能，透過這樣的論述，讓偶然的一夫一妻制度、自然生育養育的神話，成為永恆。

大家都知道一夫一妻根本不是台灣的傳統，三妻四妾多的是，童養媳、過繼習慣也滿地是，沒有什麼「自然」生育跟「養育」的事情，例如才不過七十年前的日治時期戶口登記，「妾」可以是合法的婚姻，另外還有許多我們現代人無法理解的家族關係登記，例如螟蛉子、養女、私生子、庶子、媳婦仔、從兄、從兄達……，這些多元家庭的故事，就留給其他作者來說。

這裡我們要講的是「自由結婚、自由戀愛」。透過百年前，一些衛道人士論述「自由結婚與戀愛」的報章文章，來看看當時「正常的、自然的、傳統的家庭價值」是什麼？也看看當年「從古至今不變的家庭價值」，如何在1970年代的短短十年間崩解，甚至我們都已經忘記，台灣曾經歷過很長的「奉父母之命，憑媒妁之言」年代。

你們竟然要自由結婚，跟禽獸不是一樣嗎？

傳統台灣漢人的男女婚姻，不論是成年男女、童養媳或招贅婚，基本上都是兩個家庭的結合，男女雙方的婚姻締結是取決於雙方的父母。日本殖民台灣之後，仍保留這樣的慣習。台灣總督府法院在 1908 年的判例說：「依據（台灣）舊慣，婚姻或離婚非僅依當事人之意思即可成立，尚須遵從尊親屬（一般是父母）之意思。」也因為有這種習慣，才會出現未經過父母同意而雙方「私奔」這種字眼。還有，夫妻要離婚，也不是隨便就 OK 的，還必須父母同意才可以，這種奉父母之命的異性戀婚姻，可是維繫了好幾百年的傳統啊！

此外，日治時代的法律規定，男子三十歲、女子二十五歲以下，如果要結婚，必須經過「戶長」的同意。也因為如此，即使有自由戀愛，但父母仍然掌握了關鍵的否決權，以自由戀愛為基礎的婚姻，在當時可以說根本不存在。

那麼婚姻的意義，在當時是如何看待呢？在明治四十年（1907）七月十六日，《台灣日日新報》的一篇「議論」，發表有關於「自由結婚辯」，一開頭就寫「有人來問我關於婚姻的事情，如果不是父母的命令或媒妁之言而結婚的，以前的人就鄙視之，稱做『野合』（不是打野砲的意思喔，是指跟野獸一樣的交合），但是現今卻說是自由、文明。……那麼婚姻到底是為了什麼呢？它不單只是為了男女兩個人，而是為了子孫延續、為了社會成立、為了國家保存、為了造化自然。如果僅僅只是為了男女『一時情緒的偏差』而結婚，那實在非常偏頗。……如果忘記上述的原因，就會變成『無紀律之民、無秩序之世』，跟禽獸有何差別呢？」

　　這種看法，跟一個世紀以後的台灣基督教長老教會反對同婚的說法，一模一樣。在〈台灣基督長老教會同性婚姻議題牧函〉一開頭就寫道：「婚姻與家庭是人類社會最重要的制度之一。婚姻是指一男一女成人自願的結合，以共同生活為目的，並獲得社會和法律認可的獨特關係。在婚姻關係中，經由夫妻性行為，就有自然生育子女的可能性，因此婚姻關係可能發展成為父母與子女的家庭關係。因為婚姻具有生育與教養子女的功能，而生育與教養子女使得社會一代又一代地延續下去，所以全世界各國皆立法保障一男一女的婚姻關係。」

　　它一開始就先定義了什麼才是「自然的」，所謂的「自然」，就是一夫一妻制度，而且要「自然生育」。不過這個定義，不僅一點都不符合台灣的傳統（一夫多妻妾），也忽視過去半世紀來生殖科技為人類帶來的影響，例如試管嬰兒一開始也被視為「違背自然」，因為沒有夫妻之間的性行為，但現在還有人會說使用試管嬰兒生小孩的人不自然嗎？此外，該論述也訴諸「自然一代又一代延續下去」，跟百年前反對自由婚姻的說法，是不是如出一轍？百年前只有聽爸媽的話，人類才可以一代又一代的延續下去，現在則是要聽基督長老教會的話，人類才不會滅亡。

　　你還會相信這種神（ㄍㄨㄟˇ）話嗎？

自由戀愛好可怕啊！！

那麼現在社會所讚賞的自由戀愛，當年的社會是如何看待呢？

1926 年的《台灣日日新報》作者楊鐘鈺寫道：「如果婚姻不聽父母的話，也不問對方的階級跟德行，而號稱是自由戀愛，這樣子的兩個人，跟嫖客、娼妓，有何不同呢？我還沒看過嫖客跟娼妓會孝養其父母舅姑的！」這種將「不符合社會期待的愛情」，貼上「娼妓、嫖客」的標籤，跟現在反同論述，把同志愛情貼上「愛滋傳染、性濫交」的汙名標籤，是不是很類似？反正反對的一方，一定要把非常規的愛情，跟非常規的性行為，扯在一起就是了。

另外一則自由戀愛的新聞標題是：「女子絞殺剛出生的嬰兒，丟棄在廁所，自由戀愛的悲劇」，描述一位十八歲女性與二十三歲的情人未婚生子，因為擔心養父母發現，而絞殺剛出生的嬰兒。仔細看報導內容，關鍵在於養父母要求二十三歲的男子必須給聘金 600 圓才肯讓他們結婚，在 1917 年的公學校教員，一個月的薪水才 17 圓；在 1930 年代，一個月 20 圓即可溫飽。因此家長向男方要求 600 圓的聘金，根本就是故意阻撓，這名男子拿不出來，因此女孩就被養父母關在房間不得出門。請問，這齣悲劇是來自於自由戀愛還是父母？

當時的報章報導「自由戀愛」或「自由結婚」時，有兩個特點：首先、幾乎都是一面倒負面消息，就蒐集到的五十則新聞中，只有一則新聞是比較正面地報導「自由戀愛」，其他的新聞如「高工學生被退學，中自由戀愛毒」、「自由戀愛，產下一女，男竟娶他女」、「便所內捉姦，青年自由戀愛」、「離婚多是自由結婚者」、「高雄市內一對青年男女，自由結婚不成，投西子灣而死」……等。自由戀愛被看成是「中毒」、悲劇人生的開始，或只能在廁所偷偷摸摸進行。

第二個特點就是，如果出現悲劇的情節，幾乎都是一個模式：蠢女人跟壞男人，這個蠢女人可能是被「市井無賴少年誘拐去」，或者因為高唱自由

戀愛的新時代女性，但「見識不足」，悲劇收場。例如一則報導為：「自由戀愛結婚未久，便惹起離異訴訟，見識不足少女極宜鑒戒」，描述一位在台銀桃園支店工作的女性，被「打扮的光鮮亮麗的青年簡慢居所迷惑，膽敢違背父母之命，把這麼好的工作辭掉，以達成她的自由戀愛願望。但是她卻不知道，這個男子根本就是遊手好閒、揮霍之徒。唉，青年的見識不足，只為了一時之間的愛情，不考慮將來的結果，造成今日這種後果，真一失足成千古恨也！」

所有的婚姻制度，都是歷史的偶然

由此可見，在 1945 年之前的台灣社會，所謂的「傳統」且「自然」的婚姻，就是要聽爸爸媽媽的話，透過媒人婆，找到階級相當的人來結婚。如果膽敢高唱「自由戀愛、自由結婚」，那就會「嚴重影響家庭價值、社會文化、倫理道德、教育、兒童福祉、社會和諧，甚至是人民的身心健康！」（套用反同人士的話語！）好可怕啊～～難怪許多家長都被嚇得要去學校抗議性別平等教材。

但是那些反對自由結婚、自由戀愛的衛道人士，大概無法想像，才幾年的光景，他們的玻璃心就碎滿地了。根據 2001 年的台灣社會變遷調查資料統計，在 1950 年以前出生者，仍有高達 47% 是透過相親或媒人介紹而結婚，有 8% 是父母安排或介紹，這兩者加總起來就高達 55% 了，自己互相認識而結婚的才 16%。但是才不過十年的光景，隨著台灣經濟在 1965 年之後快速發展，城鄉移民快速增加，傳統的媒人或父母介紹的比例，急速降低到 17%，自己互相認識的比例急速增加到 44%。1950 至 1959 年出生的人，他們二十歲的時候就是 1970 至 1979 年，正是台灣城鄉移民跟經濟發展最急速的時候，整個婚配過程也急速變化，透過父母介紹跟媒妁之言而認識結婚的比例從此之後再也沒有回升過了。（參見圖一）

台灣社會從此進入這些衛道人士所擔心的恐怖世界：「無紀律之民、無秩序之世」，再也回不去了，好悲慘啊！

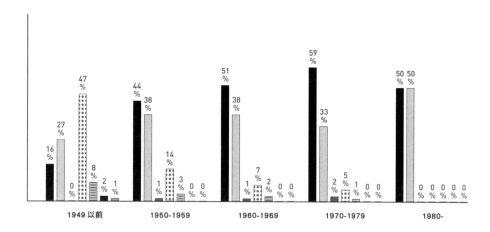

「先自由戀愛而結婚」的意識形態跟實作，是非常晚近的事情，它是整體社會制度變遷，特別是工業化發展，提供個人可以脫離家庭經濟生活而財務獨立，才可能出現以個人主義為主的自由戀愛跟婚姻，這個現象跟西方、日本的發展相當類似。同樣地，同志婚姻也是在社會變遷過程中，逐步成為新的一種家庭組織形態，它就如試管嬰兒、代理孕母的新現象一樣。目前反對同婚的說法，除了「自然」、「傳統價值」之外，還能拿什麼來說嘴呢？唯一的只有道德式的宣教，而且是「唯我獨尊」的三流道德式說法而已，在一個社會已經發展到分眾、多元、龐雜的時代，用單一的道德觀來抵擋歷史的洪流，這是註定被輾壓過去，而且成為未來的笑柄而已！

如此而言，號稱全面執政的民進黨，你們執政的基礎，還要建立在這些三流的道德論述嗎？

異性戀常規性下的民調政治

解讀老綠男

陳美華　中山大學社會學系副教授

吳秋園　中山大學社會學系碩士生

婚姻平權運動無疑是 2016 年末最熱門的話題，組織化的反同勢力透過教會組織、Line 群組反覆動員；激烈的反同言論，加上台大畢安生教授辭世，引發各界關注，交互激盪出挺同婚陣營的強力動能。期間，台灣民意基金會董事長游盈隆所發表的同婚民調無疑對同婚陣營造成巨大反挫。該民調顯示，有 46% 的人贊成同婚，45% 反對，這雖是個「五五波」的民調格局，但游盈隆卻說：「立法院通過（同婚修法）就是個十級的大地震，會對全台灣造成很大的衝擊」，「我想我們還沒有 ready！」

激化對立的老綠男民調解讀

政黨、政治人物愛用民調，因為民調具有龐大的操弄與詮釋空間。事實上，只要當權者不喜歡，再高的民調都可以被理解為「沒有社會共識」，例如馬英九執政時，內政部針對性交易所做的民調中，83%的民眾同意「政府設置專區管理」，但怯於負責的政府，在府院黨的運作下卻通過罰娼又罰嫖的《社會秩序維護法》修正案。姑且不論游的民調是否符合嚴謹、客觀調查的標準，它的結果顯示國人對同婚的態度受到性別（女性比男性支持同婚）、教育（高教育程度比較支持）與世代（四十歲以下的年青人比較支持）差異的影響，但這些數字並無法得出同婚議題已經「強烈穿透所有不同類別群體」、將引發「十級大地震」這種近乎召喚性道德恐慌的結論。該民調不論是發布的時機、語調與姿態，都不只是「客觀」呈現民意趨向，而是激化社會對立。

理性解讀民眾對同婚的態度

事實上，即便是「五五波」的格局，在台灣反同與支持同志者都不是均質的存在，各區域立委的選區也並非如游所說的都是高度對立的態勢。對比游盈隆以電訪進行系統抽樣的調查結果，台灣社會變遷基本調查性別組在2012年時曾經以面訪方式調查台灣民眾對同性婚姻的支持度，為避免各縣市樣本數過低導致標準誤及信賴區間擴大，本文將台灣各縣市編為六大區域，分別是：北北基、桃竹苗、中彰投、雲嘉南、高屏以及宜花東。

首先，我們可以發現，北北基區域對同性婚姻的支持率為各區域之首，高達60.4%，且信賴區間也明顯高於五成五以上（95%信賴區間為：56.5%至64.2%）。接著，沿著西部往南，在桃竹苗、中彰投區域對同性婚姻的支持度雖微幅下降，但仍保持在五成以上。唯一跌破五成的是雲嘉南地區，支持率僅有44.5%，在該區域中以台南市支持率最低。而高雄、屏東兩縣市支持比例相似，整個高屏地區支持率為56.0%。雖然地圖上花東地區支持率亦有五成（恰好為50%），但由於該地區在調查中樣本數僅有七十八人，因而標準

誤差擴大，不宜進行推論。因而從統計結果能明顯看出各區域同婚支持率皆占多數。

圖一　2012 年台灣各區域支持同志婚姻比例
作者依
「台灣社會變遷基本調查（2012）性別組」
資料繪製

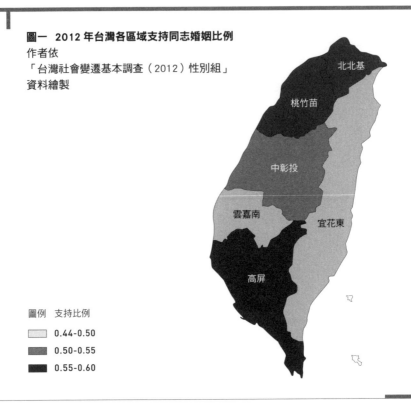

圖例　支持比例
　　　0.44-0.50
　　　0.50-0.55
　　　0.55-0.60

　　台灣社會變遷調查的結果和游盈隆的結果有所殊異，除了詮釋方法不同外，也和雙方的問卷題目問法有關。台灣社會變遷調查中，關於同婚的題目是這樣問的：「請問您同不同意以下的說法：同性戀者也應有享有結婚的權利」，但游盈隆卻用「立法院最近積極推動『同志婚姻合法化』，引起部分社會人士強烈反對。請問，您贊不贊成『同志婚姻合法化』？」一般來說，調查實務中為了避免受訪者的答案受題目敘述引導，語氣需要盡量保持中立，即使需要提出社會人士的看法，也要將正反兩方的意見均放入引言中。而游的民調卻選擇性的採取社會上反對的意見作為引言，易誘導受訪者答「不贊成」，使民調結果失真。

異性戀常規性
下的民調政治

▌性別化的反同婚態度

這些數據顯示，台灣整體對於同婚的態度並非游所呈現的高比例反對。其次，讀者不免好奇何以女性比男性較支持同性婚姻？陳美華和王維邦檢驗國人對婚外性行為與同性性行為的性態度研究顯示，國人對這兩種違反常規的性實踐，呈現顯著的性別化現象。男性對婚外性行為的支持度顯著高於女性，但女性對同婚的支持則顯著高於男性。多數民眾或許對這結果「一點也不意外」，因為「反正男人好色」、「這個社會允許男人搞七捻三」。這些常識解釋了異性戀父權社會中，男女不平等的現象如何讓婚姻中的男性享有外遇、一夜情、買春等性特權，但並未解釋為何男性比女性反對同婚，而這也是異性戀常規性（heteronormativity）得以持續運作、維繫不墜的原因。

異性戀常規性的運作建立在三組二元對立的階層劃分之上：（1）在性別的層次，區別「真正的」男人與女人，其餘都是性別偏差；（2）在性的層次，區分異性戀與同性戀，前者是「自然的」、「正常的」，後者「不自然」、「異常」；（3）在家庭組成上，區分「純正的」（genius）家庭和「偽」家庭，前者係基於血緣、法律所保障的家庭，後者是由各種基於友誼、社群網絡建立的家庭。[2] 分析上，這三組二元對立各有其不同的政治，但經驗上這三組關係常呈現複雜的交織狀態，例如「性」總是性別化的，表現為男人可以、女人不可以，意即異性戀男性相對於異性戀女人而言，享有性特權。此外，人們的性別認同和性實踐緊密關聯，因而我們不只是做男人、女人，而是做異性戀—男人、異性戀—女人；這也是人們經常以性別偏差，如娘娘腔、男人婆來嘲諷同性戀，或者藉由羞辱同性戀以圖矯正他／她的性別。其中，異

---

1. 請參見 Mei-Hua Chen and Wei-Pang Wang, 'Heteronormativity Prism: Gendered Attitudes toward Extramarital Sex and Homosexuality in Taiwan', 發表於「2013 年台灣社會學會年會」，2013 年 11 月 30 日至 12 月 1 日，台北：政治大學。
2. 請參見 Chrys Ingraham, 1994, 'The Heterosexual Imaginary: Feminist Sociology and Theories of Gender', *Sociological Theory*, 12-2: 203-219；Chrys Ingraham, 2005, *Thinking Straight: The Power, Promise, and Paradox of Heterosexuality*, New York: Routledge；Jagose Annamarie, 1996, *Queer Theory: An Introduction*, New York: New York University Press.。

性戀男性被奉為體現陽剛特質的正典，而男同性戀者則被貶為根本「不像個男人！」

美國同性戀支持度的研究也顯示，異性戀男性因為抱持傳統性別角色的關係，而顯著地反對同性戀——意即異性戀男性不僅在性的面向上占據支配位置，也是「男人」正典，同時為捍衛「真男人」本色，常不惜攻擊、詆同性戀者。從而，異性戀男性在「性」這件事，常享有雙重優勢，對比於同性戀者是優勢，在異性戀體制內也是優勢性別。無怪乎，總是不乏男性政治人物享有五花八門的情慾生活，但卻對同性戀人權保障卻嗤之以鼻。

性公民權，要保障，不要表決

民調固可作為施政參考，但當我們面對的是基本人權時它就不是好的佐證基礎。英國社會學家布朗姆（Ken Plummer）在《親密公民權》（Intimate Citizenship）一書指出，作為性與親密主體的個人，必須將私領域中的性或情慾實踐拿到公領域中論述，才能當個真正的公民。[3] 黛安娜‧理查森（Diane Richardson）也指出，要保障所有公民不因性傾向、性實踐受到歧視，就必須正視性公民權（sexual citizenship）的保障，而它至少包括三種不同層次的權利：（1）性行為、性實踐被認可的權利，人們不會因為某些性行為而被處罰；（2）主張性認同的權利，意即可以宣稱我是同志、我是雙性戀等的權利；（3）確保異質性實踐者的親密關係為社會認可、被法律保障的權利。[4]

台灣伴侶權益推動聯盟提出的多元成家法案，以及迄今的婚姻平權運動，都是親密主體在公領域主張性與親密公民權的具體實踐。同婚修法其實是長期遭受異性戀體制迫害、噤聲、削權的性異議分子起而爭取結婚、組織家庭的社會運動。同志社群爭取的不是特權，也不是施捨，而是人身為人應該享有的性與親密公民權，以及締結婚姻、形成家庭的基本權利。雖然，在晚婚、不婚的台灣，不乏異性戀者對婚姻避之唯恐不急，但是至少對於想進入婚姻的人，人人在憲法之前一律平等。權利，不是民調、數數兒可以決定的事。

「隔離政策」不該重新開張

2016 年 11 月 28 日立法院司法委員會召開婚姻平權公聽會，場外集結上萬人爭取「要修《民法》、不要專法」的活動，顯見執政黨想用專法，把「蟑螂」關廁所的歧視行為引發眾怒。南非的婚姻制度就是一個在性／別、種族政治角力下，形成不同人適用不同婚姻制度的專法。

1996 年南非新憲法規定，國家不得基於「種族、性別、性、懷孕、婚姻狀態、族群或社會根源、膚色、性傾向、年齡、失能、宗教、良知、信仰、文化、語言和出生」而行直接或間接歧視，自此以來開　了一連串的婚姻變革。首先 1998 年《認可傳統婚姻法》延著種族的界線，確立黑人部族可以維持一夫多妻的傳統文化，但僅限於黑人。此外，在南非女性主義者的施壓下，要娶第二個妻子的男性，須經大老婆同意。此一夫多妻制因而是夾雜著性別與種族政治的妥協結果。傳統部落並不樂見這個結果，因為大老婆同意條款意味著削弱男權。女性主義者對此也不滿意，只有一夫多妻沒有一妻多夫，標示著男權的鞏固與持續。

另方面，1998 年南非憲法法庭廢止《雞姦法》（sodomy law），2005 年憲法法庭判決同性伴侶應享有平等婚姻權，並應於次年生效；但隔年通過的新法卻又沿著異性戀與同性戀的界線建立兩套制度。同性戀在南非被看成是西方／白人殖民墮落的表徵，因而在修法過程中並未被平等對待，於是異性戀適用《婚姻法》（Marriage Act），走向敞開大門的莊嚴教堂，而同性戀則如漫畫家筆下的諷刺畫一樣，只能通往關上門的小廁所——給個專法：《民事結合法》（The Civil Union Act）。平等，意味著不論你的性別、階級、族群、年齡、黨派、性傾向、身心障礙與否等等，都給予平等對待，但專法則是給

3.　Ken Plummer, 2003, *Intimate Citizenship: Private Decisions and Public Dialogues*, Ontario: McGill-Queen's University Press.

4.　Diane Richardson, 2000, 'Constructing Sexual Citizenship: Theorizing Sexual Rights', *Critical Social Policy*, 20(1): 105-135

你一個關上門的廁所，讓主流可以眼不見為淨，也維持著「他們」永遠無法與「我們」相提並論的階層關係。

婚姻、家庭都是歷史、文化與社會的產物，和其他體制相比並沒有比較神聖。雲南摩梭族就是凸顯「婚姻」並非普世現象的例子。漢人社會常說摩梭是「走婚」社會，但摩梭其實沒有婚姻的概念；性和婚姻、家庭更是全然脫鉤。女人無須因為和男人有了性關係，而得「嫁」為人婦，或擔心從此不是「處女」。性，也不會被誇大為特別珍貴，或令人感到羞恥、噁心，而一輩子都沒有和女人發生性關係的男性也為數不少。[5] 在這樣的社會中，也就不存在「娘娘腔」或「同性戀」歧視。

歧視和偏見都是有社會、歷史脈絡的，它絕非「天生」、「自然」、「正常」可以解釋。當前反同婚陣營對同婚（甚至是對同志族群）的諸多詆與恐同言論都是不假思索地把二元化的性別體制視為理所當然，並藉此自然化、合理化異性戀是「自然」、「正常」的意識形態運作的結果，從而遂行對同性戀者的貶抑與壓迫。要解消這些不當的壓迫，人們必須辨明性別構成的社會軌跡，以及環繞著它而衍生的婚姻、家庭甚至更廣大的社會體制的安排，而非一昧地複製異性戀常規秩序。

5. 周華山（2001），《無父無夫的國度？重女不輕男的母系摩梭》，香港：香港同志研究社。

同婚之後會怎樣？

國際統計數據分析

張宜君　台灣師範大學教育學系助理教授

　　2012 年 12 月立法院尤美女委員在司法及法制委員會召開了第一場同性婚姻公聽會，自此之後，台灣各地加上 2016 年的兩場公聽會，總計開了至少十場同性婚姻公聽會，但正、反方的意見仍舊分歧、難有交集。贊成方從基本人權、法治觀點等角度回應，始終無法有效說服反對方；而反對方的論述則基於宗教或傳統文化的家庭倫理堅守反對立場，認為一旦同性婚姻通過會影響社會倫理、性別教育、愛滋病傳播等社會問題。本文試著檢視反同性婚姻陣營的論述觀點，包含生育率下降、違反自然律的災難懲罰以及愛滋病蔓延的疑慮，並透過實證資料檢驗其觀點的合理性，提供社會大眾「同性婚姻

合法化之後，社會將變成什麼樣子？」的圖像，以期化解雙方的歧見。

同婚合法化的社會共識

　　王大維等人整理分析了 2014 年尤美女委員所主持的公聽會反方立場之論述，包括病理化同性戀、認為同性婚姻將造成社會問題與道德淪喪、誇大缺乏社會共識、認為同性婚姻無助於公共利益、誇大同性與異性伴侶的差異、否認性與性別是一種主觀經驗、常態化與合理化異性戀偏見等。目前已有許多證據反對部分上述反同論述，包括同性戀已於 1987 年出版的《精神疾病診斷與統計手冊》中排除在精神病之外。

　　鄭雁馨等人的研究說明了台灣社會對於同志的接納度自 1995 年到 2012 年大幅增加，主要效果來自於世代替代效果、教育程度提升、宗教影響力下降等；[2] 再者，台灣社會變遷基本調查 2012 年、2015 年調查結果顯示，超過五成的台灣民眾對於同性戀者應擁有合法婚姻關係持正向看法，且同意人數在兩次調查中遞增。具體的研究與數據皆顯示，台灣社會對於同性婚姻合法化及對於同志的認同，絕非反對者口中的「缺乏社會共識」、「社會的偏態與不正常」。

同婚合法化並非先進國家的專利

　　在 2016 年末的公聽會上，有反同婚學者指出以世界領頭羊國家通過同性婚姻合法化，作為同性婚姻合法化說詞並不合理，並認為同性婚姻法制化將帶來社會動盪，提出採用專法取代修改《民法》。然而，反對者忽略了國外經驗從同性伴侶擁有伴侶權或民事締結權利走到同性婚姻合法化，代表的是開放同性伴侶擁有民事締結的權利仍無法解決同性伴侶在法律上的不平等，因而最終仍需要同性婚姻權才能解決問題。從各國的經驗來看，僅有南非、阿根廷、美國三國跳過伴侶權直接通過同性婚姻合法化，實際狀況是，直接通過同婚合法化並沒有因此造成該國社會動盪及生育率降低等危機（見表一）。

表一　南非、阿根廷及美國同婚通過後國家總生育率

南非	年度	2006	2007	2008
	總出生率	2.2	2.16	2.43
阿根廷	年度	2010	2011	2012
	總出生率	2.33	2.31	2.29
美國	年度	2014	2015	2016
	總出生率	1.86	1.84	1.87

　　反對同婚者循著全球發展程度的觀點指出，通過同性婚姻的國家都是高度發展的國家，認為當國家發展至一定程度之後，人民才能夠「接受」同性婚姻合法化。但表二顯示，通過同性婚姻法案的國家並非都是反對方口中的「高度開發」國家，包括 2006 年接連通過同性伴侶擁有伴侶權及婚姻權的南非、2010 年通過同性婚姻權的阿根廷、2013 年通過法案的巴西和巴拉圭、2016 年通過的哥倫比亞等國家，都稱不上是高度發展的國家，該國通過法案之年度的人均 GDP 甚至都遠低於台灣目前的人均 GDP。因此，通過同性婚姻法案與國家經濟發展程度並無對應關係，這些國家共同的特性為──都是「民主」國家，尊重、保障人民有不同婚姻選擇的機會，將其視為一個民主政體的共同目標。

表二　通過同性伴侶擁有婚姻權或伴侶權之國家及其通過時間 [3]

國家	婚姻權	伴侶權	通過同婚年度之 GDP
荷蘭	2000	1997	25,921
比利時	2003	1999	30,744
加拿大	2005	2000	36,190

國家	婚姻權	伴侶權	通過同婚年度之 GDP
西班牙	2005	1994	26,511
南非	2006	2006	5,668
挪威	2008	1993	96,881
瑞典	2009	1994	46,207
阿根廷	2010	-	11,199
冰島	2010	1996	41,620
葡萄牙	2010	2001	22,540
丹麥	2012	1989	58,125
巴西	2013	2011	12,072
法國	2013	1999	42,571
紐西蘭	2013	2004	42,928
英國	2013	2004	42,295
烏拉圭	2013	2007	16,881
愛爾蘭島	2015	2010	56,054
盧森堡	2015	2004	106,419
美國	2015	-	51,486
哥倫比亞	2016	2009	7,448
芬蘭	2017	2001	45,289
澳洲	-	2008	49,628
奧地利	-	2009	47,654
捷克	-	2006	15,159
厄瓜多	-	2008	4,275
德國	-	2000	23,719
匈牙利	-	2009	12,948
斯洛維尼亞	-	2005	18,169
瑞士	-	2007	63,224
台灣	?		23,122

從跨國數據了解同婚之後會怎樣？

接著，本文從跨國資料庫檢視同性擁有合法共組家庭權利之國家的發展，以回應對同性婚姻合法將造成社會動盪之疑慮。本文分析的跨國長期資料庫橫跨五大洲、一百三十七國，時間區段則從 1980 至 2013 年。以固定效果模型[4]，探討各國在通過同性共組家庭（包括民事締結或婚姻合法化）法案之後，對其國家社會發展的影響，包括自然災害發生率的變化[5]、出生率變化、死亡率變化、人民的平均餘命變化、兩性的 HIV 盛行率變化及代表性別態度的兩性權力分布平等化指標等。

生育率不會下降、人類不會滅絕

首先，反同陣營對於同性婚姻合法化的第一個疑慮便是同性之間可以結婚將會降低生育率，使少子化現象惡化，進而導致人類滅絕。2014 年馬政府執政時期，法務部報告內容指出，「同性婚姻恐衝擊現有婚姻制度，並擔心同性婚姻會造成少子化，衝擊我國人口存續」；[6] 台灣守護家庭聯盟及婦女同心會都宣稱「同性婚姻不具自然生育的可能性，不利於台灣的家庭延續與人口發展」。以上反同立場從同性之間缺乏「自然」生育能力，進而推論少子女化的台灣社會在通過同性婚姻合法化之後，生育率將陷入更低點。

為回應此疑慮，我們從那些給予同性共組家庭合法地位的國家經驗來看，當同性擁有共組家庭的權利之後，該國的總生育率及國民的生命表徵是

1. Ta-Wei Wang, Yi-Hsuan Wu, and Huang-Yin Shih, 2016, 'Themes of Arguments against Same-Sex Marriage in Taiwan: A Discourse Analysis'. Poster presented at the 31st International Congress of Psychology, Yokohama, Japan.
2. Yen-hsin Alice Cheng, Fen-Chieh Felice Wu, and Amy Adamczyk, 2016, 'Changing Attitudes toward Homosexuality in Taiwan, 1995-2012', Chinese Sociological Review, 48(4), 317-349
3. 同性婚姻合法化國家在此僅顯示二十一國，不包括墨西哥及以色列，因為墨西哥僅限特定州或需透過法院訴訟，而以色列則僅承認其他國家締結的婚姻，而未承認本國的同性婚姻。承認民事締結或伴侶法的國家，約有十六個國家，表一僅列部分國家，主要原因在於這些國家有明確的通過民事締結的相關法令時程。

否受到衝擊？我們從與生命延續相關的三個變數切入：總生育率、死亡率及平均餘命，表三第一區塊的分析結果顯示，反同團體憂慮的生育率下降之衝擊實際上並不存在，讓不能「自然」生育的同志伴侶擁有相同的婚姻權並不會降低生育率，危及人類的存續，反而可以從係數的方向可見同性婚姻法制化傾向提升總生育率、降低死亡率，並增加平均餘命。由此可見，同性婚姻合法化免除了將生育限定在異性戀家庭的限制，反而讓生命延續有更多可能性，因此，與其擔憂同性婚姻合法化對生育率造成的威脅，我們更應該關注不友善的職場環境及不平等的家庭性別分工等問題，這些更有可能是降低異性戀家庭生育率的主因。

上帝並不會懲罰同婚的國度

第二，有些極端的宗教人士宣稱同性戀是罪，若讓同性婚姻合法將導致天譴，甚至將某些天然災害歸因於同性婚姻合法化。2016 年一位義大利神父指稱義大利北方發生的地震是上帝對同性婚姻合法化的懲罰；[7] 美國的某位基督教領袖也公開宣稱，上帝會降下天災以懲罰同性婚姻及墮胎合法化。但實際上，表三第二區塊的分析結果顯示，自然災害的發生及自然災害帶來的死亡與該國是否通過同性婚姻合法與否無關。雖然我們知道天災常以人禍的形式對人們的生命、財產產生威脅，但這主要透過社會中既有的不平等分布、政治經濟等因素，造成人們不均等的受災風險及差異的災後復原能力，因此，若社會的資源分布不因性別、性傾向而異，在此脈絡下反而有機會減少災難的不平等分布。

愛滋不會因此蔓延

第三，反同者最常用以反對同志（特別是男同志）的觀點就是同性戀帶來愛滋病的傳播。台灣守護家庭聯盟就直指男男之間的性行為是感染愛滋病的大宗，因此，同性婚姻合法化將會鼓勵同性之間的性行為，進而造成愛滋病的擴散。然而，從表三第三區塊的分析結果來看，賦予同性組成家庭的權利有助於降低男性及女性 HIV 的盛行率。因為，性行為與愛滋病之間的連結

表三　同性共組家庭對社會的衝擊

	同性共組家庭合法化	同性婚姻合法化
生命延續威脅？		
總出生率變化	0.006	0.025**
	（0.006）	（0.009）
死亡率變化	-0.003	-0.060
	（0.037）	（0.053）
平均餘命變化	0.015	0.092
	（0.041）	（0.059）
天災威脅？		
天災死亡率變化	59.544	15.684
	（709.092）	（1028.432）
天災發生頻率變化	-0.017	0.040
	（0.184）	（0.266）
愛滋病蔓延？		
男性 HIV 盛行率變化	-0.059	-0.085*
	（0.030）	（0.042）
女性 HIV 盛行率變化	-0.214***	-0.407***
	（0.059）	（0.081）
兩性權力分布平等指標	0.017*	0.018
	（0.007）	（0.011）

4. 控制變數包括國家政體、GDP 及 GINI 係數。
5. 各社會發展指標主要以兩年度之間的差異作為依變數。
6. 參見《自由時報》，2014 年 12 月 22 日的報導，〈同性婚姻恐造成少子化？段宜康打臉法務部〉。
7. 參見「BBC 新聞中文網」，2016 年 11 月 17 日的報導，〈稱新西蘭地震與同性戀有關牧師言論惹眾怒〉。

在於「不安全的性行為」而非「不同性別組成的性行為」。因此,在目前具有「性忠貞」要求的婚姻制度中,讓同性有機會進入婚姻來維繫穩定的關係,反而有助於降低不安全性行為發生的可能性。

▍打造更友善的性別空間

最後,反對同婚合法者認為相較於異性戀婚姻具有生育下一代的社會功能,而同性婚姻不具有公共利益,可能造成性別教育的敗壞(雖然這種說法是一種滑坡謬誤)。實際上,跨國數據分析結果顯示給予同性擁有共組家庭的權利不僅不會影響社會的性別教育,反而可能有機會提升兩性╱性別之間權力分布更平等。如果我們認為,性別教育的目的在於追求性別平等與相互尊重,也就是人們不會因為性別而受到不平等的對待或不同的生命機會,那麼同性婚姻合法化將有助於提升人們的性別意識,減少權力分布的性別差異。

因此,從各國的經驗來看,同性婚姻合法化不會為社會帶來不良的影響:不會減少生育率、不會造成人類滅絕、上帝不會降天譴、疾病不會因此大爆發。反而透過法令的執行,提倡尊重不同的性傾向及性少數,提升人民對於不同性別、甚至是不同個體的尊重,減少因為性╱別差異而來的差別待遇,讓人們對於性╱別、性╱別角色以及家庭的想像更友善、更多元。所以,同性婚姻合法化更有可能成為帶動性別平等的新契機,政府應該領頭,帶著人民走向性別更平等的台灣社會。

謝誌:本文感謝中研院社會所林宗弘老師、鄭雁馨老師、周亞萱小姐、楊芷蘭小姐提供相關資料及文章書寫的建議。

同居、婚姻與生育

人口學觀點的多元成家

楊靜利　中山大學社會學系教授

　　過去同居是見不得人的事，今日雖然不必躲躲藏藏，但也不會大張旗鼓公告周知：「我們同居了！」多數狀況是朋友心照不宣，父母親則是睜一隻眼、閉一隻眼，逮到機會就嘮叨趕快結婚。周遭同居的人數好像愈來愈多，但社會似乎並不太關注這個議題，因為同居基本上就是兩個人的居住安排，既不造成環境汙染，也不會影響經濟發展。不過當「台灣伴侶權益推動聯盟」（伴侶盟）提出「多元成家」的主張之後，在婚姻與血緣之外組成的家庭形

式開始受到注意。伴侶盟原本是基於人權關懷角度而提出多元成家的主張，本文則從人口數量來討論這個議題。

台灣有八十萬同居人口：太多或太少？

台灣同居的人數有多少？這要看如何定義同居。我曾經使用 2000 年的普查資料估計台灣的同居人數，得到的數據約三十二萬人。我在人口學會年會上報告這個結果，全部與會者都搖頭，年輕學者嘲諷說太少了，資深學者皺眉說太多了。聽到雙方的反應我很高興，既然老的、小的看法南轅北轍，那麼這個數據應該有些參考價值。後來我以 2010 年的普查報告以同樣方法再估計一次，得到的同居人數數字是七十六萬。

我國沒有動態的同居史調查，靜態的「與戶長關係」調查題目中也無「同居者」選項。在一般調查裡，「同居」二字僅出現於「婚姻狀態」問題上，而且因考慮同居者是否願意據實回答，各項調查均未將同居單獨列項，而與「有偶」合併為「有偶或同居」。此一設計雖然無法直接從調查中得到同居的數據，但也許能夠提高同居者據實回答的機率，如果再對照戶籍登記資料，或可估計出來同居的數量。

普查中的婚姻狀況共四類：未婚、有偶或同居、離婚或分居、喪偶。戶籍登記資料的婚姻狀況也是四類：未婚、有偶、離婚、喪偶。表一是 2010 年普查人口與戶籍人口之婚姻狀態差距，以及 2010 年與 2000 年之同居人數估計。2010 年，同居者的婚姻狀況以未婚者最多；離婚或分居者略低，比重也相當高；喪偶者人數最低。從年齡分布來看，女性 30-39 以及 40-49 歲組的同居人數最多，均將近十萬人，其次是 50-59 歲組者，人數近九萬人。這些結果顯示，同居不是未婚年輕人專屬的居住安排，就青壯年人口來看，離婚與喪偶者才是同居的主力人口。以同樣的方法估計 2000 年的同居人數為三十二萬人，十年間各年齡組的同居人數大幅上升，升高的幅度約一倍左右。

同居、
婚姻與生育

表一 台灣同居人數估計，2000 與 2010 年
單位：人（%）

	2010 年				2000 年
	未婚	離婚 / 分居	喪偶	合計 *	
總計	334,779	297,294	129,919	764,270	322,680
男性	176,840	147,296	30,111	355,579	132,853
15-19 歲	1,474	28	2	1,500	3,305
20-29 歲	24,582	3,074	17	27,700	18,354
30-39 歲	66,891	24,874	253	92,411	42,501
40-49 歲	47,314	54,768	1,566	104,046	45,691
50-59 歲	27,356	53,788	5,608	87,050	17,967
60 歲以上	9,223	10,764	22,703	42,872	5,036
女性	157,939	149,998	99,808	408,691 (4.3)	189,827 (2.2)
15-19 歲	1,296	128	2	1,429 (0.2)	2,982 (0.3)
20-29 歲	37,155	12,111	308	49,687 (3.0)	28,561 (1.5)
30-39 歲	50,577	43,024	2,500	96,437 (5.2)	52,045 (2.8)
40-49 歲	34,912	53,754	9,794	98,717 (5.4)	58,864 (3.4)
50-59 歲	23,619	39,179	24,394	87,384 (5.3)	25,615 (2.7)
60 歲以上	10,380	1,802	62,810	75,037 (4.2)	21,690 (1.6)

說明：* 括號內數值為同居人數占該年齡組人數的比率。

　　雖然數據顯示晚近十年間，台灣同居人數呈現大幅度的成長，但相對於歐洲各國數值其實相當低。我們擷取估計 20-34 歲的兩性同居人口與歐洲各國比較，台灣 2010 年 20-34 歲的同居人口比例為 4.0%，大約接近於南歐的水準（圖一）。

圖一　20-34 歲者的同居率與有偶率

說明：台灣為 2010 年資料，德國為 2000 年資料，義大利、西班牙與荷蘭為 2001 年資料，挪威為 2006 年資料，法國為 2007 年資料。資料來源：台灣部分為本文估計值，其他國家資料來自於 OECD Family Database。

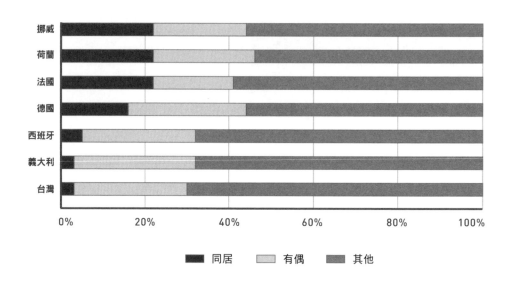

選擇同居的原因

什麼因素促使個人選擇同居或結婚？學者 Ann-Zofie Duvander 曾歸納出以下幾點理由。[1]

1. 生命階段

一般認為婚姻較同居可維持更穩定的兩性關係，但婚姻卻會威脅個人某些方面的穩定，包括生涯發展、友誼、興趣與原生家庭的互動等。由於婚姻更強調兩人的共同投入與行動一致，因此離婚的成本也比終止同居關係的成本來得高，至少對女性是如此，她們經常因為婚姻而改變較多的生活方式。所以長久穩定的親密關係可能是屬於青年時期後段的需求，也必須在較成熟

的階段才能維持，瑞典、澳洲、美國的資料均顯示晚婚者的離婚率較早婚者的離婚率低。因此，同居可視為個人取得穩定婚姻生活的暫時性措施，可能是兩人婚姻生活的試驗，也可能是結婚對象尋覓的延長。

2. 經濟因素

經濟是另一個考慮的項目。共同生活可以節省個人在耐久財方面的支出，雖然不論同居或結婚均是如此，但結婚的社會意涵與同居不同，且進入婚姻後可以擴張信用，具有婚姻關係的雙方也比僅有同居關係的雙方更願意共同管理與分享財產。因此資源較多的一方或資源需求較多的一方對於同居或結婚的考量就會不同。瑞典、芬蘭、挪威、美國、加拿大的資料均顯示：教育程度愈高者（所得也較高），從婚姻關係中可以取得的利益較大，也比較傾向於結婚而非同居。

3. 家庭背景與婚姻態度

比較 1970 年代與 1990 年代的美國民眾對結婚與離婚的看法，發現民眾對於婚姻的肯定態度以及不輕易離婚的態度變化均不大，但對於婚前性行為、同居、婚外生育以及性別角色分工的態度，均有明顯的變化；過去只有在婚姻體制內進行的同居共財、性以及生育等，現在也可以在婚姻之外進行，此外，對於傳統男主外、女主內角色分工則愈來愈不支持。

態度改變是行為改變的前奏，但態度的形成往往又因為其他人的行為改變而來，上一代晚婚者其下一代結婚的年齡也較高，上一代生育子女數較少者其下一代生育率也較低，上一代離婚者其下一代離婚率也較高。在此一相互循環鏈中，Brenda Wilhelm 以 1960 年代與 1970 年代的左派社會運動為起點：左派激進分子在衝撞保守主義時，同時帶來了婚前性關係與同居等行為，這些行為剛開始仍被社會大眾視為偏差行為，但由於某些社會菁英的支持，乃慢慢發展為區域性次文化（例如盛行於政治參與度高的校園），爾後逐漸擴

1. Ann-Zofie E. Duvander, 1999, "The Transition From Cohabitation to Marriage: A Longitudinal Study of the Propensity to Marry in Sweden in the Early 1990s." *Journal of Family Issues* 20(5) :698-717

散到新一代身上，成為社會普遍接受的生活形態。[2]

在思想光譜上，接受婚前性行為、同居、婚外生育以及兩性平權的家務分工等態度，屬於偏向左邊的自由主義，而偏右的保守主義則比較強調婚姻的神聖性與傳統的家務分工。宗教活動參與度較高者較傾向保守主義，選擇同居的比例也較低，歐盟國家如此，澳洲與美國也是如此，宗教信仰關聯著思想保守或激進。

一般來說，教育程度愈高愈傾向自由主義的立場，應該愈能接受同居，同居的比例也愈高，但我們在討論經濟因素時又發現：教育程度愈高，所得愈高，愈傾向於選擇結婚。幾乎在所有國家均得到相同的結果，學者比較歐洲各國的教育程度與同居之關係，發現教育對同居的影響似乎有兩種效果，低教育程度者因為經濟劣勢所以同居的比例較高，高教育程度者帶領衝撞傳統思想，同居的比例也較高，而中間教育程度者則直接結婚的比例最高。

▍親密關係建立方式的轉變：從結婚到同居

以同居取代婚姻反映兩性親密關係建立方式之轉變，瑞典是此一轉變之先行者。Britta Hoem and Jan M. Hoem 將瑞典的發展過程劃分為四個階段：剛開始的時候同居被視為一種偏差或前衛的行為，是少數人的活動，大部分人直接結婚；第二個階段裡，同居被視為結婚的前奏曲，用以試驗彼此的承諾，大部分的同居者不會有小孩；第三個階段，社會普遍接受同居為婚姻的另一種「變形」，於同居階段生育子女的人愈來愈多；最後，社會對於同居與結婚的看法完全一樣，同居者與結婚者的生育水準也沒有差異。[3]

若根據此一架構來分析歐盟國家的發展，希臘、義大利與西班牙目前位於第一階段，同居的比率很低；荷蘭、瑞士、西德位於第二階段，同居的比率雖然頗高，但生育多發生於婚姻裡；處於第三個階段的國家有奧地利、英國與愛爾蘭；而丹麥與瑞典已到達第四階段，法國與東德則緊追在後，介於第三與第四階段之間，不同的發展牽涉到社會如何看待同居與婚姻關係。

婚姻原被視為神聖不可侵犯的盟約，是上帝為了確保家庭的持久而建立的，《聖經・馬太福音》第十九章第六節指出：「所以上帝配對的，人不可以分開它。」十七世紀末開始，婚姻在宗教上的神聖性逐漸喪失，到了十八世紀末期，新教徒已能夠在民事法庭非宗教官吏面前獲得結婚的權利，而法國 1791 年頒定的憲法更將此一精神推廣至所有公民，不論其宗教信仰為何。換句話說，法律將婚姻視為一項民事契約，用來規範兩性之間的性生活、財產以及子女撫養義務等關係。婚姻的神聖性既已去除，則同居的可責性乃對應降低，法律也開始關注同居者之間的性生活、財產以及子女撫養義務等關係。

　　回顧西方國家的家庭相關法律變遷，一般的趨勢為對結婚與離婚的形式規範愈來愈少，但對於子女權益與財產管理分配的規範則愈來愈多。不過，西班牙與義大利並沒有相同的發展，傳統上年輕人一直到結婚的時候才會離開父母家，使得同居的機會很低，而宗教活動大幅融入日常生活，也使得同居的接受度較小，加上社會福利的提供多來自家庭，並非如北歐與西歐國家一般多來自國家，同居之後可以從家庭中獲得的協助遠比結婚少，因此在這兩個國家結婚年齡逐漸延後的同時，同居並未隨之興起。

　　台灣似乎與西班牙及義大利的情況比較接近，同居沒有法律地位，原生家庭對結婚者的協助遠大於對同居者的協助；換句話說，社會隱晦地不支持同居。但我國的平均初婚年齡高於西班牙與義大利，接近北歐的水準，婚前性行為愈來愈普遍，終生未婚的比例上升，因工作與就學而離家的比例愈來愈高，晚婚、不婚、婚前性行為以及離開父母家庭等因素，提供同居發生的溫床，也產生同居的需要。

2.　Brenda Wilhelm, 1998, "Changes in Cohabitation across Cohorts: The Influence of Political Activism." *Social Forces* 77(1): 289-310.

3.　Britta Hoem and Jan M. Hoem, 1988, "The Swedish Family: Aspects of Contemporary Development." *Journal of Family Issues* 9(3): 397-424.

同居、結婚不脫鉤，台灣生育率將持續低落

雖然台灣同居人數比例不高，但保守估計的絕對數已接近八十萬人，預估未來仍將繼續成長。且不論人權與多元價值的問題，單僅就「人口壓力」，我們的社會需要一套新的制度來因應此一變遷，包括如何保障與規範同居者的權利義務，以及如何避免同居造成生育率的進一步下跌。

目前西方國家的生育率以美國最高，北歐次之，其後是西歐，最低的南歐各國則接近獨生子女的水準，而東歐晚近下跌的速度也相當快，直逼

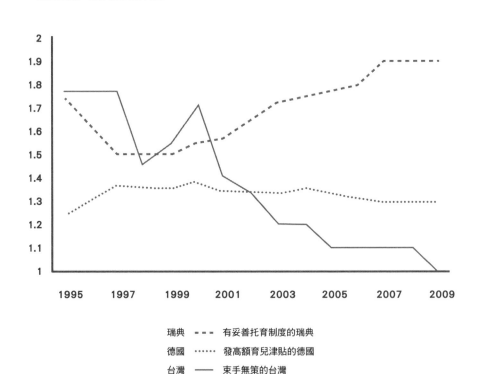

圖二　瑞典、德國、台灣的生育走勢圖
數據來源：美國人口資料局

瑞典　--- 　有妥善托育制度的瑞典
德國　……　發高額育兒津貼的德國
台灣　——　束手無策的台灣

同居、
婚姻與生育

南歐的水準。[4] 這些國家有兩個重要的差異，一是生育政策的完備性，二是婚外生育的普遍性。美國由於西班牙裔的高生育率，以及婚外生育的盛行（每年約有四成的非婚生子女），使其維持高於已開發國家的生育水準。北歐婚外生育的情形更甚於美國（例如 2008 年丹麥婚外生育比例 52.6%、瑞典54.7%），除此之外，其生育輔助相關政策多元且充沛，養兒育女的任務相當程度地由社會來負擔，因此生育率較歐洲其他地方來得高。

　　西歐不論是生育政策的完備性與婚外生育的普遍性恰好介於北歐與南歐之間（法國除外，其生育津貼的額度高於北歐諸國），南歐則家庭之外的支援少，婚外生育的比率也較低（例如 2007 年義大利婚外生育比例 17.7%），而有最低的生育水準。所以，歐洲過去是結婚率愈高的國家則生育率愈高，於今則結婚率與生育率呈負向關係，伴侶關係愈多樣性的，生育率反而愈高。

　　在我國，結婚雖然不是生育的必要條件，卻是生育的重要條件，婚外生育必須背負相當大的社會壓力。既然同居可滿足情侶共同生活的需求，將使得結婚的急迫性降低；如果同居在台灣無法像北歐或西歐一樣，產生與已婚者相同或接近的生育率，隨著同居愈來愈盛行，對生育率的止跌或回升將愈來愈不利。因此，如何讓生育與婚姻脫勾、讓愈來愈多的同居者也能安心自在生育，是重要的因應方向，這又回到前面一個議題──「同居者權利義務的保障與規範」，顯然這才是增加人口之道。

---

4. 以 2010 年的總生育率為例：美國為 2.1；北歐五國和法國平均為 1.95；西歐其他各國約在 1.4 至 1.5 之間。

第四篇　誰當爸爸？誰當媽媽？

為母則強

梁莉芳　陽明大學衛生福利研究所助理教授

母職作為改變社會的場域

　　為母則強。妳對這四字箴言的理解是什麼？為母則強，形容女人在成為母親後，充權（empowerment）與身心變得更強壯的過程。有人認為，為母則強，使得女人在面對育兒的辛苦時，即便是在不合理與艱困的環境下，也可以有默默承擔的韌性和克服萬難的毅力。不同於這種「阿信」的解釋，為母則強，我認為是一種育兒的實作，是作為母親的力量，也是愛的力量。為母則強，讓女人願意挺身挑戰社會的不公義，追求一個有未來願景的、更美好的社會。

▎母親的盼望

　　我是個四歲孩子的媽媽。孩子出生之後，我常看著他臉上的笑容出神。

我常在想，十年、二十年後，他的生活會是什麼樣子？笑容還會像現在一樣的無憂無慮嗎？和天下無數的媽媽一樣，希望孩子快樂是我最微小的盼望。但是面對還無法全面落實人權的社會，我經常擔憂這將是個奢侈的想望。

周遭的朋友常問我：「有了小孩後，生活最大的改變是什麼？」成為媽媽後，我看世界的角度，多了孩子的視野和觀點。我開始留心，空間的設計和安排，是不是對孩子不夠友善；我開始關注，媒體所傳遞的訊息和價值，是不是充滿偏見和歧視。成為媽媽後，我對未來的想像裡，有孩子正在成長的身影，我開始思考，我們大人所做的每一個決定，對孩子未來的影響是什麼。從與日常生活息息相關的食安、環境和核四議題，到這幾年引起廣大辯論的婚姻平權法案，這些重大政策的推動與制定，是不是能反映我們所追求的公平與正義的價值？

2016 年的同志大遊行之後，我們引頸企盼，台灣有機會成為亞洲第一個承認同性婚姻的國家，象徵重大的性別平等與人權的進步。但同時，卻有一群以愛為名的家長，散布恐同的言論，並堅持異性戀一夫一妻的婚姻家庭制度。我看到有著廣大粉絲的親子教養作家，以媽媽的身分，認為反同婚才能捍衛自己教養的權利。這些打著「保護孩子」大旗的言論，要傳遞給孩子的，是什麼價值與信念？以宗教信仰為基礎的反同立場，傳遞的是公平正義？還是偏見和歧視？《聖經·約翰一書》說：「愛裡沒有懼怕，愛既完全，就把懼怕除去。」這些用「愛」包裝的主張，是實踐愛？還是製造與強化對立和仇恨？身為母親與社會公民的雙重身分，我們的選擇是什麼？我們的價值選擇，決定我們會養育出什麼樣的孩子；而孩子，將會影響社會未來的走向。我們，期待自己成為什麼樣的媽媽呢？

做媽媽只是家務事？

美國女性主義詩人艾德麗安·里奇（Adrienne Rich）在其《女人所生》（Of Women Born: Motherhood as Experience and Institution）一書指出母性的雙面刃：母職對女人而言，可以是壓迫、限制和剝奪，也可以是滋養、力量和

充權。女性主義批判母職對女人所造成的壓迫，並不是來自女人成為母親後的育兒經驗或是與孩子的親密互動，而是來自母職的建制化（institutional motherhood）。在父權社會脈絡下，「好媽媽」形象是單一且扁平的，強調母性天生和無私的母愛，女人不被鼓勵說出照顧小孩的挫折和疲累，我們也擔心揭露自己的軟弱後，會被貼上「不負責任」或「壞媽媽」的標籤。父權文化規訓「好媽媽」要順從聽話，服膺主流的支配價值，「好媽媽」被要求要善盡份內的家庭責任，不可以擅自跨越公私領域的界線，參與公共事務甚至被視為是一種不當的行為或是失職。

2015 年 4 月 27 日，反核民眾占領忠孝西路，28 日凌晨，警方開始強制驅離。驅離行動中，有一群父母手抱幼兒，堅持靜坐在現場，表達他們支持廢核與面對國家暴力時的立場。之後，媒體以斗大的標題指責這群家長將兒童當作人肉盾牌，國民黨的立委也呼籲增修《兒童及少年福利與權益保障法》，禁止「使兒少處於易發生立即危險或傷害的環境中」。後來也有兒童照護工作者以及當天晚上在驅離現場的父母，指出兒童不只是應受保護與照顧的對象，他們更是行使權利的主體，他們的發聲權與社會參與權應受到尊重。批評的聲音，認為這群父母沒有盡到做父母的責任，沒有考量孩子的利益，讓孩子身處危險的環境。衛生福利部甚至代表政府立場發言，聲明正常作息對孩子的重要。

父權文化定義的「好媽媽」，得遵從家庭優先的守則，在這個前提下，才能給予孩子無微不至的照顧和呵護。在此一定義下，所謂好的照顧，除了依循以孩子為中心的發展論述，更不能違反常規的期待和標準；母職的實踐不僅以家庭為場域，更是為了鞏固和確保（父權）家庭的運作順暢。因此，在「427 不核作運動」後，我們會聽到有人說：「平時我的孩子十點鐘還不睡覺，我就會很焦慮了，更何況還是帶著孩子夜裡在街頭靜坐。」有人主張：「和小孩一起做的活動，不就是唱歌、跳舞、讀故事書嗎？這才是這個年齡的孩子該做的事情。」這些回應，狹義地將育兒規範為私領域進行的活動，只是（父）母親和孩子間的親密關係，卻忽略了母職的政治性，忽略了養育孩子這件事情從來就無法脫離我們所處的社會、政治、歷史和文化脈絡。

最好的育兒實踐？

　　當代母職的重要特徵——密集母職（intensive mothering），結合科學論述與資本主義消費，不僅更加強化了父權體系對母職的監督和控制，也為母職實踐劃出嚴密的物質與非物質的界線。社會學者 Sharon Hays 指出，密集母職是特定歷史時空與社會建構的產物，影響並形塑現代社會的母職實踐。密集母職強調以孩子為中心的教養方式，專家論述的權威性，以及在育兒過程裡，母親必須投入大量的時間和心力。特別是初為人母者，一方面得面對「做媽媽是女人天性本能」的父權思維，這種論述強調母性的自然，以及母職作為本能，對女人而言應該是簡單輕鬆、迎刃有餘。因此，在遭遇育兒的困難時，我們常常深陷愧疚、焦慮和恐懼失敗的情緒，不斷檢討自己，懷疑自己不是「好媽媽」，也擔心自己的失格會對孩子造成深遠的影響。另一方面，專家論述取代女人和小孩在養育過程中互為主體的經驗，不但被視為是育兒的聖經寶典，也成為用來衡量「好媽媽」的標準。

　　兒童發展理論強調零到三歲是人生的黃金期，母親在這個階段的付出和投入／投資，幾乎可以決定孩子未來的人格形塑和影響他一生的發展。育兒活動的安排，不再是隨興或漫無目的的打發時間，而是需要更有計畫性的導向特定的訓練內涵和任務指標。給孩子讀什麼書、聽什麼音樂，都是一系列精心的蒐尋、比較和研究後的決定。近年來，市場上出現針對嬰幼兒的游泳學校、音樂律動和體育課程等，這些高度組織化的活動，不僅提供父母（往往是媽媽）一種育兒安排的選擇，也成為許多家庭每週固定的親子行程。這些課程往往強調的不只是好玩，而是訴求計畫性栽培的重要，透過更有系統的刺激和引導，可以激發小孩更大的潛能和發展性。社會學家 Annette Lareau 將這種中產階級的養育文化邏輯命名為「協作培養」（concerted cultivation），指的是父母有計畫、有目的地參與和規劃小孩的（課後）時間安排。Lareau 的研究是以育有九歲和十歲小孩的父母為研究對象，不過，我們可以觀察到，早在孩子還更小的時候，協作培養的哲學就已經滲透在日常的育兒實作之中。

受到資本主義消費觀的影響，購買行為成為當代母職實踐重要的管道之一。嬰兒用品的廣告，以「給孩子最好的」，作為商品包裝和行銷的手法，往往能點燃媽媽心中的購買慾望。「愛她，就要給她最好的」，消費成為肯認自己作為好媽媽的指標，購物買的不僅是物品，更是母愛的展現。

這是現代媽媽的焦慮。我們忙著檢視自己、監控孩子的發展；我們不停地在追蹤最新的育兒資訊，搶購所謂的夢幻逸品。這樣的焦慮，不僅讓我們在個別化的育兒關係中心力交瘁，也將育兒實踐的場域圈限在兒童的發展、家庭的日常實作和資本主義的消費行為。我們失去了對育兒的想像，以及看見其他的可能。

只是養小孩？母職作為改變社會的場域

女性主義學者 Nancy Chodorow 在《母職的再生產》（*The Reproduction of Mothering*）一書指出，母職的工作是構成社會不可缺少的部分。小孩藉由母親開始社會化的歷程，學習社會價值、道德準則、性別關係，以及家庭內外的性別分工，因此，女人的母職不僅對家庭而言極為重要，也可以成為改變社會的實踐。作為媽媽，我們可以決定如何教養孩子。我們可以選擇一條阻力最小的路，遵循既有的社會規範，不去挑戰現存的不合理和壓迫，我們的孩子可能會成為「人生自己負責論」的信仰者，繼續經驗和複製那些我們遭遇過的不公義和痛苦。我們也可以選擇透過母職實踐，質疑和反轉統治者的價值。身為女人，我們的成長經歷許多因為性別造成的歧視和不公平，我們或許保持沉默，或許起身對抗；我們或許覺得受傷，或許飽受痛苦。因為這些深刻的經驗，我們體認到追求公平正義的重要。

作為一個母親，我希望我們的孩子，相較於現在的社會環境，可以成長在一個更符合公平正義原則的社會，機會和資源的分配更平等；每一天的生活裡沒有恐懼、沒有壓迫，人和人之間能相互尊重、平等對待。他不需要擔心自己是個陰柔氣質的男孩，而會被同儕排擠，不管他愛的是男人還是女人，都會獲得祝福。他的人生，不會因為性別、性傾向、族群和階級，而受到歧

視和不公平的對待。這是我，作為母親的憂慮，也是作為母親的盼望。如果這個社會沒有改變，我們的孩子將繼承現在年輕人的煩惱：令人瞠目結舌的高房價、存不了錢的窮忙人生、失靈的代議制度、無法取信於人民的政府……。對於更美好生活的追求，我們不該只是冀望於政府，而是問自己，我們可以為孩子做哪些努力？

在 2015 年，全台灣遍地開花的「不核作運動」中，高雄有一群媽媽們發起「我願意為你反核」的活動，他們選擇在捷運車廂內朗讀反核繪本、發放黃絲帶和反核單張。他們帶著孩子，一起實踐作為公民和媽媽的雙重責任，他們不僅以具體的行動支持反核的立場，也透過具體的行動，教導孩子這些重要的價值和人民的力量。這群媽媽們，也讓我們看見，母職如何作為改變社會的場域。

母職是一種親密關係，是和孩子之間每日每夜的情感累積，天真的童言童語、燦爛無憂的笑容、安穩熟睡的臉龐，都是日常生活裡讓人耽溺的小確幸。母職也是一種政治行動，我們可以將面對不公義的憤怒，匯聚成改變的力量；我們可以將對孩子的愛，轉化為在日常生活的社會實踐，追求一個更公平正義的社會，這是母愛的體現。

「做媽媽」快樂！給每一個正在創造自己母職實踐的媽媽。

子女的成績是媽媽的考績？

從家教看母職的實踐

高子壹 台灣大學社會學系博士生

我曾擔任國中生的家庭教師，因此我在這裡想以「家教」為題來與讀者們討論相關的性別議題，特別是台灣媽媽們所承受的「課業壓力」。

監督子女完成回家作業，是家長的重要工作。但是，隨著子女年級增長，子女的課業愈來愈深，家長多年沒碰學科，遇到課程內容改變時，可能一時之間也難以解答學生的困惑。所以對家長來說，請家教老師最主要的目的就是能解決子女隨時提出的課業問題。

媽媽沒能力，所以請家教？

雙薪家庭聘請家教，主要是分擔學校留給家庭的教育工作，不過家庭主婦往往被認為有時間與心力親自教育孩子。

身為家庭主婦的許媽媽住在新竹南寮，許爸爸的職業是工頭，女兒就讀的國小是個只有數百人的小學校，高職建教合作畢業的許媽媽，也曾試著自己教孩子，但是：

我放下那個課本已經二十年了，光是國小的數學算式就完全不一樣啦，建構式數學是不是很占空間？我以前光是教我女兒，我女兒就都是叉叉，我說我們老師以前就是這樣教啊，她說我們現在教的跟你們不一樣啊！

如果媽媽的教育程度大學以上，「自己沒有能力」會變得更沒說服力，為了賦予「請家教」的正當性，媽媽們會把教學指認為一種「專業」。例如，私立大學外文系畢業的施媽媽請了英文家教：

……我不可能自己去教他，因為我覺得要教她要備課，要自己準備東西，而且要有連貫性。

不過高職畢業、自營美髮店的魏媽媽不完全同意這個說法：

她們認為說……尋求專業啦……但是我覺得啦……像我們從小沒上過安親班，我很清楚地了解說，你哪一個部分是 ok 的，哪一個部分是不行的，你今天單子拿回來我就知道喔你這個部分出狀況了，那我針對你這個部分加強就可以了，我不用一題一題這樣子幫你算過，因為從頭到尾都是我自己帶，所以我很清楚你的弱點在哪裡，我只要挑你的弱點（去教），這樣就可以了。

她這段話背後隱含的意思是，尋求專業不能當做媽媽的藉口，只要自己能力夠，能自己教就該自己教。魏媽媽的工作場所與住家在同一棟樓，子女

放學後就到美髮店裡做功課，魏媽媽可以邊工作邊看著他們，困擾許多家長的課程改革對魏媽媽來說不是問題，因為她是「跟孩子從頭一起學」，建構式數學與過去不同的計算方式，或是破音字的讀音，魏媽媽都不怕自己教錯。

▎不清楚狀況的爸爸，卻是有否決權的常任理事？

在媽媽承擔大部分家務工作的情況下，爸爸們仍會以「解答問題」的方式參與子女的學業，不過效果經常不彰。例如曹媽媽是國小校護，她強調自己與丈夫都是採取「愛的教育」，不打小孩，以說理的方式管教。當初為了小曹要不要補習請家教，夫妻倆有許多討論，在竹科工作的曹爸爸覺得不需要補充教育，有他就行了，但是曹媽媽說：

……我說你下班那麼晚啊，你每次問你兒子有沒有不會，你兒子又說他都沒有不會，那怎麼教？……因為他不怕爸爸，有時候爸爸講什麼他又回嘴，不然就是很不認真，爸爸坐在書桌他躺在床上，這樣子在教，我說到底誰是學生啊，爸爸後來受不了。

台灣有「上嫁下娶」的婚姻文化，爸爸的教育程度大都比媽媽高，又因為過去就學時，經歷過教育部「打擊惡補」的言論影響，認為一個「優質教育」不需要市場上的補充教育來源，而要透過家庭與學校的密切配合。然而，學業指導要有效，需要長期的教學參與，養家的爸爸，苦於長時間工作之餘，還要配合子女放學、晚餐、做作業的時間，坐在書桌前教學。家教對他們來說，提供了一個方便、穩定、長期的方式，藉由付出家教費用，將「教育指導」的責任外包出去。

有趣的是，雖然家長可以透過市場外包家庭裡的教學責任，仍然必須扮演管理者及督促者的角色，用以證明自己不是不負責任。我訪問過的家教老師中，有家教教了一年，學生的爸爸還不認識家教老師的，或是從來沒有見過爸爸的。但沒有一個家教老師沒見過學生的媽媽。

許多家教老師都有這樣的經驗，與家教媽媽討論許久的課程內容，因為爸爸的一句話而被全盤推翻。家教老師們這樣形容爸爸與媽媽的教育分工：

爸爸比較有點像幕後黑手，跟我有比較直接聯絡的都是媽媽……我覺得媽媽好像是一個執行長，背後理念的是爸爸。決定權好像在爸爸那邊，媽媽一直在忙東忙西的感覺。

大部分來講，在教育這件事情，媽媽是代表一個督促者，爸爸比較像是一個精神代表。

有二十一年家教經驗的夏老師這麼說：「我常形容爸爸就是聯合國的常任理事國，雖然媽媽比較清楚孩子的狀況，但爸爸擁有否決權，尤其是很多家庭裡的經濟大權還是掌握在爸爸手上。」夏老師分享了多年前的家教家長曾講過的話：「如果不是我太忙了沒辦法教，哪裡輪得到你來賺這個錢？」

可是，大部分的母親，很難去完成這樣沉重的教育要求。二十一年經驗的夏老師則認為這是「媽媽的困境」：

當一個學生她不想念書的時候，當然這個社會就會給他一個評斷，我們叫審判，就判斷說這個學生他求學是不行的，這個時候我們通常也會把這樣的價值論斷到家長身上去，讓家長會怕。所以當家長看到學生的成績不行的時候，他們會很緊張，卻沒有能力改變，所以他們就陷入一個困境──他們只能用他們的家長、他們的老師對待他們的方式去處理。我們的社會告訴我們的家長說，你們要愛的教育，但是當問題出現，你要從愛的教育變成鐵的紀律的時候，當然就會發生親子關係的衝突，這些衝突往往在小孩子青春期的時候發生。

母職的困境：鐵的紀律還是愛的教育？

「教育」母職所要求的教學工作，需要諄諄善誘的說理能力，在我的家

長受訪者中，只有施媽媽以及呂媽媽能熟練地使用這種文化資本。呂媽媽的職業是國小教師，她很清楚自己在學校的角色跟自己在家庭的角色是有區隔的。

媽媽不應該當老師所以我會花一點錢請外面的老師來教她。……我覺得當你是一個老師的時候，你就會用老師的眼光去看孩子，然後妳會把重點放在她的功課上，那我現在我的角色是，我注意她的健康、注意她的生活、注意他的飲食，可是我不太再去看她的功課，我不會看她的功課。媽媽就是媽媽。

她們請家教的原因，是為了避免教學的文化邏輯與家庭的文化邏輯產生矛盾，以維持慈愛母親的形象。施媽媽也形容自己並沒「教育」子女：

我沒有教育他們啊……我並沒有特別針對她們的功課還是他們的……我並沒有特別去管……我跟我女兒講，妳在學校就是練習團體生活跟大家和睦相處，好玩，那就好了，這是妳國中三年的回憶，那回家的家教就是你的功課，就是把這個做好，那我做的就是……就是媽媽嘛。

［媽媽？］

就是媽媽，弄給他們吃，然後……聽他們說話聽他們唱歌看他們跳舞，幫他們排課程。

所以施媽媽非常清楚，「教育」就留給家教老師以及學校老師，而自己要扮演的是一個撫育的角色。但這種教育方式之所以可能，來自於說理的能力：

我跟我的孩子真的就像朋友一樣。我們可以打來罵去，我罵她她可以回嘴的這樣，可是回嘴要在合理的，就是你不能講髒話，妳不能用太情緒化的字眼，就是我跟妳講什麼，妳回嘴就是有道理的，而且是我覺得我都可以接受，所以是像朋友這樣子在對話，我待他們也像朋友一樣，並沒有特別，我從小到

子女的成績是
媽媽的考績？

大好像不曾打過小孩，並沒有特別去打過他們，也不會太大聲去罵小孩。

　　有趣的是，在所有家長受訪者中，只有施媽媽與呂媽媽兩個人是沒有被父母體罰過的。回想過去的教育經驗時，被父母及老師體罰的威脅感一直留在媽媽們的記憶裡，有的媽媽因此決定「不打小孩」，有的則是在教改提倡「零體罰」的論述下，希望能適度調整。但過去的經驗讓調整變得困難，因為她們不懂得其他的方法。

　　陪我去做訪談的鍾媽媽說：「我覺得這（零體罰）根本就是讓老師棄械投降」。因為，在體罰／不體罰的選擇中，隱含的是兩套截然不同的語言模式，鍾媽媽之所以認為「不體罰」等於要父母及老師「棄械投降」，這是因為「不體罰」則表示父母及老師必須使用說理的方式與子女溝通，這不只反映一套更為精緻化的語言符碼，也反映一種更民主的親子關係。

　　但是這種親子關係對於從小被體罰長大，或者原生家庭文化資本較低的媽媽來說，是一個需要學習的能力。

　　小時候，曾被體罰過的媽媽們習慣服從年齡權威，並且將「尊師重道」，看成重要的倫理價值，在傳統的親子相處模式下，互動式的語言可能被視為子女對父母的不尊重，「頂嘴」常常是這一代的父母老師會很深的世代差異。如何在說理與「禮貌」之間取得平衡，是這一代的父母苦惱的課題。如果諄諄善誘的說理方式需要文化資本作為前提，媽媽們想要學習這樣的模式，就會面臨很多困難，最後可能演變成「放任」。

　　張媽媽與曹媽媽就面臨這樣的情況。

　　我一進門，張媽媽第一句話就先說：「我都不太嚴，我都很鬆的，所以我都不太會教小孩。」

　　曹媽媽在工作環境中，吸收了很多教養的新方式，但將她稱之為「愛的

教育」的方式使用在小孩身上，也發生了很多難以招架的狀況：

有時候我就覺得我們這種講道理的方式就變成我們在他面前威嚴度不夠，所以你跟他講的話他就不太甩你這樣子，你利誘他，他又覺得因為物質慾望又不高，他覺得好像沒有什麼禁得起好利誘的，所以有時候也是比較放任。

如果無法勝任說理的教養方式，也不想採取放任式管教的話，家長最後可能會拿起棍子。

但是，愛的教育與鐵的紀律之間的矛盾，在訪談過程中仍然不斷出現。袁媽媽提到自己在參與小袁國小裡的家長團體後，接觸了親職教育的書籍，覺得自己「很對不起小孩」。魏媽媽也不斷強調，雖然自己從小是被打上來的，但是在教育子女的過程中經過不斷閱讀與調整，現在採用「讚賞的教育」。蕭媽媽告訴我，她期待家教老師能分擔教育小蕭的過程中較為嚴厲的角色扮演，讓自己能一直「愛他」就好了。

可見，當媽媽們追求慈母形象時，也引入一套（與自己的受教育經驗不同的）家庭關係結構，無論這樣的家庭關係結構是否落實在受訪者家庭中，當受訪者強調自己採取「愛的教育」、「讚賞教育」，或覺得自己以前的做法「對不起小孩」，其實這正凸顯一種教養霸權論述的出現。

從以上的討論，我們已經看到，家教老師協助了媽媽進行家庭裡的教育工作，家教老師以老師的身分進入家庭，進行與媽媽之間的教／育分工，以維持媽媽與撫育連結的角色期待。

如此一來，「家教老師」就在父親—母親的教養分工中間，扮演著潤滑劑，讓媽媽看起來好像只管子女的情緒與人格發展、提供食衣住行等撫育工作，而爸爸就能繼續偶爾出現，指導大方向，提供家教費，以維持教／育，養家者／持家者的形象區隔，使人忽略爸爸在子女教育工作中的缺席，以及媽媽必須承擔起教、養大部分工作的事實。

子女的成績是
媽媽的考績？

不要把教養失敗的箭靶指向媽媽

在父親與母親的教養分工中，教育原本是被分工給父親的，如果父親因為工作等因素，難以提供固定的教學工作，母親就得同時負擔起養育與教育的責任。當媽媽同時扮演（本來分工給爸爸的）教育與（慈愛的）養育角色時，容易出現角色衝突。尤其當母職教養劇碼已經從「嚴厲」轉為「慈愛」，只有善於說理的媽媽們才能化解「教」與「養」之間的矛盾，否則媽媽的教養態度不是轉為放任，就是動用體罰。

當我們遇到教養問題時，矛頭常常指向媽媽，媽媽們往往不是被批評為「溺愛」孩子，就是因體罰子女而承受來自親戚或社會的壓力。不過，如果我們能看穿媽媽們在教育與養育兩套截然不同的教養劇本中所面臨的困境，我們就會發現，在神聖的母職形象裡，媽媽極易成為教養失敗的箭靶。那麼也許，我們應該試著對媽媽們更寬容一點。子女的成績不該成為媽媽的考績，放過媽媽們吧！

曾凡慈 輔仁大學社會學系助理教授

當幼兒發展成為母親的風險事業

　　過去女性主義對於母職的關注，經常以「科學母職」與「醫療化母職」等概念，來檢視兒童健康與發展的科學醫學研究，如何介入母親的育兒知識與行為。這些論述被認為是一種規範和評價母職實踐的體系，經常導致母親的責任加重，甚於提昇她們的能力和自主性。另一方面，長期的歷史研究發現，關於育兒的科學建議不斷與時俱進：十九世紀專家以「醫學—衛生學」模型來認識童年身體與建立育兒指南，二十世紀後逐漸轉變為「發展模型」，強調教育與認知刺激；在 1990 年代，新的大腦研究將早期童年建構為影響終生發展的關鍵階段，母親被告知五歲以前的早期教育與適當刺激，可強化孩子的大腦能力，左右孩子未來的智力與成就。

然而，相較於疾病及其復原經常有明確可徵的身體狀況，影響幼兒發展的因子非常複雜多樣；個別孩子的發展進度是否符合常規，許多時候也不易判別。但是當代強調密集母職（intensive mothering）的意識形態，仍要求「好媽媽」不只應該避免讓孩子在發展的里程碑上落後，更須努力最大化孩子的身心發展。除了外顯的身高體重，以及可供考較的認知、語言或動作能力之外，還包括相當抽象的安全感、信任感、自信心、專注度和創造力等等。易言之，醫學意義上的遲緩並非唯一重要的發展風險，直指孩子未來成就的許諾，從「不要輸在起跑點上」強而有力地徵召了天下無數父母。這種關於兒童發展及其風險的科學知識，以及對於母親的道德要求，創造出大量的市場需求，展現在形形色色的書刊雜誌、教材玩具、課程活動當中，不斷挑動家長心中望子成龍、盼女成鳳的傳統盼望。

　　然而，除了勤勉學習最新知識來作為自己的育兒指南，當代母親們面臨的實際育兒脈絡更加複雜。一方面，新手媽媽經常面對眾說紛紜的育兒建議，另一方面，育兒的實際安排經常鑲嵌在家庭的協力網絡中，因此在育兒實作的過程中往往必須處理連帶的社會關係議題。此外，對孩子無所不在的發展監看，更使得母親容易落入比過去更容易被究責的困境。

▍「眾口囂囂，不可勝聽」：各說各話的專家建議

　　當代台灣的育兒知識具有某種晚期現代性特質——舊的傳統與習慣不再被新手父母所信賴，新的知識又日新月異，不足以為育兒實作的安排提供牢靠指引。過去研究指出，這種充滿不確定性但卻為道德性牢牢支撐的脈絡，會使得母親更加努力尋求並優位化她們認為的專家知識。然而，所謂「專家」之間對於何謂好的育兒方式其實缺乏共識，甚至會給出南轅北轍的建議。許多新手媽媽們都能明確指出時下流行的育兒指南分為「大人中心」與「兒童中心」兩派，各以林奐均的《百歲醫師教我的育兒寶典》[1]和威廉‧西爾斯

1.　林奐均（2006），《百歲醫師教我的育兒寶典》，台北：如何出版社，

及瑪莎・西爾斯的《親密育兒百科》[2]為聖經。粗略來說，《親密育兒百科》主張父母應學習辨識與回應寶寶發出的信號，像「寶寶哭了就把他抱起來」，哺餵母乳、盡量與寶寶形影不離，晚上也跟寶寶相伴而眠。《百歲醫師教我的育兒寶典》則主張應為寶寶建立作息時間表，切忌一哭鬧就餵就抱，並且讓寶寶在自己的床上自行入睡，至少六週大時就開始訓練寶寶一覺到天明。

面對諸如此類大相徑庭的建議，新手媽媽們最常用主張者的專業身分以及是否有豐富照顧經驗，來作為聽取與否的初步判準，再依據自身育兒的獨特脈絡來評估專家建議的適用性，包括自己的個性、孩子的氣質、家庭的居住安排、夫妻的工作狀況，以及對育兒與親密關係的個人理念等等。易言之，她們總是「選擇性」地接收與應用知識，在真實的個人育兒脈絡中加以實驗。當面對奉行不同育兒方式的其他母親時，她們常會以兩種策略來合法化自己的選擇：一是援引書中的科學醫學知識，另一則是以道德理由貶抑不同做法，例如「親密派」會將「百歲育兒」戲稱為「殘忍育兒」，「百歲派」批評實行「親密育兒法」是在「寵壞」、甚至「剝奪孩子的學習能力」。

誠然，各門各派的專家建議可能作為多樣化的資源，提供不同需求的母親各種理論基礎與實務指南；但是，當一套知識體系被賦予權威地位的同時，往往伴隨著對其他知識的貶損，此時，這種知識的分歧便可能導致母親們相互批評。特別是針對不會說話的嬰幼兒，他們的身心狀況與情緒反應並不容易建立明確的因果性；當社會中永遠存在不同的育兒權威知識與實踐，母親們就更必須為自己的選擇可能影響孩子福祉而負責。即使母親們總是不難找到支持自己的論述，不過一旦孩子的發展不如預期「完美」，眾說紛紜的知識場景，可能就會讓她們陷入自我懷疑，甚至自我譴責。

關係網絡中的育兒分工與協商

在台灣，育兒常常不是母親一人與孩子之間的事，而是發生在協力的關係網絡當中。固然母親幾乎總是主要照顧者，但日常生活中的育兒實作，總得有部分時刻得跟孩子的父親分工，或是依賴擴大家庭網路，例如固定分擔

白天的照顧工作，或提供後勤支援，包括接送孩子，填補放學到父母下班間的空檔，在必要的時候幫忙暫時照顧等等。因此，媽媽們是否能徹底執行自己期望的教養方式，往往必須在這種關係網絡中反覆協商。

在許多強調早期發展的論述中，由祖父母進行教養常被視為一種有風險的育兒安排。過去沒有問題的育兒行為，在新的育兒知識中蒙上了阻礙發展的陰影，例如老一輩認為讓幼兒坐「螃蟹車」比讓他們到處亂爬更安全，新的育兒觀念卻擔心有翻倒的危險性並且不利於孩子發展平衡感；也有主張長輩較不擅長跟幼兒互動，可能無法提供足夠的刺激，做不到像新的育兒建議父母多跟孩子說話唱歌講故事唸繪本，還要讓孩子有充足的活動量，不能一天到晚揹著抱著或限制在家。這樣的要求當然加重了育兒的勞動內容，也使母親們經常以此原則來與其他照顧者分工。例如我的研究中就有受訪者認為新生兒的身心需求比較容易滿足，因此託給長輩照顧，自己忙著為兩歲女兒講故事、帶著去上親子律動課程，並根據發展階段規劃各種學習或「增加生活經驗」的活動，例如去動物園、搭乘大眾交通工具，或是到商店練習買東西等等。

而當年輕一輩的父親愈來愈積極參與育兒，這種對幼兒發展刺激的全面要求，多少也會沿著傳統性別角色來分派教養的任務，例如媽媽負責教育孩子的認知，爸爸則增加孩子的運動質量，教孩子騎腳踏車、溜直排輪，或者是帶到戶外讓小孩盡情跑來跑去。這些活動並非因應新的發展知識而出現的新項目，卻被賦予新的科學醫學理由：訓練小孩的動作發展、肌肉協調以及平衡能力。

而當照顧網絡的成員間存在歧見，母親們為了一致化育兒網絡中的實作，經常得嘗試努力說服其他成員。她們採用的策略，首先是連結科學醫學的權力基礎，例如祭出「醫生說」，或是買書、提供介紹摺頁，要求對方閱

2. 威廉‧西爾斯、瑪莎‧西爾斯（2000），《親密育兒百科》，張嘉倩譯，台北：天下文化。

讀;如果對象是老人家,還會把重要頁面影印放大,再用螢光筆劃重點。倘若長輩不相信科學權威,就採取「射人先射馬」的策略,找出對方可接受的權威來源,例如請小姑或是其他年長鄰人代為游說。如果這些都沒辦法,媽媽們就會必須取捨——例如到底是「當媽媽的身分重要,還是做媳婦的身分重要」,以決定是要堅持捍衛自己的原則,還是考慮家庭和諧或分工需求而忍受不一致的教養實踐;而無論是哪一種選擇,自然都有相應的代價:或者是社會關係的風險,例如打壞婆媳關係;抑或是自己身為母親的認同風險,例如變成無能保護孩子的母親。因此,如果經濟能力較寬裕,許多母親寧願選擇花錢顧用保母。畢竟以金錢為基礎的一對一契約關係,母親可以主動尋求理念一致的保母作為育兒協力夥伴;若有不合,也相對容易中止關係而不必付出太高的成本。

日益嚴密的發展監視

隨著早期發展論述愈來愈受到重視,嬰幼兒發展指標與相關量表也開始大量流通,即使並非經過正式篩檢的管道,還是可能作為消費贈品或循著其他途徑進入家庭空間,成為孩子發展的潛在監看者。「Baby Home」網站上,有一位媽媽為了「大姑小姑天天拿著奶粉公司送的成長紙,碎碎念說什麼妹妹遲緩呀」(女兒八個月大,坐得穩但不會爬),迫使她上網詢問大家有沒有「關於小孩學爬發展的文章」,想要「印下來堵她們的嘴」。另一個網路討論區中,一位媽媽抱怨自己的父親認為選擇全母乳的她「沒奶」,導致外孫女「活力不夠」,還寫 e-mail 告誡女兒說:「你的小孩長期半飢餓狀態,不像一般四、五個月的小孩活力充沛,⋯⋯小孩子出生後三個月是腦力急速發展的時候,我擔心她的腦力已經受損。」這位媽媽認為,會受質疑的理由是因為小孩很安靜,任人抱都不吭聲,被抱著坐直的時候也沒有想要跳跳跳的反應。但她說:「我以為照兒童健康手冊上面的進度,會趴、會撐起頭來,就差不多」,「我娘家的人現在逼我女兒做七、八個月的發展狀況檢測,例如腳垂直時會不會蹬直站起之類的」。然而,這位媽媽還是扛不住壓力,一直「鬧老公」說要買「跳跳鞦韆」(使用年紀建議六個月以上)來刺激四個多月女兒的跳躍能力。

從這兩個例子中都可以發現，普遍流通的發展權威知識，使孩子受到遠比過去更嚴密的監看。即使媽媽們都知道：來自非照顧者的片面、隨機的觀察與評價並不能掌握孩子發展的全貌，但當這類的質疑一而再、再而三地出現，身為主要照顧者的她們就無法以自身對孩子的發展具有更完整的知識來抵禦。這個社會無處不潛伏著譴責母親的低語，只要媽媽持續被認為得為孩子負責，每個母親就都有可能不夠稱職（potentially unfit）。一方面，她們必須與上一代的權威知識奮戰；另一方面，新的育兒實踐卻又被眾家權威知識環伺，並臣服於比以往更高的標準。

　　如果新的育兒實作受到來自傳統權威的質疑，母親們還可能倚重科學醫學論述的權威作為自己的奧援。但當批評者同樣運用科學語言進行醫療或發展的凝視，母親們似乎只能以強化科學育兒的方式來回應。觀察媽媽們在網路上的互動，倘若網友的抱怨是針對上一代倚老賣老的干涉，回應者多半都是給予加油打氣；但若抱怨他人認為自己的孩子有發展疑慮，網友回應的狀況就會高比例地出現「看醫生」的建議，例如上面被懷疑女兒「腦力受損」的媽媽，就收到帶女兒去做感覺統合測驗的回應。透過網路空間所延展的社會網絡，強化了科學醫學的權威，網友們會以「早期發現早期治療」，「把握發展黃金期」來彼此說服，或相互鼓勵「尋求醫師的專業認可」讓自己安心、同時作為避免被質疑的手段。易言之，網路作為新的資訊生產與傳播的工具，使醫療知識的使用者有更多元的管道去主動取得與評估資訊，因而得到較高的自主性，但同時也使得各種醫療主張更容易滲透到生活世界，助長了科學醫學知識對育兒實作的支配。

育兒作為高度不確定性的事業

　　整體來說，當代幼兒發展知識的普及以及對於育兒高度異質性的專家建議，使得育兒成為高度不確定性的事業：母親們雖然可以在不同知識當中做選擇，但必須面對「可能犯錯」的心理焦慮與罪惡感，彼此之間也可能因為奉行不同權威知識與實作而相互批評，不是認為對方無知，而是質疑知識選擇所代表的母職風格。各種知識之爭甚至是一場道德母職的論戰。畢竟，無

論如何汲汲尋求都無法獲取完備的育兒知識，更不可能保證殫精竭慮就能養出完美的孩子。這些關於幼兒發展的權威知識，管制的對象並不限於傳統育兒法的奉行者，即便「照書養」的媽媽們也同樣得接受考核與檢驗，其標準遠比過去更嚴苛。

因此，當代的幼兒發展知識依舊是一套評價與管制親職的系統。正如過去研究已指出：女性易於接受醫療科學技術，是因為它們承諾女性得到更符應文化與社會常規的行為與表現；如果說新世代母親傾向於親近科學醫學知識來組織育兒實踐，也是為了回應當代社會愈來愈以各種科學醫學權威來重構對母職的文化要求，避免對各種育兒偏差的道德譴責。

誰得了「不專心」的病？

注意力缺失症的社會學觀察

陳逸淳 中山醫學大學醫學社會暨社會工作學系助理教授

學齡兒童的家長應該都有過類似的經驗：起床時間到了，孩子遲遲不肯起床，連哄帶騙總算把孩子弄下床，接著刷牙洗臉、吃早餐、換衣服、上學……。儘管每一個步驟都再三催促，孩子卻還是慢條斯理、東摸西摸，毫不在乎，好像臣子恭請皇帝上朝一樣，皇帝不急卻急死了自己，怕孩子遲到害得自己上班遲到……。有些孩子在學校上課老是不專心，無法乖乖坐好專心聽講，若狀況持續不斷，老師即可能會暗示、甚至明示家長「該帶小孩去看醫生了」。根據今天的醫學標準，這樣的孩子可能被診斷為「注意力缺失」（ADD）或「注意力不足過動症」（ADHD）。

我國衛生福利部根據《精神疾病診斷與統計手冊》第五版（DSM-5）標準所編寫的《注意力不足過動症：衛生福利部心理衛生專輯（03）》一書中提到，我國的 ADHD 的盛行率約為 5-7%，且 60% 個案的病情會持續到成人。DSM-5 明確地將成人納入注意力缺失的範疇當中；不論是否成年，只要有以下「症狀」五項（青少年和成人）或六項（兒童）、持續六個月以上，就可能被診斷為「注意力缺失症」：

一、經常無法仔細注意細節或者在做學校功課、工作或其他活動時經常粗心犯錯。
二、工作或遊戲時常有維持持續注意力的困難。
三、直接對話時，常好像沒在聽。
四、經常無法遵循指示而無法完成學校功課、家事或工作場所的責任。
五、經常在組織工作與活動上有困難。
六、經常逃避、討厭或不願從事需要持久心力的工作。
七、經常遺失工作或活動所需的東西。
八、經常容易受外在刺激而分心。
九、在日常生活中常忘東忘西。[1]

　　看完上述列表，有沒有覺得好幾項目似曾相似，好像自己也常常如此？《精神疾病診斷與統計手冊》第四版的主持人艾倫・法蘭西斯（Allen Frances）在他的著作《救救正常人——失控的精神醫學》（*Saving Normal*）中反省道：「這個疾病以前只局限於小比例的兒童身上……但沒多久，各式各樣干擾上課的行為就都成了醫療問題。人們開始濫用注意力缺失症，十成的孩子都符合患病標準了。現在每個班上至少都會有一、兩位孩子正在服藥。注意力缺失症也成了標準答案，用來解釋成人舉止行為上的各種問題。」「關於這一切，一般人總是認為，注意力與過動的問題確實在蔓延，而且情況愈來愈嚴重。我們沒有任何理由認為現代孩子哪裡不一樣，其實，變的只是標籤罷了，過去我們會把注意力與行為問題當成人生的一部分，是正常的個體差異，但現在卻診斷成精神疾病。」[2]

▌注意力缺失症的弔詭一：歸咎於個體的集體問題

以台灣本土的狀況為例，ADHD 的發生率從 1997 到 2007 年間增加了十七倍，「是一項驚人的現象」。[3] 而 ADHD 在世界各地的盛行率在 5-12% 不等，[4] 隨著診斷標準、國別、診斷基礎的不同，某些研究甚至發現注意力缺失的比例可高達 17.8%，在特殊機構中的研究案例中甚至發現注意力缺失或過動者可達 24% 至 56%。[5] 在注意力問題被醫療化的過程中，診斷與研究往往徹底歸咎於個體生理問題，包括：腦傷（中樞神經受損或控制功能不足）、體質壓力論、神經傳導異常、訊息處理能力不足、前額葉功能缺損（腦皮質活化較低）、腦部構造不同、刺激傳導不足、多巴胺缺乏、過敏（如異位性皮膚炎）、遺傳傾向等等，所有的診斷從未考慮人們的不專心是否與制度、規範等集體事實有關。

▌注意力缺失症的弔詭二：藥物治療作為集體卸責的社會處方

面對注意力缺失的慢性疾病，醫療體系傾向於採用藥物來進行治療。國外研究顯示，雖然藥物治療初期有效，然而當藥物治療二十四至三十六個月時，患者的注意力不足的症狀卻惡化了，且用藥者在三年之後的「犯罪得分」更高，這意味著他們更有可能在學校裡以及面對警察時惹出麻煩。如上所述，即便藥物治療的長期效果至今仍充滿爭議，但相較於其他治療方式，如感覺統合治療、認知行為治療，藥物治療卻愈來愈被視為治療的重要選項。根據衛福部中央健保署歷年的藥品使用量分析，不論是短效的利他能（Ritalin）或長效的專思達（Concerta），過去十年間的使用量皆持續攀升，一般型與緩釋

---

1. 礙於文章篇幅，完整的診斷標準請參見：衛生福利部（2015），《注意力不足過動症——衛生福利部心理衛生專輯（03）》，44-46 頁。
2. 艾倫・法蘭西斯（2015），《救救正常人——失控的精神醫學》，黃思瑜譯，台北：左岸文化。
3. 宋鴻樟、董姿伶（2009），〈行政院衛生署九十八年度委託科技研究計畫〉，台中：中國醫藥大學環境醫學研究所。轉引自：曾凡慈（2015），〈兒童過動症的在地興起與專業技能網絡的變遷〉，《科技、醫療與社會》，第 21 期，頁 15-76。
4. 衛生福利部（2015），《注意力不足過動症——衛生福利部心理衛生專輯（03）》，15 頁。
5. Gerhard Lauth、F. Schlottke（2003），《兒童注意力訓練手冊》，楊文麗、葉靜月譯，台北：張老師文化，頁 30-33。

型的派醋甲酯（Methylphenidate，即利他能和專思達的有效成分）的醫令申報總數量，從民國 93 年到 104 年成長了四倍有餘（見表一）。

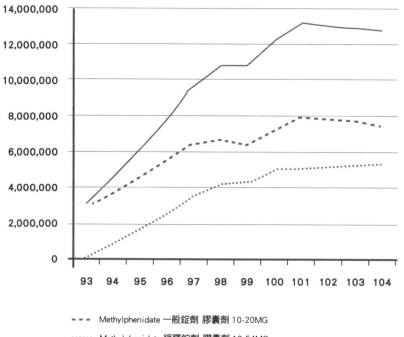

表一　派醋甲酯（Methylphenidate）的歷年醫令申報量
資料來源：作者整理自衛生福利部中央健康保險署《藥品使用量分析》

- - - Methylphenidate 一般錠劑 膠囊劑 10-20MG

· · · · · Methylphenidate 緩釋錠劑 膠囊劑 10-54MG

—— Methylphenidate 醫令申報 總數量

　　長期療效仍存疑的慢性病治療藥物，其使用量何以持續增加？有四個重要的理由，讓藥物治療得以持續躍升為治療注意力缺失的重要工具：一、學業因素：注意力不足會導致學校生活的問題，而藥物治療可以讓老師卸責，並減少教學困難的罪惡感。二、家庭因素：注意力不足會導致教養問題，而藥物治療可以讓父母卸責，並減少教養困難的罪惡感。三、自我評價的因素：

藥物治療可以讓患者將自己的偏差行為歸咎於生理因素,能將失敗中性化,並減少挫折帶來的罪惡感與責任。四、藥物治療作為一種知識權威的宣示,能夠協助人們辨識、管理與糾正群體之中的個體差異;而就算藥物治療未必有效,也能夠藉此標示出患者的「他者」身分:殘缺者或秩序的威脅者。[6] 換言之,長期藥物治療之所以盛行的理由,可能是因為藥物可以作為一種集體卸責的社會處方,讓老師、家長和患者自己能夠減輕責任感;面對他人不專注時,則可以將之貼上負面的標籤,以疾病之名施以處置。

▋ 注意力缺失症的弔詭三:為什麼是兒童?

在注意力缺失的定義於 DSM-5 擴張到成人與青少年之前,一直都是一個兒童專屬的病症。然而,如果此病症真的如 DSM-5 所描述,是不分年齡的普遍病症,那麼,為何發現之初卻是針對兒童呢?根據 DSM-5 的標準,成人比兒童更容易被診斷為注意力缺失;如此推理的話,成人確診數量理應遠遠高於兒童。然而弔詭的是,為什麼當代的精神醫學卻是在兒童身上發現了這個病症?[7]

法蘭西學院講座教授傅柯(Michel Foucault)對精神疾病研究成果中發現,把童年當作「知識─權力」行動的目標,正是精神病學普遍化的條件之一。透過對兒童的審查可以確認成人的品行在兒童身上的再生產;反過來,既然

---

6. Anne Dupanloup, 2004, *L'hyperactivité infantile: analyse sociologique d'une controverse socio-médicale*, thèse doctorale, Université de Neuchâtel, Faculté des sciences économiques et sociales, 299.

7. 有專家認為,「十七歲以後的成年人,符合過動與分心的症狀的數目降低成五個就行(在兒童時期是要六個以上才算數)。此種界定也與現況相符,因為成年人的 ADHD 患者,很難回想起小時候的事情,尤其是七歲以前的事。如果個案父母並未陪同就醫,這樣的資訊根本無從得知。此外,依照現行研究的結果,成年之後,過動的狀況會因為大腦適當發育而隱而未見。但不專心的症狀仍舊持續,對於枯燥乏味之事仍無法維持其注意力。」(引自:泛科學,〈ADHD 在 DSM-5 的變化〉,2014 年 12 月 4 日,網址:http://pansci.asia/archives/70727)。然而,若上述論點成立,就代表醫療介入可能是多餘的,因為即便年幼時未經診斷治療,待大腦適當發育,過動症就會改善。至於「對於枯燥乏味之事無法維持其注意力」這個標準,若要以此來論斷患病與否,更需要堅實的證據來證明「枯燥乏味」與「注意力」兩者之間的關聯性,更何況每個人感到枯燥乏味的事物也未必相同。

在兒童身上可以生產這些品行，那麼，所有不符標準的成人行為也就都可以被精神病學化了。[8] 傅柯認為將兒童行為問題化，正是當代精神病學普遍化的其中一種途徑。

是社會化問題，還是真的有病？

診斷的目的是為了治療，許多確診兒童的師長也確實是希望能夠藉由治療的協助，使孩子能夠在適當的場合有適當的舉止表現。不過，不專心的問題真的完全出在「個人」身上嗎？注意力缺失是一種全然生理現象嗎？試圖辨認過動症兒童之特定神經化學失衡的努力結果，一直都是令人失望的。然而，根據持續擴張的診斷標準，在不久的將來，成人注意力缺失症可能會成為最流行的診斷項目，例如，無法專心、坐不住、與人對話心不在焉，這些每個人都可能發生的狀況在 DSM-5 的診斷下就可能患了注意力缺失症。

然而「什麼時候該專心」往往是集體的、社會的標準的反映。同樣的行為在不同場合中往往會被賦予不同的評價；行為的本質儘管相同，但社會所賦予的缺陷或美德的評價卻遠遠不同（參見表二）：

表二　社會對缺陷與美德的評價
資料來源：作者整理自 Anne Dupanloup, 2004, *L'hyperactivité infantile: analyse sociologique d'une controverse socio-médicale*, 317。

缺陷	美德
不專心、散漫	好奇、積極探索
過動、混亂	好動、有活力
邊緣人、不合群	傑出、獨特
古怪、罪犯	創造力、天才
衝動	反應快

人類學習、適應各種社會制度、傳統與規範的過程，就是所謂「社會化」（socialization）的過程，終其一生都不會停歇。也就是說，學習如何與人相處、服從規則和權威、順應制度要求等，都是社會化的表現。那麼，當小學生無法在學校的座位上坐好、坐滿四十分鐘，為什麼不是因為他對課程內容不感興趣、覺得上課時間有點太長、或是椅子太硬不舒服、不喜歡老師或同學呢？當一個人無法專注地與人交談，為什麼不是因為對交談內容或對象不感興趣？不論在學校、公司以及各種人際應對中，人們所展現出來的不專注，也許更有可能是因為「社會化」的過程出了問題，因而不願意或無法服膺當下的互動規則。然而，當我們將社會化過程中所發生的問題，透過建立起診斷標準轉化為醫療問題的時候，也許正如傅柯所言，正是一種精神醫學普遍化的展現。

▌不專心的問題不應為醫療語言所壟斷

如果不專心是一種「缺失」，那麼，問題的解決之道不該僅由醫療語言所壟斷，因為「誰在什麼時候應該專心」的問題，牽涉層面並不僅止於個體的生理、心理狀態，更牽涉到制度設計，例如：上課時間是否過長？教學的方法與內容是否足夠引發興趣？對上課沒興趣的人是否有其他選擇？這也牽涉到社會對「秩序」的要求，例如：學生上課想講話是好事還是壞事？該禁止還是鼓勵？在團體中標新立異、不願從眾，究竟是有創造力的表現而應該加以鼓勵，還是應該「棒打出頭鳥」，要每個人都安分、循規蹈矩就好？也因此，如果「不專心」確實是個問題，那也絕對不只是個人的問題，更是集體的問題；而問題的解決之道需要的是集思廣益地對制度、規範與秩序進行重新思考，而不是任由醫療語言片面壟斷對個體生命的解釋權，因為「不專心」如果是個問題，也絕非單靠精神醫學就可以理解、詮釋與解決的。

---

8. Michel Foucault, 1999, *Les anormaux. Cours au collège de France (1974-1975)*, Paris: Seuil/Gallimard.

最後，本文並非要告訴讀者，精神醫學是無用的或用藥是不適當的。然而，關於「不專心」的問題，也許必須要從更廣泛的權力關係層次來理解。諸如學校機構中權威者的態度，像是制度設計者能否盡可能考慮到個體差異？制度執行者對偏差者採取什麼樣的處理方式？汙名或一般化偏差者，會有截然不同的後果。面對課業與秩序要求，家長能否和孩子一起成長、一起面對挫折，還是只會丟給學校去管教、用藥物與責備來處理孩子的偏差？總之，「正常與否」的問題之所以難以清楚簡單地找到答案，是因為其所反映的其實是整體社會對偏差的凝視。因此，面對不專心的問題，理解的視野應該要更寬廣更包容；畢竟，片面的思考就是社會中的偏見與卸責的最大來源。

學習
成為行動者
一位新手爸爸的觀察

何明修　台灣大學社會學系教授

　　新手爸媽是一段令人難忘的人生閱歷，慌張失措、手忙腳亂、睡眠不足是必經的過程。然而，看著小寶貝一眠一寸大，慢慢地成長茁壯，卻也是充滿新奇感與成就感的經驗。從社會學的觀點來看，自從當了爸爸以來，我覺得最神奇的事情，莫過於我們家的小梅如何慢慢地學會成為一個行動者（actor）。

　　大部分社會學家都認為，要理解社會運作就要回歸到一個最根本的問題，社會行動如何成為可能？也就是我們如何從打招呼、買東西、問路這些

簡單的日常行為中，交織出複雜但是又穩定的社會秩序？要探討這個問題，社會學家都常採用施為（agency）一詞，來描述那些形成動機、激發行動的泉源。施為涉及了後天的學習，是一種能夠知道自己需求，也有辦法與他人溝通的能力。因此，很多社會學家在思考施為的內容時，最常見的方式即是開一份必要清單，詳列產生社會行動的必要條件。例如功能論大師派森思（Talcott Parsons）提出所謂的單位行動理論（theory of unit act），強調行動者是受到價值（value）引導才產生目標（goal），例如一個人想要出人頭地，所以打拼賺錢；同時他們也受到規範（norm）的限制，影響他們採取什麼手段（means），例如雖然想賺錢，但法律與輿論都不能接受商人賣黑心食品。

同樣地，批判理論學者哈伯瑪斯（Jürgen Habermas）強調，溝通行動（communicative action）是人類最根本的行動類型，同時涉及了三個意義領域的掌握，包括主觀世界（subjective world），如我到底想要求什麼、客觀世界（objective world），像那些東西是我可以使用、以及互為主體世界（intersubjective world），如我要確保他人知道我的意圖。

這些討論顯然是預設了一個頭好壯壯、四肢健全的成年人，先建立了一個常態的標準形態，接下來才去尋找必要的組成元素。如此一來，社會學所探討的就不外乎是大人的世界，至於每一個人是如何長成這副模樣，就成了是次要的問題。大部分的討論都是著眼於當事人的某種心智能力，無論是派森思強調的目標與手段之權衡，或是哈伯瑪斯所指認出的溝通能力，彷彿我們只要知道人們腦袋裡裝什麼，就可以知道他們接下來會有什麼舉動。但是人不能被簡化成為一種純粹的認知與思考的過程，活生生的人也是附著在特定的空間脈絡下，用自己的身體來展現其存在，進行社會行動。

在古典社會學發軔的十九世紀，流行的哲學思潮是德國的觀念論，這導致了一個後果，意識被認為是根本的現象，而不是身體。法國社會學祖師爺涂爾幹（Emile Durkheim）執著於集體意識與個體意識之區分，而德國社會學的創始人韋伯（Max Weber），也重視當事者的意識與動機，提出其著名的行動類型之分類。

社會學如何談身體

在古典社會學中唯一的例外是馬克思（Karl Marx）。早期馬克思深受唯物論哲學家費爾巴哈（Ludwig Feuerbach）的啟發，以生理需求、身體勞動、人與自然的關係來構思我們的社會本質。費氏試圖翻轉黑格爾的精神現象學，改以感性的人學來加以取代，因此，儘管後續的飲食社會學者總是會引用他著名的格言「人吃什麼，就是什麼」（Der Mensch ist, was er isst），但費氏的原意只是要挑戰「以思考來界定人類存在」的傳統哲學教條，他故意挑了一個看起來既不崇高、也不偉大的日常行為來當例子。難道你不吃飯，還有力氣可以思考嗎？費氏大聲痛斥黑格爾，彷彿他就是那位揭露國王沒有穿衣服的小孩。

翻閱馬克思的《哲學與經濟學手稿》，可以發現他對於資本主義的最嚴厲指責，即是它帶來了身體的苦難。異化勞動（alienated labor）將人貶為一種畸型存在，純粹為了工作而活。「人們逃避工作，就像是逃避瘟疫一樣」，「人們只在執行動物型職能，例如吃、喝、睡，才覺得自己像個人」。然而，馬克思在二十世紀中葉的徒子徒孫，特別愛談物化意識（reified consciousness）、文化霸權（hegemony）、單面向的人（one-dimensional man）等等這些精神或意識層次的後果。可惜這些新馬克思主義者沒有承續這些洞見，一套以馬克思唯物論為起點的身體理論仍有待建構。

我認為，在目前社會學理論中，從身體來談社會行動，最完整的莫過於英國社會學大師紀登斯（Anthony Giddens）。他取源於當代歐陸的當代哲學，進行社會學轉化，框正了以往只談意識，不談身體的毛病。紀登斯如此定義「施為」：「一連串現實的或被預想的因果介入，由身體存在發起，參與不斷進展的世界中之事件」（the stream of actual or contemplated causal interventions of corporeal beings in the ongoing process of events-in-the-world）。行動的起點就是我們用自己的身體，無論是張口說話、動手搬東西，改變了周遭的環境。在這個參與過程中，我們不但展現出自己的力量，也使得世界因此而變得不同了。

好啦，我知道講了很多很抽象的理論，小梅的故事都還沒有登場。是這樣的，在 2013 年春天某一個充滿緊急與期待的晚上（這是梅爸的觀點，而偉大的梅媽則是歷經前所未有的苦難），小梅呱呱墜地，那時她只有 3140 公克，身長 50 公分。在奮力擠過產道後，小梅吸了生平第一口空氣，接下來只哭了兩聲。當護士幫她擦拭身體、清除口腔積水，她比梅媽與梅爸顯得更泰然自若，似乎完全意識到這項巨大的改變。在妊娠末期，愈來愈大的胎兒在子宮中幾乎沒有任何活動空間，因此在出生的後幾個小時，只看到小梅在嬰兒床上自得其樂地蠕動軀體、伸展四肢；她顯然不知道自己已經來到了一個美麗新世界。

新生兒的視力很弱，醫院可以立即診斷聽力是否正常，因此，嘴巴成為她最早能夠體驗這個世界的感官。從出生沒有多久，小梅就左右張嘴，一旦碰到東西就進行吸吮的動作，醫護人員告訴我們這是所謂的「尋乳反射」，是天生俱備的能力。理所當然，這項本能是有助於小梅趕緊適應沒有臍帶供應養分的情況，張嘴就吸是必要的生存法則。我覺得，正是由於嘴巴是小梅最先接觸外在世界的管道，這使得她在接下來幾個月裡頭，拿到新東西就會往嘴巴送。一直到最近，我帶小梅去公園散步，她還會從地上撿起小石頭、小樹枝，直接放入嘴中，這經常嚇壞了我。我在想，小梅最早是用吸吮來認識世界，對她而言，嘴巴的感覺或許比觸感、視覺、聽覺更為真實，也更為可靠。要認識世界，就是要體驗世界，因此在很長一段時間，她舌尖上的世界就是她所認知的一切。

在梅媽坐月子期間，保姆教我們如何將小梅包袱在襁褓之中，除了要保暖，最重要的就是要固定她的小手。新生兒要花一段時間才能會控制自己的雙手，她們經常雙手亂揮，往往被自己的指甲割傷流血。有一次，我看到小梅的手揮到自己的臉頰，她感到錯愕，似乎不知道手與臉都是她自己的，手碰到異物和異物碰到臉，兩者都是同一個事件。顯然小梅也要慢慢習慣這個事實，她有一個身體，她可以指揮身體對於身體的動作，用身體感受身體，就如同她可以用身體來參與外在世界一樣。我不太確定小梅到在何時才確切認知到，自己與環境的區隔，這可是一個緩慢的過程，當小梅開始學會抬頭

（第三個月）、學會翻身（第四個月），她逐步體認到自己身體的邊界，以及如何與世界產生互動。

小梅對於自己身體的駕馭愈來愈熟練，她的世界也隨著延伸。一直到快滿三個月，她才學會注視嬰兒床上迴旋的掛飾，音樂也才會讓她感到興奮。在此之前，那些轉動的玩偶與悅耳的聲響，等於是一般的背景環境。小梅的身體成長很快，在第六個月她學會了坐，在第七個月，她開始會爬行，也會扶著家具站起來，沒有多久，她就可以在大人牽引下走路。事實上，在扶行一段時間之後，小梅終於鼓起勇氣，放手步行，那是在快滿周歲之前。她學會某些新動作時，接下來會有一段時間，她總是樂此不疲，反覆操作。例如，當她開始會翻身，每次換尿布時就變得不聽話，我們也不得不要學會如何從背面包尿布。當她學會扶行，她就再也不想爬行。很多育兒書籍都指出，爬行是有助於肢體協調能力的提升，但是小梅似乎總是迫不及待地，施展她的施為能力。很多時候，小梅是為了動而動，她的腦中根本沒有浮現什麼清楚的目標。例如牽扶她走路時，她往往走了兩步，就掉頭改變方向，結果常在原地繞來繞去，小梅卻自得其樂。或許，習慣擁有一個身體是遠比形成動機是更為首要的，早在我們可以清楚區分手段與目標之前，我們得先學會使喚自己身體。

▌探索作為行動者的能力

紀登斯強調，施為意味著一定某程度的權力（power），也就是某種轉化能力（transformative capacity），可以改變周遭環境。事實上，人類的主體性就是建立在有辦法改造其對象之上。小梅開始玩玩具，也從其中去學著施展附著在自己身體上的轉化能力。等到五個月時，只要我將積木在她面前堆疊起來，小梅一個反應就是推倒積木；我再堆起，她就立即推倒。幼兒似是天生的破壞王，他們對於撕書的興趣遠高於翻書或看書，很多育兒專家也會教導父母要有耐心，試著適應他們。從施為理論來看，小梅正是在探索自己作為行動者的能力。對她而言，那是新奇而充滿刺激的一件事，從簡單破壞的行為，發現自己的能動性。家長都會期待，寶貝可以多從事一些建設性或創造

性的行動，那也是一種轉化能力的展現。但是小梅要花時間學會細部動作的運用，尤其手指的運作與手眼協調是急不得的，對她而言，推倒積木還是比堆疊積木更有成就感。

　　對於有社會學興趣的新手爸爸而言，育兒的樂趣之一即是可以在很短期間內，觀察到濃縮版的人類演化，畢竟，我們的老祖宗是花了幾十萬年，才發展成我們目前的狀態。育兒仍舊是一件勞力密集、而且要付出關愛的勞動。在一開始，梅媽與我常要花很大力氣哄小梅入睡。在滿三個月之前，小梅一定要我們抱著，且是要到處走來走去，她才願意睡著；要不然，她就會一直哭鬧，儘管她已經充滿睡意。曾有一段時期，我是利用哄小梅入睡的時間，來復習日文單字，要不然我真的會覺得太令人崩潰了。新手父母常有睡眠不足的現象，很多時候就是要處理入睡的難題。在前幾個月，小梅要入睡很不容易，但是經常睡飽了，一張開雙眼，就會笑瞇瞇。為何會這樣呢？紀登斯指出，施為的前提需要所謂的本體安全感（ontological security），也就是說，你需要培養出一種根本的信任感，知道你所處的環境與你自身是穩定不變的，不會睡一覺醒來，世界就變得不一樣；或是眼睛閉上了，就會從此長眠不醒。

　　小梅小時候的哭鬧是反應一種關於自身存在的焦慮，一種缺乏信任所帶來的不安全感。學習成為行動者，就是意識到自己與環境的斷裂，並且感受到自己的轉化能力。無疑地，這樣的體認是前所未有的，也是令人害怕的。成人的焦慮症可以透過心理治療來解決，讓當事者正視被壓抑的創傷經驗，進而走出負面情緒的陰影；但是對於小寶貝而言，重點則是在於培養身體上的適應。紀登斯指出，例行化（routinization）與區域化（regionalization）往往是我們協調與安置身體的常見方式。我們試著在小梅晚上睡覺前，安排最後一次的餵奶，希望她可以慢慢習慣「餵奶—就寢」的固定規律。此外，我們也決定從小就讓小梅獨立睡嬰兒床，而不是與爸媽一同睡。雖然一開始的夜奶問題經常困擾著梅媽，但是長期來看，這樣可以讓小梅早點熟習特定的空間，形成身體的熟悉感。很幸運地，小梅到了滿六個月，就可以在床上自己睡著，我們只要在她熟睡之後將安撫奶嘴拔掉即可。

在我還是社會學系的學生時候，就很佩服一些可以從兒童成長觀察出來社會學大道理的理論學者，像是皮亞傑（Jean Piaget）的認知發展理論，或是米德（George Herbert Mead）的自我理論。我當時在想，如果我有一天成為爸爸，也要好好把握機會，開創一套新的理論觀點，這樣才不會辜負了我的社會學訓練。不過，隨著年齡增長，年少的無知輕狂也逐漸消退。現在我能從小梅成長過程中，印證自己所學的道理，已經是人生一大樂事。感謝小梅的陪伴，更感謝梅媽從產前到產後的辛苦付出。

不只是婆婆媽媽的事

以公共托育取代失靈的手

王舒芸　中正大學社會福利學系副教授

王兆慶　托育政策催生聯盟發言人

2016 年婦女節前夕，立法委員余宛如提案帶兒到立院上班，引發軒然大波，招致許多「要帶小孩就辭職回家帶」的批評，凸顯了「如何兼顧照顧與就業」，仍是許多為人父母無可迴避的痛，特別是脫離不開沉重母職與低薪、長工時、職場歧視的女性勞工。

接下來要問的是：這個社會是否打算要和新手父母們共同面對兩難，或仍只是把它當作「你／妳家的事」？ 2017 年的台灣社會，有共識了嗎？

托育公共化之路：從私人小事，到國家承擔的大事

托育，以往一向被視為是「家務事」，就算找保母，也是靠口耳相傳的口碑進別人家門，一對一的、小心翼翼的協商著期待和價錢；把孩子送進保母家，留在另一個女性的「家中」。但，曾幾何時，托育又好像不只是「家務事」。

1998 年政府委託機構訓練、保母可考丙級證照；2001 年「社區保母系統」成了督導訪視、協助媒合、處理爭議的「公正第三方」；2008 年政府補助聘用證照保母的家長每月三千元；2014 年「保母登記制」上路，讓居家保母必須登記才能執業。十五年的光景，原本只是市場上你情我願的「家務事」，國家開始胡蘿蔔（補助）、棍棒（品質規範與定價機制）齊下，正式介入。政府為何開始介入？原始的初衷是想回應：連續幾年榮登世界最低生育率的台灣，該怎麼辦？

民間團體倡議托育公共化，著眼點是希望政府投注資源，建立離家近、品質佳、負擔得起的公共托育服務，讓想找其他資源分擔托育重責的家長，有更多信得過的選擇。特別是讓女性不必再受傳統和經濟束縛，不必當了母親便被迫放棄自己的收入、專業與事業。

因此，在女人早該擺脫他人對自己肚皮指指點點的時代，政府的托育政策與其說是催生，不如說是分擔家長的托育負擔、保障婦女就業的權益、保障每個兒童接受妥善照顧的機會。要凸顯的價值是平等，托育與否，不因家長收入、背景身分或戶籍所在地而有差異。

但我們的研究發現，個別家長的選擇確實很有限。

一份衛生福利部委託研究顯示，雖然約四成家長認為「在家專職育兒」最理想，但仍有六成的家長希望可以找到妥適的托育服務，避免影響就業。那麼，有多少家長能心想事成？結果發現，事與願違者不少，例如，雖然三

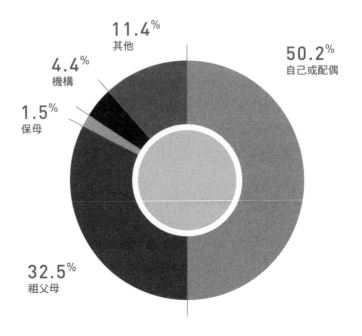

11.4%
其他

4.4%
機構

1.5%
保母

50.2%
自己或配偶

32.5%
祖父母

成家長希望兼顧工作，卻只有一成真正能夠如願以償！此外，雖然僅有兩成家長屬意祖孫照顧，卻有將近四成的阿嬤在幫忙顧孫。如果友善的政策就是讓人民得以心想事成，那麼，顯然台灣的托育政策還有許多待改進的空間。

那該怎麼辦？先從減輕家長的負擔和創造「平價」開始吧！但，如何避免因此壓低照顧勞動的報酬呢？只有讓保母的收入養得起家，才能吸引專業者願意把托育當成長期的工作，否則低報酬、高流動根本沒有穩定的品質，被犧牲的，還是孩子；不放心的，還是家長。

不過，這兩造之間，只能是一高一低的蹺蹺板嗎？有沒有兩全其美的方法？

要達成平價的效果有兩條路徑，一個是政府補助的減價效果、一個是費用的控管。

雙管齊下吧！讓托育服務有政府政策作後盾，不再有「私下交易」的專職收托；同時明定「地方政府」應該介入管理托育收費，一方面提供家長托育補助，一方面對托育品質做出基本規範，並遏止收托價格飆升，希望至少讓「有意願」留在職場的媽媽，「付得起」保母費，降低因此退出職場的風險。

政府伸出的「援手」理所當然，因此，補助的「美意」無人抵擋；但政府要給價格添個「鍋蓋」時，卻被質疑：「請給自由市場空間、把手拿開」。

「保母」在台灣，長期被視為愛心、耐心至上的行業。但因為反對政府控管費用，保母自救會代表不僅到電視上和官員公開辯論，基層保母人員甚至曾經組織起來到立法院抗議。發生此等前所未聞之事，其中一個關鍵在於——政府到底該不該管保母的收費？

我們討論兩個議題：第一、新制上路，政府為何決定管制收費，基層保母又為何怒而反彈？第二、「自由市場論述」（例如：政府不該管太多）如何深入人心，並在政策辯論過程中廣受運用？

▍爭議的起因：托育費用漲價，補助失靈

「保母登記制」上路前，2014 年 11 月《工商時報》報導：「許多托育人員籌組『全國托育人員自救會』，質疑工時保障不足、居家環境要求過於嚴苛……自救會打算集結赴立法院陳情。」「自救會強調，托育費不應是僵化的數字，該因應家長的需求，採自主的彈性空間，由家長與托育人員協商收費。」

要了解這場爭議的背景，可從一個政策、一份政府內部評估報告、一部法令下手。

政策——指的是 2008 年首次發布的「保母托育管理與托育費用補助實施計畫」。

評估報告——指的是監察院審計部的 101 年度《中央政府總決算審核報告》。

法令——則是 2011 年訂定、2014 年底施行的「兒童及少年福利與權益保障法」第 25、26、90 條條文。（即「保母登記制」的法源）

「保母托育管理與托育費用補助計畫」，提供家長每個月 3000 元的「托育補助」，此措施的目標之一是：「針對受僱者提供部分托育費用，支持父母兼顧就業和育兒，協助家長解決托兒問題，使能投入就業市場，提高家庭收入，減輕家庭照顧及經濟負擔。」

然而，前述審計部報告（乙 78 頁）認為：「托育補助衍生部分保母漲價之藉口」。「坊間有部分托育人員巧立洗澡費、洗衣費、冷氣費、煮飯瓦斯費……各種名目哄抬價格，或以各種名義要求和家長拆帳分享政府補助，引發『政府補多少、保母費漲多少』之現象，影響減輕家庭照顧及經濟負擔之計畫目標。」

分析 99 年婦女婚育與就業調查報告，也的確發現已婚女性未滿三歲子女之托育費，相較於 95 年調查結果，平均上漲了 2,688 元，快追上托育補助月三千元的幅度。事實上，這也遠超過物價指數上漲的程度；或台灣女性服務業平均薪資的變動幅度。換言之，這的確是其他經濟指標無法解釋的「異常現象」，也有抵銷政府實施保母托育費用成效之虞。

這給 2014 年底施行的「保母登記制」，提供了定價的正當性基礎。登記制條文包括：「居家式托育服務提供者之收托人數……收退費規定、及其他應遵行事項，由中央主管機關定之。」其大原則為——保母托育收費，政府應介入管理。

立法過程，當然少不了反對意見。例如，公平交易委員會曾表達異議：

「《公平交易法》的基本精神是……藉由『市場機制』這隻『看不見的手』，決定資源的分配與利用」。[1] 然而，當時的辯論，尚未在基層保母社群中擴散。一直到 2012 至 2013「台中市育兒支持：平價托育服務實施計畫」上路時，保母才開始集結表達反彈之聲。

台中市的政策，是在中央每月 3000 元的補助之外，再加碼 3000，以大幅度降低家長負擔。但因前車之鑑，設計了管制措施：「台中參與協力保母兩年內不得調漲價格，否則必須退出。……社會局將公告各區托育之基本費用參考值。」舉例，現行公告參考值為週一到週五每日若托育十小時，則每名幼兒每月 13000-14000 元）。亦即，在《兒童及少年福利與權益保障法》上路前，台中市率先在地方層級實施「收費管制」，這可說是觸發地方基層保母反彈的關鍵事件。雖然此爭議最後以「達成共識」落幕，但是保母的「積怨」並未完全消失。2014 年底，保母登記制上路時，反而擴散、延伸為全國層次的抗議事件。只不過，此次「回歸自由市場」的論述明確出現在保母自救會訴求中，並在晚近保母登記制的收退費辯論裡，發生了牽制作用。

▌自相矛盾的「回歸自由市場」論述

自由市場論述，至少有兩個政策辯論的功能。第一、符合「常識」，被許多人視為「理所當然」的優先法則，例如，2015 年 1 月台中市政府的保母座談會，一位女性議員明白主張：「補助的重點，就是要減輕家長的負擔。但價格要不要上限？這個要尊重市場機制。」（儘管在經濟學界，已有人詬病這是「鸚鵡經濟學」）

作為一種意識形態教條，它很容易忽略照顧現場可能發生的聯合哄抬、壟斷價格的行為，以及托育服務所具有的地域排他性，甚至依附關係可能導致轉換成本過高的問題；也可以迴避照顧服務資訊對家長不夠透明、照顧品

1. 傅立葉、王兆慶（2011），〈照顧公共化的改革與挑戰：以保母托育體系的改革為例〉，《女學學誌》第 29 期，頁 89。

質難以評估等屬性。

第二、自由市場觀念會與幼兒托育的「愛心無價論」、「托育品質低落論」，彼此火力支援，挑戰政府介入收費的正當性。例如嬰幼兒照顧是辛苦、責任重大，需要愛心、耐心、大量情緒勞動的工作，無法用金錢衡量其價值。所以對此種「愛心無價」觀點而言，政府強硬介入管理收費規定是不通人情的，應回歸兩造的「契約自由」。

「托育品質低落論」，則篤信限制收費會削弱嬰幼兒托育的品質，讓「高品質」的服務無以為繼。例如：「保母提供了很多優質服務，所以價格增加，其實我支持。」（社區保母系統代表）或如一位專家學者代表認為：「政府的規範沒辦法回應市場機制時，降低的是托育品質，這部分我又覺得代價很高，要去思考不能漲價怎樣的品質是好的。」

這些公共政策的論辯主張，其實很可能自相矛盾。例如：品質無法衡量vs. 品質及價格會連動，是兩個矛盾的信念，甚至在論述嫁接的過程中，發生有趣的「bug」。但是，在抵抗政府介入的立場上，它們卻又發揮共同戰線的作用。

舉一個「bug」的例子。一位保母系統代表主張：「如果把品質跟定價劃上等號，是不是社經地位比較低的家長，就沒有資格找品質比較好的保母？對於定價我們一直覺得是市場機制……如果提供的服務品質是好的，家長是願意多付一些錢的。」這個論點把「托育品質低落論」與「自由市場論」嫁接起來，對這位受訪者來說，如果市場收費「不自由」，品質就很難會好到哪裡去，換句話說，其內在信念是，「收費更自由」，才會容許高品質的服務。

但研究顯示，奉行自由主義的英美國家採取高度「市場化」的運作，同樣會——而且更可能會——造成階級選擇的分化與排他性。

圖二依據母親教育程度與實際照顧安排的交叉分析，清楚顯示：在家親

自照顧的比例隨母親教育程度而遞減、家戶外照顧的比例則隨母親教育程度的增加而增加；如果依照家庭收入分，也有同樣的效果，可見目前家戶外托育服務，對家戶收入較少或是母親教育程度較低的家庭來說，仍是需要努力的方向。

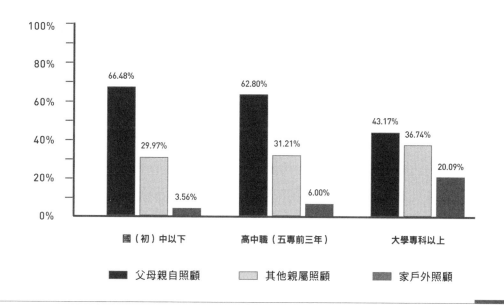

圖二　子女實際照顧安排（依母親教育程度分）

托育政策是否能打破家戶間在所得上的不均程度，而讓所有希望可將幼兒送托的家庭，都有平等享受托育服務的機會？或是仍有強化階級之虞？這個圖顯然讓我們看見，目前是市場價格「篩選」了受益者，並不是家長「自由選擇」了托育服務。福利政策如果只有補助、但缺乏定價，無異是破了個洞的花盆，納稅人民的錢如流水，但托育服務的花朵還是無法茂盛地開。不僅沒能破解市場失靈，連政策補助的公平效率都一起賠上。政策的原始目標是：讓照顧從市場商品轉為兒童權益，讓每個孩子受照顧的機會，不因父母的所得而有差異，但現在，我們離目標顯然還有一段距離。

《兒童及少年福利與權益保障法》第二十五條要求各縣市推動的「托育服務定價」，雖然有某些階段性的成果，例如減少討價環境的交易成本、讓家長與保母漸漸接受這套公開透明的遊戲規則、也強化收費基準的合理性與操作細節；不過我們也發現價格管理的罩門，例如真正落實的縣市有幾個？衛福部委託的研究發現：平價托育的目標是否成功，關乎縣市政府的執行力，特別是自行出錢加碼托育補助的台中、台北、新北等地方政府，對管制價格的策略、收費基準的訂定方法、費用調整機制的設計等，花費更多心思。反觀其他縣市不是定價寬鬆、就是打假球做做樣子，甚至在收費基準公告底下加上「僅供參考，實際收費請依兩造契約行使」，自廢武功。

終結性別壓迫，給女性真正的選擇

托育補助與推動定價的背後，除了回應財政補貼的效率論之外，也為了矯正托育的市場失靈屬性，並顧及人民納稅錢的分配正義。創建公共托育體系，提供平價、可負擔的幼兒照顧，已是中央及地方政府常見的政策主張。不過，自由市場觀點及其背後的基層保母組織倡議，對保母登記制、托育補助政策，影響與牽制能力有多強？值得繼續觀察。

保母托育收費，要不要管、怎麼管？各縣市的收退費規定，會長成什麼樣子？倘若自由市場論述深入人心，將如何形塑未來的公共托育政策？對關心幼兒公共托育的研究者和倡議者來說，未來仍有待密切觀察。

「補助」除了降低家長托育負擔，使之能持續就業，更可以是規範托育品質的誘因；「定價」除了讓更多家長送得起，後續還期望可擴大的效應是，讓托育服務變成一張更大的餅，促成更多保母得以持續就業。

托育政策的最後一哩路，要如何在保障母親工作權的同時，又肯認托育人員的照顧價值及照顧品質？這影響的不只是兒童照顧的權益，更牽動著照顧鍊上的許多女性——無論是在職場上掙扎婚不婚、生不生的女性，或是愛著孩子卻猶豫是否要把托育當成一輩子志業的保母。

回應照顧需求，從來不只是社會福利部門的發錢補助即可，絕對也是勞動議題。家長的低薪讓缺乏定價的托育收費相對昂貴；長工時讓陪伴照顧孩子成為奢侈；當托育教保人員的勞動權益受剝削，其所提供的照顧品質，就也更難取得家長信任。這種種因素綜合起來，成就的只是讓女人不得不「選擇」留在家裡照顧，或在市場從事低薪照顧的雙輸循環。

如果我們的低生育率已是世界倒數，但多數托育選擇，還是只能取決於個人社經背景（賺錢多寡）、家庭支持體系的有無（是否有願意顧孫的長輩）以及雇主的「慈悲」與同事的「體諒」時，照顧就仍是個別家庭的「私」義務，而不被看成公民或受雇者的「公」權利。當養育的成果是整體社會共享（將來可勞動與納稅），但照顧的成本只由家長（特別是女人）自己咬牙吞忍，那麼延遲生育、不婚不生，只能說是剛好而已！如今仍有許多知名人士、政治人物和官員，認為生育率低，原因在於年輕人吃不了苦、女性太自主需要再教育，說穿了只是用「假文明」的語言，要求育齡女性繼續不成比例地承擔整個社會再生產的成本，本質上就是一種壓迫。

許多政策研究都顯示，人民的偏好是會流動的。與其說現在的托育安排是家長的「偏好」，毋寧說是考量各種因素後的「妥協」。如果人民沒有足夠、適合的選項，就只能在自己有限的資源中，做出不得已的選擇。唯有當家長看到街頭巷尾有愈來愈多可以信賴的托嬰中心、居家托育、親子館，不再一直聽到保母或托嬰中心虐童的消息，反而聽到的是同事與街坊鄰居能放心地送托、更有餘裕地兼顧工作與家庭，他們才會漸漸知道，這些是可能與可欲求的選擇。

第五篇　學著當男／女人？

周怡君 東吳大學社會學系副教授

你的小孩居然在寫這種東西，我們需要談談嗎？

德國與台灣的小學學習與生活

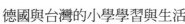

　　我想這是很多社會學者都會遇到的情況，不管自己研究的主題是什麼，只要家裡有小孩，無論到哪一個國家，就會關注和小孩相關的社會現象和制度，並在腦袋裡暗自進行跨國比較和分析。

　　前幾年暑假我到德國進行移地研究，當時申請學校的時候，第一件事就是得找到地方可以安置家裡九歲和三歲的小孩，以免移地研究可能馬上變成移地家庭照顧。經過大學的外國學人接待單位協助，小兒子直接送到大學裡專為外國學人所設置的幼兒園，大兒子則到居住地附近的普通德國公立小學三年級就讀。大兒子開始去上學後，原本擔心孩子不懂德文什麼也沒學到、跟其他小孩無法溝通沒朋友，可能討厭或抗拒去上課。結果完全出乎我的意

料之外，孩子每天急著去上學（媽，拜託你上廁所快點，我不想遲到！），下課去接他，要等他依依不捨和大家說再見後，才離開學校（拜託，不能讓我多待一會嗎？）對照他在台灣每天早上要去上學無奈的眼神、完全是待宰羔羊的神情、傍晚去安親班接他的極度疲憊狀態，告訴我他今天「拼」完了幾份評量和考卷，完全不可同日而語。

網路上關於德國教育制度的介紹已經很多，我想在這裡和讀者分享的，是透過一個台灣母親在德國近兩個月的參與觀察，所做出的德國小學生學習和生活的微型觀察報告。德國社會和教育體制對小學生在學習興趣與動機上的小心維護，他們對學習興趣的誘發和維護，是我認為和台灣對待小學生最大的差異。德國小學教育並非沒有任何要求、也不是全然的內容簡單，其中的特色，我大致整理出以下幾點。

1. 從生活中學習

上學第一天，我到小學和負責接待外國學生事務的教務主任溝通時，她說：「德國小學的基本學科認識，其實都不算難，主要目標是要讓學生系統地認知日常生活。學生在學校能交到朋友、喜歡上學、喜歡學習，這才是最重要的。」他們許多課程經常需要離開教室上課，像是去游泳池上體育課、去城堡或教堂上歷史課、去附近的公園或森林上自然課。學習內容與取向似乎與小學生居住所在地或日常生活息息相關。

2. 從找尋中學習

引發學習興趣的課程內容是否可能過於簡單或淺薄？我的觀察似乎也非盡然如此，像是地理課介紹非洲，學習內容不只是了解非洲有哪些國家？國家首都在哪裡？國家人口多少等等；而是同時讓學生理解非洲面臨的許多問題（象牙盜獵、饑荒、貧窮、內戰、愛滋等）、非洲飲食（我承認這題把我整慘了，因為學校要求父母讓小孩帶一樣非洲特產或食物去學校……）等等。老師不是給一個答案，而是要求他們應該去社區圖書館、去和家長討論，孩子回家每天興致勃勃的提問，像是：為什麼大部分非洲國家是貧窮的？為什麼這些國家那麼窮還有錢買槍打內戰？為什麼很多人那麼壞、去非洲把大象

殺死只是為了要那兩支象牙？非洲國家有沒有網路？這些都不是簡單的是非題，也不是單選的選擇題，相反地，要回答這些問題多少都要有對歷史知識、生態立場、種族差異、國際政治、資本主義經濟等議題的了解。但是，這絕對比簡單給個答案的學習有趣多了。小學生在找尋答案的歷程以及和父母親一起討論的過程，比起死背死記教科書上的內容，增加了學習的趣味，而且學的比教科書能寫的更多，也提高了學習的品質。

3. 學習不一定需要重複練習

引發學習興趣與動機，並不需要不斷重複練習。印象很深的是，大兒子下午去的安親班，整個教室裡放滿了各式樂高、積木、教具、足球、體育器材和書籍，我注意到書架上沒有一本長得像台灣從小學一年級就有的評量和考卷。安親班的時間安排大概是：在中午十二點到下午一點這段時間，小朋友可以在安親班教室玩積木、拼圖、教具、讀故事書等，也可以出去外面遊戲或踢球；下午一點到兩點吃中餐；下午兩點到下午三點半完成學校給的作業，三點半到五點可以在教室或到外面去玩耍。安親班老師特別解釋：「不是每天、也不是每個班級都有作業，所以沒有作業的小朋友想待在教室，必須安靜看書或做其他事，不能影響他人的作業時間；不想待在教室的小朋友，就出去外面玩耍，我們都有老師在外面注意他們的安全，直到五點家長來接回。」大兒子去德國小學上三天課，每天都說沒作業，我讓他把台灣安親班主任「送」的數學評量和國語評量，帶去德國安親班寫作業的時候寫。結果去接他放學時，老師說話了：「今天我班上的小朋友都沒有作業，整個下午都在踢球；您的兒子居然留在教室裡寫這種東西（用手指著數學評量）。我覺得很奇怪，我們需要談談嗎？」

4. 從遊戲中學習

德國對小孩的玩耍這件事，有很多的寬容和投入；街道掃得乾乾淨淨不准丟垃圾、垃圾亂丟會被抱怨，但是小孩在社區道路上塗鴉畫跳格子，卻不會被指責。德國小學有很多課程設計，就是讓孩子離開教室，第一天帶大兒子去上學，遇到德國朋友的十歲小孩正躲在學校旁的灌木叢中，我問他怎麼不在教室？他說老師讓他們出來抓蟲回去觀察。下午到五點的安親班，當天

沒有作業的小朋友，除了吃飯時間之外，其他時間可能都在玩耍。小孩玩耍不是踢球，就是爬高爬低、追來追去，德國小學校園裡，通常沒有台灣的塑膠搖搖馬、要轉好幾圈的塑膠大象溜滑梯等罐頭玩具配備，反而大部分都是以木頭、麻繩為材料所建造的簡單設施，像是樹屋、木橋等。某天下午，學校老師準備了一堆大型木頭、幾個廢輪胎和大木箱。小孩馬上發揮創意，把一塊長方形扁木頭架在輪胎上，身體直接坐進木箱上，從木頭上滑下，高興得吱吱叫；稍後還可架得更高、或多個木箱一起順序滑下，也一樣玩得津津有味，如果再拿條水管來噴水，小孩就更開心了。創意是從自然和簡單的玩耍和遊戲中逐漸引發和產生，並不一定需要台灣坊間那些太矯揉造作且貴得嚇人的「創意課程」或是「創意玩具」。

5. 從被尊重中學習

　　我和德國老師聊天時也發現，他們很少用以上對下的口氣在命令或是評價學生，大部分用肯定、理解的、鼓勵的、中性的字眼表述他們對學生的觀察和建議，例如「○○本來就是比較害羞的孩子，我們不能強迫他一定要做什麼」，而不是「他還是應該要過團體生活」；或是「專心不是每個小孩都能做到的，很多大人也有無法專心的狀況」，而不是「既然大部分的人都能做到，他也應該做到」；或是「這個狀況等他長大可能會有些改變，我們要有耐心」，而不是「小學就這樣，以後怎麼辦？」大人能嘗試理解、客觀分析小孩的行為，就是對小孩的尊重。成人比小孩年紀大、生活經驗多，但不代表成人就可以任意主觀評價小孩。很多成人後天行為其實來自孩童時代的學習與模仿，這幾乎是人盡皆知的觀點。大人對小孩的不尊重很可能被模仿學習、進而複製到往後的成年生活，長大的小孩也會複製孩童時代所經歷的以強對弱、以上對下的相處模式；同樣地，大人對小孩的尊重也會被學習和複製。

▍「輸在起跑點」的德國 vs.「一定拿冠軍」的台灣

　　對照德國，從自己孩子在台灣小學教育中的經驗，我深刻感受到，那種「不能輸在起跑點」及「小孩聽話才乖」的教育特徵，還是很鮮明地反應在

我們小學生的生活。在台灣小學不管什麼科目，很快地回答出答案，就被認為聰明反應快、能夠重複寫評量和考卷而不抱怨這叫做用功，最好還能參加鋼琴、數學競賽並拿到冠軍，前途才會一片光明。小孩要能做到一個蘿蔔一個坑、上課不要亂動，不然老師會請你罰抄寫作為處罰，或是會請你帶小孩去看醫生，因為小孩可能有 ADHD（注意力不足過動症），如果不處理就會影響自己和他人學習、對班級造成困擾。但是老師沒有時間特別為你的小孩個別處遇，也不太可能為你的孩子進行班級經營，麻煩請家長把小孩處理好再帶來學校。

在這種群體的、目標的、績效的學習導向中，那些不具有這些特質的學生，個體的特殊性被嚴重忽視或敵視，更不可能得到鼓勵或尊重。雖然現在台灣小學中不乏許多有著新思維和做法的老師，但多數老師仍然會表示：「我們也是很認真地在教孩子，社會結構就是這樣，很多父母也是這樣要求，全班那麼多人，不然是要叫我怎麼辦？」這樣的教育氛圍當然是受到當代績效主義社會的影響，但是又何嘗不是一種儒教思考下，「萬般皆下品唯有讀書高」，欠缺尊重個人選擇，還有對威權體制缺乏反省的社會結果？如果每個教育體系的行動者都聲稱他們是被動地受到社會結構影響，那麼他們作為教育行動者的主體性又在哪裡，又該如何被評價？

台灣和德國小學，不僅是在學習觀念上存在差異，就連小學的學習環境都不太一樣。印象很深的是，大兒子在德國小學，想上廁所就隨時去解決，因為學校的廁所都很乾淨明亮、沒有臭味。而台灣教育機關花很多經費放在大學建設，有些大學經常拆掉舊大樓、重建新大樓，大樓有冷氣和乾淨的廁所，還會派清潔人員去清洗廁所；但是看看台灣公立小學基礎建設，教室多數不裝冷氣，因為學校付不起電費；很多廁所又舊又暗，孩子從上小學開始，一直都是忍住大號回家再上，因為學校的廁所就是一條看起來很黑暗的水溝，連大人去上廁所都要忍住呼吸的那種環境，然後學校還要小學生去打掃廁所。台灣的教育經費不放在改善小學基礎教育環境中的廁所和教室，讓小孩有個被尊重的環境來學習，但卻要他們服從教師、服從校規，還要寫評量和考卷。

德國的小學體制當然不是最完美的，他們國內很早就存在對於小學體制的批判，例如：學校大部分都是中午十二點到下午一點就放學，某些批評者認為，這樣少於其他國家教育體制的上課時間，可能讓德國小孩學習得比其他國家小孩還要少；有些則認為，小孩太早下課，不利父母參與就業市場（所以後來也才有學校安親班的產生）。不過，德國小學即使有安親班，他們在學科內容上也沒有學得更多或做更多的重複練習，應該說，反而延長了在學校玩耍遊戲的時間，也就是名符其實的發揮「安親」功能、而不是「增加學習時間和分量」。但也有其他論點認為，德國學校體系不應該一味地配合資本主義勞動市場的上班時間，應該反過來縮短勞動市場的工時，好讓父母和小孩有更多的共同家庭時間。可是，是不是像德國小學生這樣上課時間少、不做測驗卷，長大就會不成材、超級「沒有競爭力」？從各種經濟指標、學術發展狀況、音樂藝術、國際運動賽事成績等面向來看，德國的小孩和其他國家小孩比較起來，「輸在起跑點」上的德國小學教育，並沒有讓他們在往後成人生活中「沒有競爭力」。相反地，在德國等車、搭火車和公車時，你會看到很多年輕人在看書；在大學校園中，你會看到年輕大學生隨處席地而坐，不是看書就是在做筆記。

　　不管讀者是否認為這是一篇崇洋媚外的小文章，但我們無法否認這點：什麼時候台灣教育環境和父母能讓評量和測驗卷消失、鼓勵孩子遊戲和自發學習、尊重孩子的個人特質、重視小學的基礎建設，讓那種以「競爭力」為導向的目標學習所帶來的緊張和焦慮氣氛都能放鬆下來，讓孩子、家庭、教師得到解放，才有真正享受學習的樂趣、廣度與深度的可能。讓孩子將學習的興趣一直維持到他們的成人生活，就是兒童和小學教育的成功。這點，德國做到了，台灣呢？

寒暑假作業
的意義

石易平　輔仁大學社會學系助理教授

　　2015 年 12 月 17 日，台北市市長柯文哲宣布，正式廢除已經實施四十年的「台北市各國民小學寒暑假作業實施要點」，台北市 105 所、近十一萬的國小學童，暑假作業將不再依循制式規定辦理。「要讓孩子當自己的主人，而不是飼料雞」，一席話引爆關於學童「該如何度過長假」、「該如何教養」的教育戰爭。

　　一方面，資深教育工作者紛紛投書，表達「人性本散」的焦慮，更憂心缺乏制式寒暑假作業，將擴大社經地位弱勢家庭兒童的暑假落後現象（summer learning loss），苗栗頭份鎮斗煥國小校長陳招池，投書《聯合報》表達反對：

長遠下去，我國學子一整年比國外少了三個月自我精進課業，素質堪憂，競爭力下降，都是可預期的結果。台灣學子的自發性向來比較差，「不考試不看書」、「不踢不動」、「不要求不主動」是許多父母和老師的憂慮。一個有良知的教育工作者，會妥適安排孩子的寒暑假作息，給予適合的作業，例如熟背九九乘法、製作閱讀繪本、練習書法……，不讓孩子虛度寶貴的少年時光。殷鑑不遠，如今廢除寒暑假作業，表面上嘉惠學子，卻是弱化社經背景卑微的孩子，鼓勵怠惰的放牛吃草決策，顯然割錯了盲腸。[1]

眼見此一議題延燒，《聯合報》12 月 21 日刊出社論〈柯文哲倒洗澡水時，把嬰兒也倒掉了〉，直指柯文哲市長廢除寒暑假作業的政策本末倒置，其中是這麼說的：

如果學童從未學習過自理與自律，卻突然說他們什麼都不做也可以，如此的大解放，恐怕未必能誘發他們的想像力……我們不難想像，許多孩子整個寒假都將把時間花在電腦與電視機前面，那樣，柯文哲覺得這些孩子能學會當自己的主人嗎？

多數勞工階級弱勢父母而言，在孩子教養上，通常有賴學校教育的協助。一個寒暑假，有的學生出國遊學，有的學生夜市擺攤，開學後的寒暑假作業發表會和票選活動，將可能是學童間相互攀比或自我放逐的開始。台北市卻把教師的引導都看成是有害的，這種觀點豈不荒謬。[2]

另一方面，年輕世代與學童則是一片叫好之聲，認為制式的寒暑假作業經常淪為「開學前一日家庭手工業，集體瞎掰」的形式。科技業總經理翟本喬在臉書抒發心聲，「統一規定的寒暑假作業，才是讓學子少了三個月追求創新的機會」。台北市士東國小校長林玫伶也指出寒假作業可以自主決定後，

1. 賽夏客，〈寒暑假作業廢除／鼓勵孩子怠惰 柯 P 割錯盲腸了〉，《聯合報》2015 年 12 月 20 日。
2. 聯合報社論，〈柯文哲倒洗澡水時，把嬰兒也倒掉了〉，《聯合報》2015 年 12 月 21 日。

「經過老師的引導，各式各樣的答案都有，而且每個孩子在講的時候，臉上真的在發光」。

作為一個研究國小學童課外活動與家庭教養文化的社會學者，我想從三個提問來延伸思考：

首先，寒暑假的「學習空窗」，是否真的會造成國小學童學業能力的差異？其實，暑假的學習空窗，確實會造成學童在「操作型」與「事實型」知識的流失。[3] 研究分析三十九個大規模調查，發現從高中學生標準化測驗的結果來看，暑假會使學生的語言學習倒退至少一個月，[4] 從這一個面向來看，寒暑假的學習空窗將強化階級的教育差異；不過，也有研究指出，透過新學期開始的「收心」設計，奧地利學童很快就追回流失的進度。[5] 所以，爭議也許不在於長假後的學習流失，而在於教育制度與家長們能夠怎麼幫助孩子，面對這樣的長假效應。

其次，暑假的學習流失是否與家庭社會經濟地位有顯著的關聯？歐美相關研究也是支持的。Douglas B. Downey 等人分析美國兒童長期調查（Early Childhood Longitudinal Survey）一萬七千名幼稚園至小一的學童，其暑假前後的標準化測驗得分，結果發現，儘管低社經與高社經兒童在入學時已經有顯著的認知能力差異，而且這個階級差異在學期中維持穩定，甚至拉近的狀態，但是，低年級兒童的階級差異卻在暑假時顯著拉大，研究總結，社經地位所帶來的學業表現差異，大都因暑假的學習落差，長年積累而成。[6] 美國夏日學習協會（national summer learning association）也有一致的發現：低收入家庭的子女，暑假平均有兩個月的學習倒退，但高收入家庭子女卻有近一個月的學習超前，這將近三個月的學習差距，從小學一年級開始積累，到國三（九年級）時，研究者發現兩者子女在閱讀能力的差距，有七成是源於暑假。

除了量化證據的支持，近年家庭民族誌經典《不平等的童年》（Unequal Childhoods: Class, Race, and Family Life, With an Update a Decade Later），也從家庭內部剖析了美國家庭截然不同的階級教養邏輯。該書指出疲於奔命的中產階級孩

童，在校外與寒暑假期間不斷參與各種組織性的學習活動，不僅獲得制度性的文化資本，更鍛鍊出與大人權威應對的自尊自信，被稱為「精心擘劃」，這些子女因此在欣賞個人自信的美國教育體制中得利，他們成年後也擁有較高的社經地位。[7] 然而，因社區犯罪率高或經濟資源有限而宅在家的勞工階級子女，則花較多的時間與親戚相處，由於大人秉持「自然成長」的教養價值，也使得他們比較學會自我娛樂，靠同儕來協助處理日常事務，但是他們在教育體制中常常害怕面對成人權威，陷入「限制感」的劣勢。

所以，如果暑假確實會造成學習流失，如果暑假是造成教育不平等的重要因素之一，保留制式的寒暑假作業，不就能夠幫助弱勢家庭兒童趕上中上階層的子女嗎？我認為不能。讓我們再從下列幾個面向思考。

▎全面「學校化」的童年？

台灣孩子與父母，是否想過「孩子的本分」只有「學生」一個角色？從上課時數來看，學校在台灣孩子的童年中幾乎等同於全控組織（total institution），在1991年國際調查中，台灣孩子以每年1,177個小時的學習時數，每年222小時的上學天數名列冠軍（研究比較包括台、日、韓、法、美、西德、匈、愛爾蘭、以色列、蘇聯、加拿大）。在課外時間，衛生署國民健康調查與兒童福利聯盟也警告，台灣學童的活動過於靜態，不是看電視就是打電動，

3. Barbara Heyns, 1987, 'Schooling and Cognitive Development: Is There a Season for Learning?' *Child Development*, 58(5): 1151–1160. (http://doi.org/10.2307/1130611)

4. Harris Cooper, Barbara Nye, Kelly Charlton, James Lindsay, Scott Greathouse, 1996, 'The Effects of Summer Vacation on Achievement Test Scores: A Narrative and Meta-Analytic Review.' *Review of Educational Research*, 66(3): 227-268.

5. Manuela Paechter, Silke Luttenberger and Daniel Macher, 2015, 'The Effects of Nice-Week Summer Vacation: Losses in Mathematics and Gains in Reading.' *Eurasia Journal of Mathematics, Science & Technology Education*, 11(6): 1339-1413.

6. Douglas B. Downey, Paul T. von Hippel and Beckett A. Broh, 2004, 'Are Schools the Great Equalizer? Cognitive Inequality during the Summer Months and the School Year.' *American Sociological Review*, 69(5): 613-635.

7. Annette Lareau, 2011, *Unequal Childhoods: Class, Race, and Family Life, With an Update a Decade Later*. University of California Press.

每個孩子平均每天花三個小時從事靜態的活動，但運動時間卻少的可憐。

其實，在 2009 年，Elliot B. Weininger 與 Annette Lareau 共同在家庭研究權威期刊 Journal of Marriage and Family 發表了一篇論文，透露了教養「非預期的結果」，長期追蹤發現，這些被階級文化教養的子女反而發展出父母意料之外的慣習（habitus）。總是被安排各種才藝學習的中產階級子女，閒下來的時候不會自己安排時間，成了媽寶。而父母無暇控管的勞工階級子女，則在親友的陪伴下，學會自理生活並尋找同儕的支持，雖然他們在面對成人權威時，還是覺得局促不安，缺乏自信。如果不從教育成就的差異來思考，而從「一個人會不會獨立照顧自己」來理解，勞工階級的教養邏輯或許更有長遠的好處。

▍自主型寒暑假作業將成為家庭經濟地位的展演競爭？

還記得《櫻桃小丸子》裡的「花輪」和《小叮噹》裡的「阿福」嗎？他們在卡通中都扮演著大少爺的角色，花輪總是開學以後訴說自己出國遊歷的故事，而阿福總是擁有最新最炫的玩具。卡通故事中的大雄或小丸子，雖然羨慕他們的家境與玩具，卻也發展出與不同社經地位同學相處的模式，以及面對自身家境的能力。反觀傳統中國孟母三遷的故事，正反映一種階級隔離與職業歧視的經典，已經不符合今日多元社會的價值。寒暑假作業的發表，當然有可能，卻不必然成為國小孩子炫耀家庭資源的場域，誰說幫忙父母種田的小朋友，他們的暑假作業一定會輸給海外度假之旅？

美國社會學家 Allison Pugh，在其 2009 年出版的 *Longing and Belonging: Parents, Children, and Consumer Culture* 一書中提出，根據她對加州兒童的長期田野發現，現代消費主義同樣體現在兒童身上，但在兒童的消費主義中，大部分的孩童渴望的並非成人想像的「炫富」，反而是企圖透過消費相同的物品或經驗，得到「我們都一樣」的團體認同歸屬。

此外，童年時期學會與不同階層同儕相處，也是孩子在多元化社會下成

長重要的社會化能力。這個時候，老師與家長的導引至為重要，我們要做的事情並非把不同家庭社經地位的背景抹去，或是完全隔離；若在寒暑假作業發表時，教會孩子學會自處，學會看見物質以外的獲得，不也是個寶貴的學習嗎？

▌難道「競爭學習」比「懂得好好生活」重要？兩個孩子的故事

行筆至此，夜已深，我想起做田野工作時，有一回拜訪家長，在客廳遇見的小學六年級男生——小波。八點才進家門的他，背負著富裕家庭長孫的壓力，每天，他背著兩個書包去上學，身材瘦小，皮膚黝黑的他，是一個開朗樂觀的小男孩，「媽媽問我要補什麼我都說好，反正我都喜歡學學看」。因為前一天補習英文九點才下課，回家吃飯洗澡以後睡著，自己設定鬧鐘五點半起來寫當天要交的回家作業。而所有補習行程中他最喜愛的畫畫課，因為爸爸「心疼他身體瘦弱補習太多，卻又不能刪英文數學」為由，在我訪談他前一個月被停了。試問加班三、四個月的大人啊，你休假時會不會只想看電視打電動？學期中被過分壓榨的台灣孩子，寒暑假不正是他們好不容易可以喘口氣的時間？

距離小波家不遠處的小梅，則來自一個入不敷出的貧窮家庭。她的成績落後，父母無力負擔補習，連合唱團都因為沒有制服，而默默地退出。為了完成到外縣市參訪的暑假作業，爸媽帶他回外公外婆家；至於參觀藝文機構，媽媽說，「沒辦法，我不敢踏進去」。小梅的暑假都和妹妹一起玩耍，沒有電視、也沒有電動玩具，在打籃球跟家附近的社區度過。請問，以中產階級核心家庭生活設計、制訂的制式寒暑假作業，真的能夠對小梅有所幫助嗎？如果學期中頻繁的學校教育與親師溝通，都無法讓小梅趕上班級的平均水

8. Elliot B. Weininger and Annette Lareau, 2009, 'Paradoxical Pathways: An Ethnographic Extension of Kohn's Findings on Class and Childrearing.' *Journal of Marriage and Family*, 71(3): 680-695.

9. Allison Pugh, 2009, *Longing and Belonging: Parents, Children, and Consumer Culture*. University of California Press.

準，那麼，為什麼我們會認為，制式的寒暑假作業能扮演弱勢子女學業的大補丸呢？

▌ 爸爸媽媽，老師團體，我們需要你一起來建立社區的支持。

「台灣青少年成長歷程」研究，過去便發現一個台灣獨有的親子教養現象：台灣父母的身心健康與婚姻滿意度與他們的子女學業成績有顯著的相關。要孩子過得快樂，「大人們」要先學會放下自己生命裡被規訓的競爭升學觀，放下用「效率學習觀」來思考孩子的時間安排，給自己和孩子更多留白的時間反芻、吸收，靜下來觀察與理解世界。

其實，過去已經有相當多經驗發現，結合社區推出非典型的學習活動，是能夠幫助孩子在寒暑假學習的最佳良方，對弱勢家庭的孩子幫助更大。公共圖書館、公園、美術館、在地的學生與青少年社團，都提供了非營利的寒暑假學習活動讓社區民眾參加，較為年長的孩子們為社區其他孩童服務，也可以是他們的自主寒暑假作業，拓展孩子在學校以外的學習。社區的支持性組織不會一蹴可及，需要家長們的參與，因此，家長的支持與幫助格外重要。坊間許多共學團，已經透過社群網絡形成了不少實質的親子社團，也許是寒暑假活動未來的發展趨勢之一。

我夢想，有一天，台灣的孩子不必帶著厚重的作業走進安親班，能學會在寒暑假規劃自己的生活，擁有許多公共服務的機會與非營利的學習活動選擇，並且留一點空白的時間給自己、給親愛的家人。在孩子們珍貴又稍縱即逝的童年年少時光，父母老師們，請為他們守護好那個對萬事萬物好奇的火源，請不要用你有限的想像，去束縛孩子無限的可能。我耳邊，不知為何響起陳綺貞的那首歌，不是旅行，是寒暑假作業的意義。

我們需要什麼樣的性別平等教育？

戴伯芬 輔仁大學社會學系教授兼系主任

近年來一連串校園性別事件引發大眾的關注，也讓《性別平等教育法》（以下簡稱《性平法》）的修法議題再次浮上檯面。大多數父母擔心孩子在學校受到性騷擾或性霸凌，期待透過更嚴格的《性平法》來保護他們；學校的男性基層教師「談性色變」；在性平會組織女性過半的要求下，學校的女性行政人員與基層教師被大量的性平事件壓到喘不過氣來。教育部每年投入不少教育資源來促成性平教育，學校每學期耗費不少經費來進行性平事件調查。到底我們的學生、教師與校方從性平教育中學到了什麼？

某位小學校長提到他面對的難題：小學一年級男同學們在嬉鬧之間拉下女同學的褲子，校長需不需要通報？如果不通報，小一女學生回家向父母告知此事，可能違反《性平法》第二十一條的二十四小時內通報原則，與「偽造、變造、湮滅或隱匿他人所犯校園性騷擾或性霸凌事件證據」同罪。一旦通報，還沒有性徵的小朋友就可能因為「違反《性平法》」的性騷擾而必須接受調查，加諸於身的標籤對於小朋友會造成什麼樣的影響？原來只是老師要求學生不要玩得過火的日常教導，一旦通報進入性平調查程序之後，有時因違反申請人或其法定代理人的意願造成學校日後輔導的困擾，行為人也被迫轉班、轉校，形成一場校園的性別風暴。

如果「被害人」不願意提出調查申請時，而學校行政人員以及教師又具通報義務，可能造成未成年情侶的困擾，雙方家長的介入，甚至造成學生為此輕生之悲劇。[1] 在 1999 年《刑法》修訂的「兩小無猜」條款，改採「告訴乃論」，即為了排除年輕學子兩情相悅的自發性行為罰則，避免妨害青少年的性自主權。

從保護式父權到校園性別糾察隊

自 2011 年《性平法》修法確立二十四小時通報原則之後，校園性別案件數量隨之高升，原因在於為了避免違法而一律通報。從校園性別事件中當事人關係可以看到性別事件比例最高者是國中學生對學生的案件。就性侵害事件來看，2014 年總數有 705 件（含未成年的合意性交），其中老師對學生的案件 32 件，占 4.54%；學生之間的案件有 663 件，高達 94.04%，其中國中生之間有 374 件，占 53.0%，高中職之間有 195 件，占 27.7%，國小之間有 49件，占 7.0%，總計未成年學生之間的性侵害事件合計占 87.7%，近九成（表一）；就性騷擾事件來看，在查證屬實的 1,365 件案例中，也以生對生最多，有 1,182 件，占 86.6%，師對生有 109 件，占 8%；同樣地，國中時期「生對生」案件最多，高達 642 件，占 47.0%，其次是高中職案件，占 14.5 %，國小案件占 13.7%，大專占 9.5%（表二）；至於性霸凌有 39 件，也以學生之間為主，國中占 58.3%，國小與高中各占 20.5%（表三）。

表一 校園性侵害事件調查屬實統計（含未成年合意性交）

按當事人關係統計，2014 年

資料來源：教育部統計處，「性別統計指標彙總性資料——教育環境」

	總計		大專院校		高中職		國中		國小		特教學校	
	件數	百分比	件數	百分比	件數	百分比	件數	百分比	件數	百分比	件數	百分比
總計	705	100.0	46	6.5	203	28.8	385	54.6	62	8.8	9	1.3
生對生	663	94.0	36	5.1	195	27.7	374	53.0	49	7.0	9	1.3
師對生	32	4.5	7	7.0	6	0.9	8	1.1	11	16	0	0.0
生對師	0	0.0	0	0.0	0	0.0	0	0.0	0	0.0	0	0.0
職員（工）對生	10	1.4	3	0.4	2	0.3	3	0.4	2	0.3	0	0.0
生對職員（工）	0	0.0	0	0.0	0	0.0	0	0.0	0	0.0	0	0.0

表二 校園性騷擾事件調查屬實統計

按當事人關係統計，2014 年

資料來源：教育部統計處，「性別統計指標彙總性資料——教育環境」

	總計		大專院校		高中職		國中		國小		特教學校	
	件數	百分比	件數	百分比	件數	百分比	件數	百分比	件數	百分比	件數	百分比
總計	1365	100.0	164	12.0	260	19.0	692	50.7	221	16.2	28	2.1
生對生	1182	86.6	129	9.5	198	14.5	642	47.0	187	13.7	26	1.9
師對生	35	2.6	2	0.1	13	1.0	18	1.3	2	0.1	0	0.0
生對師	35	2.6	2	0.1	13	1.0	18	1.3	2	0.1	0	0.0
職員（工）對生	32	2.3	7	0.5	11	0.8	6	0.4	8	0.6	0	0.0
生對職員（工）	7	0.5	5	0.4	1	0.1	1	0.1	0	0.0	0	0.0

表三 校園性霸凌事件調查屬實統計

按當事人關係統計，2014 年

資料來源：教育部統計處，「性別統計指標彙總性資料——教育環境」

	總計		大專院校		高中職		國中		國小		特教學校	
	件數	百分比	件數	百分比	件數	百分比	件數	百分比	件數	百分比	件數	百分比
總計	39	100.0	2	5.1	8	20.5	21	53.8	8	20.5	-	-
生對生	38	97.4	2	5.1	8	20.5	20	51.3	8	20.5	-	-
師對生	1	2.6	-	-	-	-	1		-	-	-	-
生對師	-	-	-	-	-	-	-	-	-	-	-	-
職員（工）對生	-	-	-	-	-	-	-	-	-	-	-	-
生對職員（工）	-	-	-	-	-	-	-	-	-	-	-	-

整體來看，《性平法》處理最多的案件是學生之間不成熟的男女互動關係，尤其是未成年學生之間的性行為以及性騷擾，屬於成長的學習階段，需要性教育來引導以及抒發學生萌芽中的性意識以及性需求。而《性平法》對於校園中權力不對等的性別支配關係確實形成規範作用，但是對於多數生對生案件，是否能發揮教育輔導的功能？當學校過度耗費精力在個案調查，性別平等教育被窄化成性騷擾與性侵害防治，在校園氛圍中已經引發了某種程度的性恐慌。國中基層教師指出在《性平法》的壓力下，為了降低學校基層行政負擔，校園中出現將「性妖魔化」，讓青少年「去性化」的教育，來控制青少年對性的探索。[2]

《性平法》與學生受教權

《性平法》的另外一個問題在於對從幼稚園到大學不同學生的適法性。《民法》規定，滿二十歲為成年，《刑法》對於年滿十八歲以上者即應負完全責任能力。基於傳統師生倫理規範，《性平法》適用於十八歲以下的未成年人，當無疑義，但是對於十八歲以上的大學生是否仍適用？在 2013 年修法時，曾經有法律專家主張加入禁止「師生戀」條款，引發群眾嘩然，質疑禁止十八歲以上成年人的師生戀，是否違反基本人權？依年齡對於不同行為能力的認定是最重要的法律基準，但是《性平法》卻是以職業身分——學生，作為一體適用的對象，未區分不同年齡而適用同一套法律，出現許多問題。如對於已成年的生對生關係，性平會如果介入處理，反而違反性別教育的精神，也有違前述教育部所為函文意旨。

校園內成年人之間的情愛關係，很難以《性平法》或單純的「師道」來規範，協商誰要不要愛誰？以及個人要不要、能不能從一而終。清官終究難斷家務事，對於成年人的感情應交由自己負責，至於真的出現違反性自主事件，自有司法來判定，《性平法》的介入有時反而形成對於師生的性道德管控。後來教育部雖從善如流，站在「柔性規勸」立場，不鼓勵師生間發展不當的親密關係，對於十八歲以下學生，禁止師生戀；但對於大專以上學生，則是建議教師迴避，但仍祭出若違反者將視情節輕重處分，不排除對教師停

聘或解聘。

在執行面，除了明定性別平等教育委員會女性委員人數應占委員總數二分之一以上之外，並規定成員中「具性侵害、性騷擾或性霸凌事件調查專業素養之專家學者人數比例應占成員總數三分之一以上」，所謂「專家學者」，指的是接受過性別調查講習課程的教師或性別研究相關學者，並非真正法律專業人員，卻成為具有「準司法權」的調查小組成員。部分案件的調查小組透過約談申請人、行為人及關係人「問訊」，來了解性別事件的「真相」。如果性平會主管的大多是生對生的案件，對於犯錯學生刑堂式的糾問模式，恐怕造成兩造的心理恐懼。

此外，雖然《性平法》第二十二條明文規定保密原則，國中生更易因為性平會調查而被貼上標籤，製造同儕之間互動的問題，也有不少被控性騷擾的學生陷入孤立，被迫轉班、轉學。《性平法》所製造出來的調查程序原為保護權力弱勢學生而設立，但援用於處理生對生的個案時，反而造成損及學生受教權的非預期結果。

▌ 《性平法》與教師勞動權

2014 年《教師法》修法時，將第十四條教師解聘、停聘或不續聘的要件中增加了三款與《性平法》相關事項，包含「性侵害」、「性騷擾與性霸凌」以及「未通報或隱匿性侵害事件者」，使得性平會的調查具有「準司法」效力，可以作為變更教師身分的依據，違反的教師不需要經各級教評會三級三審，可由服務學校報主管教育行政機關核准後予以解聘。

---

1. 103 年 5 月 26 日臺教學（三）字第 1030902914 號。被害人或其代理人無意提出申請調查時，除師生間的校園性侵害、性騷擾及性霸凌等涉及重大公益而應由學校循檢舉程序啟動調查外，性平會可就案件做成記錄，請其於顧慮解除後才提出調查申請。

2. 楊嘉宏（2014），〈性別平等不只是法治教育：一個國中基層教師對於性別平等教育的觀察筆記〉，《性別平等教育季刊》，67：27。

相較於其他教師違反相關法令行為，仍需經教評會三審三級制決議，而所有前述性平事件相關者即可逕行解聘，《性平法》明顯有擴權且損害教師勞動權疑慮。一方面，性平會並無司法調查權，調查小組多仰賴當事人之間的口頭訪問，缺乏嚴謹證據，可能有誤判之虞；另外一方面，性行為受到情境、過程、當事人當下感受以及事後理解而定，即使在司法上有時都難以認定性侵害案件成立與否。至於「性騷擾或性霸凌行為，且情節重大」用語更為模糊，《性平法》第二條對於性騷擾的定義為：「以明示或暗示之方式，從事不受歡迎且具有性意味或性別歧視之言詞或行為，致影響他人之人格尊嚴、學習、或工作之機會或表現者」，或者是「以性或性別有關之行為，作為自己或他人獲得、喪失或減損其學習或工作有關權益之條件者」，這些性騷擾定義很明顯是針對師生之間的權力不對等關係而訂定，以「受害者一方是否有不舒服的感受」為認定標準，在此寬鬆的定義下，竟然具有超越「違法行為」而可以直接解聘教師之權力，顯示《性平法》擴權之嚴重性，如涉及教師勞動權變更需要建立更嚴謹的程序。

我們需要什麼樣的性別平等教育？

　　《性平法》在校園中建立一套通報、調查小組組成、調查、行政救濟、以及懲罰程序的「準司法體系」，目的站在保護學生、對付「狼師」；相對而言，有關學習環境與資源、課程、教材與教學等，則被視為次要目的。教育部雖然進行不定期的性別平等教育訪視，但是對於校園制度面的性別不平等經常視而不見，例如性教育以及對懷孕學生的歧視、性別差異化的宿舍管理、無法落實的教職員工育嬰假、不足的托育設施等問題。過度偏重校內性騷擾、性侵害以及性霸凌個案調查與處理，造成《性平法》防治有餘而教育不足。當前的《性平法》更可能損及學生的受教權與教師勞動權。針對《性平法》修法，提出具體修法建議包含：

　　一、明訂《性平法》適用於校園中權力不對等的師對生的關係。有關師對生性侵害以及騷擾案件，應具有嚴謹的司法調查程序，審慎考量僅依性平會的調查報告具有變更教師勞動權之權限，凡涉及變更當事人地位者仍應經

過教評會三審三級制決定；而涉及學生之間的性別事件依情節輕重應有不同的處理程序，對於生對生之間性別逾矩的個案回歸學校的教育輔導機制。

二、性平會的調查權與司法權釐清，凡涉及《刑法》的猥褻及性侵害的嚴重個案應由學校性平會轉介司法機關處理，在司法結果出爐前，學校可以提供法律、醫療以及心理輔導等複合的資源來協助受害學生；而涉及性騷擾以及性霸凌者交由性平會處理，性平會應加強整合學輔中心資源提供受害以及加害學生必要之輔導以及性別教育。

性別教育的目的不在於壓制學生，而是更進一步啟發學生的性別意識，了解如何與不同性／別者互動，學習尊重他人身體自主權、肯認性少數，這些超過既有法律範疇的性別教育，才是《性平法》的真諦。如何從過去糾問式的個案處分，轉為關注對於校園性別平等制度的建制，透過司法與教育重新定位與分工、教育與輔導手段並行，真正落實校園性別平等教育。

謝誌：本文特別感謝輔仁大學學士後法律學系劉晏齊教授的指正。

「兒童節」的社會學

藍佩嘉　台灣大學社會學系教授

　　1952 年兒童節，國民政府流亡到台灣甫三年，《聯合報》社論絲毫沒有慶祝的歡愉氣氛，反而充滿憂國憂民的沉重感懷。該篇社論中批評有些家長模仿歐美教養模式，「不明真諦，徒學皮毛」，呼籲為父母者「能以驕縱，溺愛，姑息為戒，而不忽略基本的童年教育」。文末更不忘呼籲反攻大陸的神聖使命：

　　我們以萬分沉痛的心情，懷念大陸上的億萬兒童！他們在朱毛匪幫的血腥魔掌下，不祇已失去父母的慈愛，家庭的溫暖和安心讀書的機會，而且被匪幫

驅使成為鬥爭的工具……我們今日在復興基地的台灣慶祝兒童節，必須不要忘記他們，並積極努力，加緊準備，早日反攻大陸，拯救魔掌下的同胞和兒童！

到了 1987 年，台灣歷經政治解嚴、經濟起飛，慶祝兒童節的方式與氛圍明顯轉變。坊間商家推出各式各樣吸引「小小消費者」的促銷活動，該年兒童節的《聯合報》社論呼籲成人不宜過度干預，應尊重兒童作為主體的地位：

兒童節原是一個具有特殊意義的、率真純摯的日子，但非常不幸的，也流為一種形式主義，而且把它塑造為一個大人模式的節日。因而，今天我們慶祝兒童節，基本上是要把這個節日「回歸」給兒童，「回歸」到兒童教育與福利上去。兒童什麼都不是，兒童就是兒童，要把兒童看作兒童。兒童教育就是兒童教育，絕不應是大人要兒童納入怎樣模型的教育。

慶祝兒童節論述的改變，呈現了台灣社會對於「童年」看法的變化：兒童從「國家未來的主人翁」，成為消費、教育、福利的主體，台灣也從提倡節育、積極控制人口的農業社會，轉為面臨少子化的「國安危機」。這篇短文探討「童年」的社會建構在戰後台灣的歷史轉變，以及不同時期的童年觀如何衍生了相應的親職腳本，該如何養育子女，而形成「不適任父母」的社會壓力。

▎「童年」的歷史轉變與社會建構

我們現在想到「童年」，腦中浮現的不外乎孩子的純真笑顏，以及一段無憂無慮的時光。然而，在不同的歷史時期與社會脈絡中，「童年」的意象未必如此。歷史學家阿里葉（Philippe Aries）在 *Centuries of Childhood: A Social History of Family Life* 書中便大膽地宣稱，「童年」的概念其實是現代的發明。[1]

---

1. Philippe Aries, 1962, *Centuries of Childhood: A Social History of Family Life*. New York: Vintage Books.

直到中世紀結束前，成人與兒童從事的活動並沒有明顯的區別，成人也會念故事書給彼此聽，兒童也要參與勞動。從十五世紀的肖像畫看來，兒童的穿著打扮與身體表情都只是成人的縮影。在死亡率高、平均餘命短的年代，彼時的父母並不特別強調與孩子情感上的連結。

在西方「兒童」與「童年」的社會意義，要到十八世紀才出現明顯轉變，根據社會學者澤利澤（Viviana Zelizer）在 *Pricing the Priceless Child: the Changing Social Value of Children* 一書的論點，由於家庭規模縮小、不再是經濟生產的單位，童工被認為是不道德與不合法的制度，加上中產階級家庭主婦的增加，家庭生活被賦予更多文化與情緒的價值，兒童變得「經濟上無用，但情感上無價」（economically useless but emotionally priceless）。[2]

「童年」與「成年」的範疇在中國歷史上也非現在這樣明確劃分。歷史學者熊秉真的《童年憶往——中國孩子的歷史》研究了前現代中國的幼教或「訓幼」文獻，發現不同時代的士人家庭在教導重點上雖有不同，但普遍帶有功能論的色彩：兒童的存在目的是為了「學做人」，也就是養成符合社會規範的成人特質，以光宗耀祖、延續香火。[3] 兒童的情感價值，要到二十世紀後的中國，才逐漸受到重視。

「國家未來主人翁」：反共復國與家庭計畫

在充斥反共宣傳與政治動員的 1950 年代，養育兒童旨在於培養為國服務的生力軍。兒童首先是國家的兒童，才是家庭的兒童，孩子對於父母的孝順並不能超越對於國家的忠誠。1952 年，《豐年》雜誌主張兒童節的意義在於「培養健全的小國民來組成富強的國家」，一位母親在其投身於軍旅的兒子為國殉職後說：「讓兒子為救國的事業犧牲，完成兒子的志願，才算真的愛他。」這位「空軍之母」被讚賞是值得全國母親效法的賢妻良母。

為了訓練孩子成為未來的民族鬥士，1950 年代的兒童教育鼓吹要「引導兒童進入嚴肅規律的實際生活」和「訓練服從」。當時的兒童經常扮演勞動

者的角色，不論是家庭外的有酬工作，或是家庭內的無酬勞動。《豐年》刊登了「職業兒童」的照片，包括擦自行車、擦皮鞋、拉三輪車、送報。童工的處境，雖然顯得不幸，但被標榜是理想的楷模，能夠「自食其力、苦心上進，將來必定非常傑出」。

在 1951 至 1965 年間，支持反共台灣發展的關鍵力量，是高達美金 1.5 億元的美國援助，其中最具影響力的是從 1954 年開始推行的家庭計畫。當時的美國人口學家呼籲必須有效地控制第三世界的人口，以免因為社會發展遲滯而成為共產主義蔓延的溫床。然而，蔣介石政權在初期相當反對節育政策，因為，國民黨政府若同意美國政策對於人口過多的診斷，就意味著承認中華民國的統治領土僅限於台灣，沒有可能「收復大陸」。提倡家庭計畫者因此被保守人士戴上「共產黨同路人」的紅色小帽。在這樣的政治氛圍裡，家庭計畫初期以非常低調的方式來推動，小心地以「婦幼衛生」和「孕前衛生」的名義來遮掩節育的推廣。

家庭計畫引起的爭議，反映出兩種對於兒童看法的競逐。流亡到台灣的國民黨政權，將兒童視為未來的戰鬥軍人，以協助其收復中國大陸；而美援支持的家庭計畫，則以實際治理的台灣為範圍來評估人口控制，擔心人口過剩與貧窮問題，將促使下一代成為未來的共產黨。面對高嬰兒死亡率、衛生條件不佳等具體風險，在 1952 年的台灣，每一千個嬰兒中有將近四十五個會在一歲內過世，到了 1960 年仍有三十五個會早逝。

這個階段首重的教養目標是「生得少」、「養得活」，讓孩子平安、健康地長大。低教育的農村家庭，被視為有問題的父母，成為節育避孕、衛生宣導、家政教育的主要對象。美援計畫透過衛生所的基層網絡，進入社區舉行家庭訪問或舉辦小型講座。家庭計畫與家政教育伴隨著「農村現代化」的

2. Viviana A. Zelizer, 1985, *Pricing the Priceless Child: the Changing Social Value of Children*. New York: Basic Books. 本書有簡體中文譯本：維維安娜・澤利澤（2008），《給無價的孩子定價——變遷中的兒童社會價值》，王水雄、宋靜、林虹譯，格致出版社、上海人民出版社。
3. 熊秉真（2000），《童年憶往——中國孩子的歷史》，台北：麥田出版。

目標，希望透過改造農村母親的生養行為，追求現代中產階級為典範的家庭生活。

▌「兒童劫」：都市風險與親職教育

1980 年代慶祝兒童節的方式，不再張貼國家口號，而是洋溢豐富的商機。兒童開始成為市場的兒童，也就是「小小消費者」，媒體報導一方面召喚兒童來促進消費，例如遙控飛機的廣告宣稱要為孩子「尋找一片自己的天空」；另一方面也視兒童為「缺乏選擇能力」、「需要保護的消費者」，呼籲社會注意玩具安全，也號召父母在物質無虞匱乏的狀況下，應該投注更多對於兒童文化學習、父母愛的重視。

1984 年兒童節的前夕，台北市螢橋國小發生全國震驚的潑硫酸案。一名疑似有精神障礙的男士闖入教室，將硫酸潑向正在上課的學童與老師，該男隨後取出尖刀、刺腹身亡。報端以「兒童劫」的標題來呼籲保護兒童安全的重要性。1988 年的陸正綁架案也被媒體大幅報導，這些備受矚目的新聞事件都強化家長的恐慌。父母在外出活動時，變得更加謹慎地看顧孩子，許多父母開始接送小孩上下學，避免讓孩子走路回家，遭遇車禍、綁架的可能。學校與政府也耳提面命，甚至舉辦營隊來訓練孩子如何面對公共場所潛藏的安全風險。

都會地區的孩子，可以在戶外自由活動的空間因而大幅減少。「外面」之所以變得危險，反映出社會生活與鄰里關係的結構變化。路上的車輛愈來愈多，馬路變成車禍頻生的「虎口」，孩子上學需要注意交通安全，才能「快快樂樂出門，平平安安回家」。都市化的趨勢讓鄰里關係變得疏離，「陌生人」變成需要提防的對象。

然而，即便孩子待在家中，也不被認為是絕對安全的。隨著女性就業、雙薪家庭的增加，變遷中的家庭形式如何影響兒童照顧，也引起許多討論。媒體使用「鑰匙兒童」、「空胃兒」（沒吃早餐）、「黃昏孤兒」等新興名

詞來描述那些因為父母在外工作而疏於照顧的孩子。新聞報導宣稱，鑰匙兒童因為沒有父母的監護，容易成為綁架對象，或滯留電動玩具店、成為問題青少年。「虐待兒童」的定義也逐漸擴大到包含疏忽、體罰，甚至「精神虐待」，如對孩子加諸太多學業表現或才藝發展的壓力。兒童的脆弱性逐漸被放大，不僅是人身安全上的脆弱，也包括心理與情緒的脆弱。

邁入 1990 年代後，「現代兒童」的負面形象開始浮現於媒體，這些小孩被描寫為受到富裕社會、疏離家庭的影響，淪為物質主義和消費主義的受害者，解決之道在於改造親子關係與教養方式。解嚴後的公民社會蓬勃發展，其中有許多非政府組織致力於推動教育改革與親職教育，引進國外新興的教養理念與教育資源。「嚴酷教養」的華人教養傳統，尤其受到人本教育推動者的批評。體罰不再被看作「嚴格父母」的勤管嚴教，而是連結到不願學習新興觀念與方法的「懶惰父母」。父母的角色從管教孩子的執行者，轉變為親職教育的接收者。「愛的教育」（permissive parenting）這個自 1930 年代以來在美國社會占據支配地位的育兒典範，提供台灣父母一個新的文化腳本，其中規範家庭生活的安排應該以孩子的需求與滿足為中心，而不是考慮大人的需求與方便，然而，孩子的需求與滿足是什麼，父母需要透過專家知識的詮釋方能有效了解。

▍打造「快樂童年」的父母壓力

隨著台灣的政治民主化、社會多元化，媒體關注兒童節的形式轉向為家長投書、兒童福利相關的非營利組織召開記者會，或是百貨商場舉辦慶祝活動。「快樂童年」的內涵更傾向「重視孩子個別差異」，如建議廢除選拔或表揚模範生、反對升學主義掛帥，呼籲「給孩子多一點空間與時間的餘裕長大」。

在少子化的年代，孩子成為更加珍貴的資產，也召喚父母投入更多的心力來保護與培育。國家角色退隱，專家、媒體與網路的影響力日趨重要，親職叢書與雜誌的銷售量大幅攀升，以因應求知若渴的中產階級父母（尤其是

母親）的需求。當代的中產階級家長感嘆成長過程多浸淫在嚴酷的升學競爭與課業壓力中，因而感嘆自己的「失落童年」。由於過往休閒生活與課外活動受到智育學科的擠壓，導致成人之後「我也不知道我本身到底有什麼嗜好、喜歡什麼東西」。或者，幼時由於家庭經濟條件沒有機會學習才藝，經歷代間流動，希望可以提供下一代全人發展的機會。

然而，中產階級父母也清楚體認到，「快樂童年」只是進入充滿壓力的青少年之前的一個短暫階段；在高等教育門檻大幅降低的年代，中產階級父母不只期待孩子考上大學，還要替孩子準備迎接未來的激烈人才競爭、邁入險峻的成人世界。這樣的觀點將成年與童年建構為時間上斷裂的兩個範疇，而非人生現實中連續的生命階段，換言之，「純真童年」是人為隔離、建構出來的狀態。這些父母投入心力來維持成年與童年的區隔，例如，父母試圖保護兒童免於接觸到成人世界與性或暴力有關的訊息與影像，以及避免讓小孩暴露於現實世界的經濟壓力。父母也會有意識地跨越（成人與兒童的）界線來建構「純真童年」的想像，尤其是利用歐美或日本的卡通人物或神話傳說。

「快樂童年」的神聖性，在幼教產業、大眾媒體與消費市場的推波助瀾下，更增添了父母的壓力。都會區的台灣孩子現在幾乎都加入慶祝萬聖節等西方節日的行列，這是因為標榜雙語學習的幼稚園，為了向父母呈現機構經營的用心，透過具體活動、照片記錄，提供打造「快樂童年」的客觀憑證。父母雖然樂於看到孩子體驗活動，卻也苦於參與節日慶祝的準備。百貨商家在商機驅使下大量生產、熱烈促銷，父母每年煩惱著萬聖節變裝該打扮成蝙蝠俠、還是冰公主，想買穿過就丟也不可惜的便宜貨，又擔心有毒染料、孩子尷尬撞衫。此外，網路充斥類似以下標題的文章：「五十個童年必做的事」、「英國孩子十二歲前必做五十件事」，爬樹、看星星、野外露營、抓螃蟹、做木筏等自然探索活動，變成一份「標準童年」的清單，彷彿家長沒有安排這些活動就失職，蹉跎了孩子稍縱即逝的童年。

童年或許只有一次，但絕非只有一種

　　兒童節之際，社會各界重申對於兒童福祉與權利的重視，也不免讓許多父母隱約擔心自己是否不夠用心打造孩子的「快樂童年」。比起上一代的父母，當代的家長擁有更多的經濟資本、文化資訊與科學知識，卻往往在教養子女的過程中感到更加焦慮與彷徨。我輩的父母，不論階級與性別，普遍都比自己的父母花費更多時間與孩子相處，然而，許多人仍擔心自己落入「父母失職」或「忽略孩子」的社會指責。童年或許只有一次，但絕非只有一種。歷史的分析讓我們拉開縱深，看見童年的社會意義、教養的文化腳本，歷經不同階段與情境的變化。社會學的分析則讓我們把個人的焦慮與不安放進更大的社會脈絡，提醒我們放下一些「標準童年」、「理想親職」的包袱，成為快樂的父母，才有孩子的快樂。

張盈堃　政治大學幼兒教育研究所副教授

玩具可動員志氣嗎？

兼論日本玩具的奇幻與可愛

現代社會的核心特徵就是日常生活中充滿著大量的物件，不管工作、休閒或消費，每天出門必帶的公事包、手機、皮夾、手帕等等，幾乎現代人所有的行動都被各類型的物件所包圍。現代人是被許多物件所構成的個體，不同物件的排列組合也再現出特定的階級或文化意涵。筆者長期服務於幼教系，在幼兒的生活世界裡面，最重要或最具意義的物應該就是玩具。廣義的玩具是指幼兒遊戲時所使用的物體，而狹義的玩具則是資本主義社會由廠商製造於市面販售的商品化的遊戲物體，本文的討論特別偏重後者人造的商品化玩具，特別是這些玩具連許多成人都為之著迷。

玩具種類繁多，大致可以分成古典玩具、積木玩具與擬仿玩具三大基本分類。古典玩具特徵是造型簡單，不刻意模仿現實事物，提供兒童以各種方式耍弄，即常見的童玩（七巧板、陀螺等）；積木玩具源自德國，德國人肯定遊戲對孩子是不可或缺的，同時提倡學習應該是快樂而非枯燥、無趣的，因此強調合宜的玩具對孩子的重要性，特別是造型簡單、訓練排列組合的積木於焉誕生。擬仿玩具試圖模擬現實上或想像上的事物樣貌，模仿的對象從名人偶像、卡漫人物到槍砲刀劍、交通工具、軍事武器等應有盡有，分別發展為自成一格的複雜體系，此類玩具不只是提供存在的物質，更包含背後蘊含的意象、敘事、歷史記憶等脈絡。例如卡漫玩具主角衍生自整套卡漫文本；交通玩具（跑車、工程車等）則可引發對某種生活方式、社會地位與品味的認同；軍事武器則關聯於對戰爭史和科技發展史的知性興趣。

　　玩具不只是在玩而已，同時也在吸引同儕的目光，當然小孩之間的爭執，也經常是因玩具所引起，成人玩玩具也帶有蒐藏的意義。各個時代的孩子都會以日常生活中取得的物品製作玩具，或者是自己設計（例如簡單的布偶），玩具常是就地取材，日常生活玩耍的不過是周邊環境中自己發明的活動。

▎兒童生活世界的物：玩具

　　到底要怎麼看待孩子玩具？這涉及不同立場的兒童論述。在菲利浦・阿里葉（Philippe Aries）在《童年的世紀》一書中，提到兩種概念：寵愛（coddling）與管束（discipline），反應這二種孩童圖像的原型，而這樣的對立不斷交纏浮現在不同年代的西方哲學論述裡頭，也構成不同主體修為的孩童論述觀點，特別是洛克與盧梭。[1]

　　洛克假定兒童是自然本性的（the immanent child），在《教育漫談》中所談論的「紳士教育」，強調教育在使孩童成為具備「德行、智慧、禮儀與學問」

1.　Philippe Aries, 1962, *Centuries of Childhood: A Social History of Family Life*. New York: Vintage Books.

的紳士特質，孩童必須要受教育才能夠學會良好的德行，以克制慾望、遵從理性。該書一方面承認昂貴的玩具有其價值，同時也肯定一些簡單的玩具，如光滑小石頭、小紙片等的功能。對於當時富裕人家小孩有求必應現象感到憂心，建議大人買玩具給小孩應有所節制。

相反地，以盧梭《愛彌兒》為代表的「自然主義教育」，則隱約延續著那種將孩童當成是存有與認識的源初統一體的兒童圖像。相較於已經被人手汙染的成人，孩童更可能擁有源初的人的本性：自由。盧梭認為華麗、精美的玩具既沒用又危險，最適合孩子玩耍的是取乎自然的東西，如樹葉、結實的樹枝等。

從洛克與盧梭那裡，我們可以看見兩種不同的孩童圖像所導引出的不同主體修為觀點：強調通過理性教育來統馭意志與慾望所成就的統合成人主體，或者強調自然教育以維持自由天性狀態為主的人的主體。

雖然洛克或盧梭都強調反璞歸真的自然玩物，但現實中的家長不太有時間幫孩子安排這樣的素樸環境，也無法擺脫現實中大量的現成玩具，購買玩具成為當代消費品項之一，也衍生了新的議題：到哪裡買玩具（菜市場、量販店還是百貨公司專櫃）？買哪些種類的玩具（益智類還是純粹的玩）？

玩具的消費涉及到階級的議題。小時候常常聽到大人告誡不要再玩了，趕快去用功讀書，而現今也常常聽到許多專家學者不斷鼓吹玩出創造力，玩具的存在不僅體現價值觀的變遷，也同時滿足了上層社會的消費慾望；而下層階級過去普遍認為，買玩具是一種奢侈、墮落、不學無術、享樂主義式的罪惡。對於玩具是否是可以玩出大能力的中介物，還是是享樂罪惡？到底是玩物喪志？還是玩物養志？顯然仍各說各話。

玩具與消費

在當代社會學的脈絡中，玩具此物必然涉及到消費，特別是家庭的階級

背景。對於物與消費的看法，韋伯倫（Thorstein Veblen）、布爾迪厄（Pierre Bourdieu）與布希亞（Jean Baudrillard）三人的論點最具參照性。美國社會學家韋伯倫將物置於階級區分的文化生活中，他的「休閒」觀念是依據階級而定義，上流階級的人，以炫耀性的休閒來彰顯他們的地位，有閒階級的休閒和消費明顯是一種「浪費」，也就是為了「金錢比較」的目的而產生的開支。[2]

相反地，法國社會學家布爾迪厄在《秀異──品味判斷的社會批判》一書中，探究 1960 年代人們對法國文化的品味與其社會地位的關係。他利用許多的概念指標（慣習、場域、資本），指出文化的消費活動反映著人們的階級慣習（habitus），結合其經濟及文化上的資本，而從事一系列文化生產活動（音樂、藝術、政治意見，當然也包括買玩具給子女）。不同於韋伯倫的主張，從有閒有錢的炫耀性消費，對比沒錢、沒時間的低下品味，布爾迪厄描述了一種文化區別的系統，品味在其中傳達了個人在權力關係網路中的精確位置，藉由闡述經濟和文化的資本（係經由學習而得的區辨能力）兩者的交互作用，形成足以維持社會區分作用的包容及排除系統。[3]玩具的消費凸顯不同階級間的品味，即便都是買玩具，可以在夜市攤位買劣質的娃娃，也可以到百貨專櫃買正牌的安全玩具。

最後，布希亞拆解當代社會中物體系所具有的意義。對其存在做出以下的區分：物的客觀本意（denotation）系統和延伸意義（connotation）系統，為物的兩種不同存在層次。前者意味著技術性、物質結構的特徵及伴隨而來的實用意義，後者則意味著物被人的心理能量投注，以及被商品化、個人化，進入文化體系的可能。布希亞以符號操弄來看商品化的世界，商品被視為符號、符號被當作商品來生產，於是，產生了消費認同的展示，也就是購買者透過展示自己所買的商品，創造並形成一種認同感。因此人們在市場中選取

2. Thorstein Veblen, 1899, *The Theory of the Leisure Class: An Economic Study of Institutions*. New York: MacMillan.
3. Pierre Bourdieu, 1984, *Distinction: A Social Critique of Judgement of Taste*. Cambridge, MA: Harvard University Press.

符號為自己打點出一種生活風格，人們透過消費找到看待自己的定位，也找到看待別人的角度。[4]

在消費的領域中，我們買什麼以及什麼因素決定我們買什麼，主要受到流行文化的影響，特別是大眾傳播媒體（電視、電影、廣播、印刷等）。舉例來說，兒童日常觀看的電視、電影等文本，轉變成為其生活世界中流行的事物與玩具，不管是流行的神奇寶貝，或是妖怪手錶，基本上都是採取這樣的轉換路徑。霍爾（Stuart Hall）認為流行文化產品的製造與銷售過程，實際上是生產者、銷售者與控制者在產品編碼（encoding）的過程，同時也是在他們的精巧操作之下，讓消費者與接受者去解碼（decoding）的過程。[5]這並非是純粹的商業消費活動，而是在其過程中製造、注入、灌輸和宣傳編碼化的特種意識形態。玩具的設計日新月異，在色彩、造型、玩法上不斷推陳出新，並透過大量生產與銷售管道，入侵人們的生活世界，引發注目、渴望和迷戀，在「系列化」的設計下，每種品項都只是特定體系（如遊戲王、聖鬥士、芭比娃娃等）中的一個小單元，慫恿消費者長期、多次購買。如此構成一條無盡的生產消費鏈，玩家在「被創造的需求」驅使下不斷購買、累積玩具以充實自我。購買不等於消費的結束，反而是消費鏈的不斷循環，換句話說，玩具永遠買不完，當然消費的慾望也不斷地擴充。

日本玩具對全球的影響：可愛與奇幻性

台灣兒童生活世界裡日本的文本仍居於多數。日本玩具的成功來自於微型化可愛（かわいい／kawaii）與奇幻性這兩個元素。日本語境中的可愛，無法完全對應到英文中 cute 這個字眼。cute 只能表達出形容機靈、可愛以及活潑女子的意思，但 kawaii 除包含 cute 的特徵外，更涉及在日本動畫人物中的幼小童稚、根深柢固的可愛孩子氣（大家可以想一想宮崎駿的動畫文本，幾乎都是以小女孩作為故事的主角，更不要說其他流行的文本，包括《名偵探柯南》、《火影忍者》……）。換句話說，對童稚化以及細微精巧文化的著迷，正好是 kawaii 的信念基石。

針對奇幻性的討論，安妮・艾利森（Anne Allison）在《千禧怪獸——日本玩具與全球性想像》就好奇為什麼日本動漫工業可以藉由軟性的漫畫人物進襲他國，特別是日本動漫畫的擴展被認為具有預謀性的，企圖將日本文化、理念藉由動漫畫，軟性地讓其他國家的讀者順服接受，進而創造一個新的殖民空間。艾利森形容日本玩具商品像是著了魔的商品（enchanted commodities），造成消費者的拜物主義，例如美國的萬聖節大遊行，不再是美國漫畫英雄的裝扮，遊行的主力反而是日本動漫人物。她以辯證的方式討論日本與美國脈絡裡的奇幻層次（fantasy）以及政治經濟市場的脈絡，可歸納出三大基本概念：奇幻性、資本主義、全球化。日本的遊戲屬性可以接合（articulate）至社會許多不同的面向，像是戰後的日本／千禧的帝國、遊戲／資本主義、文化／商品，以及全球主義／在地主義等等的概念。[6]

　　日本玩具商品的訴求有兩個主要特質，其一為多相變態（polymorphous perversity），另外一個為科技泛靈論（techno-animism）。艾利森借用佛洛依德的概念來指稱，日本玩具中奇幻性所帶來的愉悅是跨越很多不同層次與領域。日本兒童文化裡的奇幻性伴隨著科技的表徵，不像是西方世界裡兒童文化裡的奇幻性是被固定的，日本的故事與角色扮演都是持續性的轉化，或是稱為多相變態（polymorphous perversity），艾利森用來形容日本的文化商品，在許多的領土裡移動、混合與混體。日本的卡通、電玩裡無預期性地擾亂著舊有的刻板印象，如《美少女戰士》翻轉了性別的界線，而《神奇寶貝》同時是寵物與格鬥者，它可以用來交換也可以用來戰鬥。此外，日本的玩具世界裡存在著部分與整體的排列組合，最典型的例子就是所謂「五色戰隊」，最少是五個人，紅色、黃色、藍色、綠色、黑色，在五色戰隊裡頭，紅色是正色，一定是隊長，遇到敵人的時候，勢必整合成金剛合體的狀態，而這種

4. 張盈堃（2009），〈物體系：玩具的文化分析〉，收入張盈堃主編《兒童／童年研究的理論與實務》。台北：學富，頁 169-199。

5. Stuart Hall, 1980, 'Encoding/decoding.' In Centre for Contemporary Cultural Studies (Ed.), *Culture, Media, Language: Working Papers in Cultural Studies, 1972-79*. London: Hutchinson, pp.128-138.

6. Anne Allison, 2006, *Millennial Monsters: Japanese Toys and the Global Imagination*. Berkeley: University of California Press.

多合一的過程也正是艾利森所強調的多相變態。

　　科技泛靈論則是一種風格，鑲嵌在商品消費主義的物質性實行上。通常這樣的連結再生產了資本主義所強調的消費，這些商品是為了愉悅感、從日常生活的壓力中釋放出來，以及獲得親密性與友誼的溫暖。例如神奇寶貝正是通往幻想世界的管道，並且在商品中銘刻在日常生活裡面，發現意義、連結與親密性的慾望。具有交流（communication）與人際關係（human relationship）的潛能，這樣的潛能正是日本文化的核心部分。

代結論：總動員玩具產業

　　台灣曾是塑膠玩具的生產大國，1970年代初期，充沛的勞動力，加上台灣獨特的家庭代工與完整的塑膠產業、模具業、塑膠射出成型機械製造業，以及五金零件業等相關產業配合，促使當時台灣的玩具工業在全球逐漸崛起（特別是當時的台灣是芭比娃娃的生產重鎮）。然而，在台灣的文化脈絡下，是否也可以像日本一樣，發展出具有台灣味的玩具世界，而非一味地代工而已？我不知道，但政府鼓勵文化創意產業的同時，也別忘了兒童也是另外一個消費社群。當某種創新行動出現之後，它會成為一個核心，周圍會冒起相關的活動和創作。當這些創意活動達一定程度的累積，內容會變得複雜，之後會出現各種支流，使本來較為單一的狀態，轉變為多元和多面向，我想這樣就會慢慢地凝聚出台灣味的玩具工業。

第六篇　性別即政治

女總統
跟她的內閣們

女性人才哪裡去了？

姜貞吟 中央大學客家語文暨社會科學學系副教授

　　2016 年 1 月的總統及立法委員選舉，台灣公民做出的政治選擇具有兩個重要的性別意涵。首先，我們選出了首位女性總統；其次，立法院女性立法委員的比例達到了歷史新高，占比 38.1%，這些優異的成績不僅呈現女性在公共領域的表現被肯認，也讓台灣女性參政的國際評比又往前跨了一步。但當我們還在歡欣慶祝之際，緊接著立即迎來了近二十年來最嚴重的女性參政大倒退，新上任的內閣中女性閣員竟僅有 10%，在四十位內閣閣員中只有四位女性，內閣性別失衡退回 1997 年蕭萬長內閣的女閣員比例。這個大倒退獲得部分民眾「性別不重要，能力才重要」的回應，行政院也以內閣成員的組成

沒有特別性別考量，完全以選用有能力者作為解釋，然而，這些思維正恰恰要告訴我們，台灣性別平權還有一大段路要走。

不少人認為台灣社會已相當性別平等，每個人可自主地發揮長才，但卻忽略隱藏在美好的平等口號下的性別偏好與性別刻板印象的作用，不僅造成該領域的性別失衡，也阻礙女性追求職涯發展的可能。「性別與能力說」成為多數人相信的信念，此講法用來鼓勵個人立定志向很有幫助，如女性也能當科學家、黑手、工程師；男性也可以是護士、秘書、保姆等，但是如果從社會整體、性別結構與女性集體困境的角度，來理解某些專門領域的性別失衡就顯得局限與不足，特別是現階段的台灣。因為這個說法經常去除各種脈絡與處境，把問題化約為個體本身條件，忽視了性別、階級跟族群等因素之間的相互作用對每個人的影響，甚至是對專業人才養成的培養。

職業的性別隔離

台灣在不同職業與產業的人力投入分布上，一直有清楚的性別隔離，部門與部門之間、階層與階層之間，都有著水平與垂直的隔離。垂直隔離（vertical segregation）是指職業或職務有上下層級的區隔，一般而言，男性比女性更有機會擁有上層的位置；水平隔離（horizontal segregation）則是一般所說的不同職業的區隔，有男性主導的職業及女性主導的職業之分。[1] 女性特別集中於某些職業，男性特別集中另外的特定職業，這些性別高度集中的現象，多數不是因為能力的差異，而是社會刻板印象讓雇主主觀預設該職位或工作比較適合由男性來擔任，上位的領導者與管理者在比例上往往都是男性居多。

彼得森（Trond Petersen）及摩根（Laurie Morgan）就指出，職業的性別隔離表面上看起來是依能力與擅長下的性別分工，但實質上是不平等的位置分配。[2] 有些學者會從「供給面」觀點解釋這種性別隔離的形成與持續維繫，認為這是因為人力資本差異或個人選擇所導致的結果；但是女性主義跟社會學的觀點則增加來自「需求面」的解釋，強調結構因素與雇主個人的偏好與

操作，也會影響性別在不同領域間、以及在領域中不同位置的配置。舉例來說，私領域家庭內的家務勞動與餐飯料理等，經常被視為是女性擅長的技能，被認為是女性該做的家務性別分工項目，並且進一步跟「好妻子」、「好母親」角色的道德規範做連結；但到了公領域中的廚師、廚工等工作卻由男性包辦，料理工作因公私領域而有截然不同的性別偏好與邏輯，並且發展出各自不同的支撐論述與說法。雖然，《性別工作平等法》已規定職業招募不得限定性別，但小吃餐飲業人力的性別分布，多數廚師、廚工為男性，外場的服務人員則以女性居多。

政治是高度性別隔離的部門

政治場域也正是高度性別隔離的部門。女性在政治場域的比例比男性低，是世界各國普遍的現象，不論是選舉出來的總統、國會議員、縣市長、地方議員等或是從公務部門升遷至頂端的局處首長等，多數是男性的天下。台灣有不少知名的女性政治人物，但直至 2017 年，直轄市只出現過陳菊一位女性市長，而其他的縣市長，也僅出現過十二位女性市長，女性縣市長的比例跟各縣市女性議員的平均比例差距相當大（詳見表一）。[3] 政治被視為屬於男性主導與掌管的領域，政治公眾事務與男性權貴網絡高度盤根錯節，具有像金字塔式的社會網絡封閉性。台灣直到 1988 年才出現首位女性閣員（財政部長郭婉容），之後不論是陳水扁總統或是馬英九總統都曾努力拔擢女性專才，內閣女性比例分別曾達 22% 跟 23.4%，從解嚴之後，我們花了二十多年還未能達到國際婦運學者主張的 30% 關鍵多數（critical mass），現在蔡英文總統與林全內閣 10% 的女性閣員比例則直接退回到 1990 年代。[4]

女性在參政場域的低比例現象有多種解釋，可從社會供給面與政治需求面來探討，前者包括國家發展階段、政治氣氛、社會氣氛、社會結構障礙與資源分配不均、情境（situational）障礙、性別平等氛圍等，後者包括現任者優勢與政治機會結構角度等。要改善政治場域中高度男性封閉的權力網絡與積極提拔女性人才，就是要從前述層面在不同階段採用不同方法著手改善，世界各國為了改善女性參政的現況，常採取不同的積極措施，透過各種立法

表一 1992 年迄今各級選舉女性當選人數目與比例

年	1992	1995	1998	2001	2004	2008	2012	2016
立法委員	17／161	23／164	43／225	50／225	47／225	34／113	38／113	43／113
	10.56%	14.02%	19.11%	22.22%	20.89%	30.09%	33.63%	38.05%

年	1993（1994）	1997（1998）	2001（2002）	2005	2009	2014
縣市首長	1／23	3／23	2／23	2／23	3／17	1／16
	4.35%	13.04%	13.04%	8.70%	17.65%	6.25%
縣市議員	129／858	151／891	198／897	234／901	162／592	178／499
	15.03%	16.95%	22.07%	25.97%	27.36%	35.67%

年		1994	1998	2002	2006	2010	2014
直轄市長		0／2	0／2	0／2	1／2	1／5	1／6
		0%	0%	0%	50%	20%	16%
六都女性議員	台北市	23.08%	32.69%	32.69%	36.54%	33.87%	34.43%
	新北市	---	---	---	---	34.85%	37.10%
	台中市	---	---	---	---	26.98%	26.23%
	台南市	---	---	---	---	40.35%	38.18%
	高雄市	13.64%	11.36%	22.73%	36.36%	34.85%	38.71%
	桃園市	---	---	---	---	---	32.73%

1. 張晉芬（2011），〈行行出狀元：勞動市場的職業結構〉，《勞動社會學》。台北：政大出版社，頁 165-189。

2. Trond Peterson and Laurie A. Morgan, 1995, 'Separate and Unequal: Occupation-Establishment Sex Segregation and the Gender Wage Gap.' *American Journal of Sociology*, 101(2)：329-365.

3. 1982 年許世賢（嘉義市）。1985 年張博雅（嘉義市）。1989 年余陳月英（高雄縣）、張文英（嘉義市）、周清玉（彰化縣）。1993 年張文英（嘉義市）。1997 年呂秀蓮（桃園縣）、張溫鷹（台中市）、張博雅（嘉義市）。2001 年翁金珠（彰化縣）、陳麗貞（嘉義市）。2005 年蘇治芬（雲林縣）、黃敏惠（嘉義市）。2009 年蘇治芬（雲林縣）、張花冠（嘉義縣）、黃敏惠（嘉義市）。2014 年張花冠（嘉義縣）。

4. 詳見「台灣內閣變化」。這是根據 wikipedia 資訊，所整理出的歷任內閣年齡以及性別比例資料。https://ronnywang.github.io/taiwan-cabinet/

或由政黨制訂相關規定，增加女性被提名參選機會或保障選舉結果的性別代表性，達到提升性別政治平等的目標。這也是每次縣市長選舉、總統選舉期間，婦運團體要求各候選人所承諾的性別相關政策中的一環。2012 年，蔡英文首次參選總統選舉時的性別政策白皮書，即清楚揭示「各級政府首長、部門主管及民意代表等公職與委員會委員的任一性別比例不低於三分之一」，是她將積極促進女性參政及結社的重要主張。具有人事任用權的總統、行政院院長，甚至作為雇主的國家需具有性別關懷的視野，對現況進行積極地矯正調整才可能改變政治場域權力結構的封閉，以及進一步影響政策發展規劃的關懷取向。

制度矯正可改善群體間不平等

立法委員的選舉方式經歷了不斷的制度調整，才逐漸達到現在約四成的女性立委比例。過去立法院對女性委員的名額保障，最早從 1991 年首次將婦女保障名額規定入憲，保障十分之一，1997 年修憲提高到四分之一。2005 年將立法委員選舉制度改為單一選區兩票制，規定各政黨不分區當選名單中，婦女不得低於二分之一。從過去的婦女保障名額制度到現在不分區立委名單中任一性別的提名比例，這些制度性的調整機制大幅度地鼓勵了女性，讓女性積極參與公共事務的決策與討論。

面對社會群體之間的不平等，近代政治學重視「承認」和尊重「差異」的存在，企圖透過「描述性代表」（descriptive representation）的機制來矯正群體和群體之間的不平等，改善社會長期被壓迫或忽視之群體的處境，這就是1970 年代之後，世界各國在選舉制度中逐漸採納婦女保障名額（reserved seats for women）或性別配額原則（gender quotas）最重要的基礎。[5] 制度上的名額保障具有修正與調節的作用，可矯正長期以來女性在公共政治領域上的缺席，強化政策規劃中缺乏的性別評估，以達到性別平等的社會進步的可能性。

歷來不少優秀的女性立委跟縣市議員，在首次參選時，皆受惠於制度矯正提供她們參與權力分配與政治參與的機會，之後才能持續在政治場域發

聲。現在選民愈來愈認同女性政治人物的問政表現，也有不少女性願意主動參與政治，多數女性立委或縣市議員不需再使用矯正制度協助即能高票當選。前述情況多數發生在都會區選區，一來是，女性參選者的參選障礙較少，再來則是選民對參選者的認同具有高度自主性。但在地方層級的選舉時，性別配額的矯正制度依舊具有正面效果，在不少縣市議員選區中，只要該區有婦女保障名額，該區男女性參選人數比就會相當接近，但只要該選區無婦女保障名額時，往往連一個女性參選者都沒有。甚至，台灣仍有部分鄉鎮至今尚未出現過女性議員，也就是說，在那些鄉鎮中，政治與公共事務的監督與參與到現在還是以男性為完全的主體。

突破「性別盲點」的遮蔽

如果說，內閣女性比例低是因為找不到女性人才，那就要進一步探討，女性人才那裡去了呢？要探究女性人才難尋的影響要素，除了從人才養成、社會供給、政治制度、性別友善程度等方面來探討之外，更不能迴避傳統社會與性別結構對女性生涯發展的影響。台灣女性勞動參與率在 2012 年突破50.2%，但女性就業年齡曲線卻呈現「倒 V 曲線」，不少女性在結婚跟生育子女後退出勞動市場，這跟日本、韓國「雙高峰 M 型」就業曲線完全不一樣。[6]也就是說，台灣女性在努力奮鬥職涯發展過程中，面臨比男性更多的性別規範與困境，就業市場中有著職業的性別隔離跟玻璃天花板效應，讓女性成為領導階層障礙重重。[7]另一方面，家庭內的家務勞動與照顧責任則讓女性要不就蠟燭兩頭燒咬牙撐過，要不就離開工作。更遑論就業市場兩性薪資差距跟女性離開職場後，在年老後可能面對的經濟安全基礎薄弱以及跟社會脫節的長期負面效果。

---

5. 黃長玲（2012），〈差異政治的形成：1946 年婦女保障名額制定的歷史過程〉，《政治科學論叢》52：89-116。
6. 王舒芸、王品（2014），〈台灣照顧福利的發展與困境：1990-2012〉，《台灣婦女處境白皮書：2014 年》。台北：女書店，頁 31。
7. 以 2015 學年大專校院與國小教師的各種性別比例來說，大專院校的女性教師比例為 35.46%，女性一級行政主管有 23.43%、一級學術主管有 25.28%，但女性校長僅為 9.49%。國小女性教師比例為 70.75%，女性校長則為 30.12%（教育部統計處，https://goo.gl/XL9dSF）。

總統與內閣作為國家治理者，要能處理、解決目前台灣社會現狀發展的困境，首先要能「看得見」問題。治理國家，不能避開性別、避開階級、避開族群、避開多元文化，只有突破「性別盲點」的遮蔽，才能真正理解這些群體所處的結構位置與集體性困境。我們需要一個能「看得見」、「看得懂」社會差異與多元視野的治理者，將性別與多元觀點視為國家治理與社會發展的重要價值。

　　先前，我們經常自豪地說台灣的女性政治參與比例優於其他不少國家，其實當我們進一步地檢視其他社會發展項目上的性別差異效果時，就不得不承認，台灣還有很長的路要走，例如兩性薪資比、兩性勞動參與率、女性領導人比例、兩性家務勞動時間、新生兒性別比例、育嬰津貼申請者性別、從母姓比例、男女繼承平等權等等。相同的社會結構與國家政策作用在不同性別、不同群體、不同階級時，會產生出不同的效果，而負面的效果往往是由弱勢與資源少的一方承擔或獨自承受。

　　民主政治的基本原則之一就是實踐政治平等，性別平等就是其一。現在，我們需要的是積極的改革視野，國家治理團隊中的性別與多元群體的現身政治，提高女性的政治代表性和政治參與度，不僅具有社會發展與社會創新的象徵意義，更符合現今台灣社會真實的樣貌，而不是不斷再現與鞏固單一性別權貴網絡。當然，沒有性別敏感度與性別平等視野，徒具女性生理身體也沒有用，作為一個國家治理者，就該具有當今社會整體發展格局的高度，那既是人權的、也是性別的，更是多元異質、階級與族群的差異政治。

總統的性別

林宗弘　中央研究院社會學研究所副研究員

　　2016 年 1 月 16 日，台灣選民以 56.1% 的比例將選票投給了民主進步黨的總統候選人蔡英文，她成為台灣、也是全球華人現代政權裡的第一位女性領導人。選後很多學者從國際局勢、兩岸關係與國族主義、貧富分化、世代政治、太陽花運動，乃至於選舉工程的方向上討論了這次選舉結果的意義，也有不少報導凸顯了新總統的性別，列舉近年來叱吒風雲的女性領袖，強調首次女總統執政的歷史意義。[1]

　　我想談談在這次大選裡，是誰決定了新總統的性別，以及「她」將帶來什麼影響。

是誰決定了新總統的性別？

「誰決定了新總統的性別？」當然，是染色體，主要來自蔡英文的父親。但問題的重點在於誰投票給一位女性候選人，為什麼？在什麼樣的社會，能夠讓女性脫穎而出，獲得至高權力？女性領袖真的會讓政治變得更好嗎？

首先是選民，可能是女性選民決定了領導人的性別。從 1992 年國會全面改選以來，台灣的女性政治人物在國會與各級政府選舉裡，有愈來愈傑出的表現，而且民進黨的女性政治領袖提名與當選比例相對較高，甚至有較為開放的性別政見，但國民黨男性候選人卻始終是多數女性選民的最愛。

台灣女性選民過去依據什麼因素投票？性別意識或女性主義在政治上重要嗎？

蔡英文確實帶來了改變，而且是在她走完最後一哩路之前。在政治學者楊婉瑩與林珮婷的系列研究中發現，比較 2008 年與 2012 年兩次選舉，國民黨都是同一候選人馬英九，但是 2012 年民進黨推出女性總統候選人，減少了國民黨在女性選票裡的長期優勢，原來投票傾向偏藍的女性選民，少數確實會轉投給女性候選人。[2]

太陽花運動對女性選民可能也有影響。在中央研究院社會學研究所 2015 年中國效應調查裡，女性對兩岸關係開放抱持較強的風險意識，相對於男性更反對服貿協議。在 2016 年總統選舉投票傾向的回答方面，有 56.7% 表態的受訪者想投給民進黨，與隔年的投票結果極為接近，國民黨失去統計上顯著的性別優勢。

未來的研究可能會顯示，這次台灣民眾不僅選出了一位女性總統，也可能從此翻轉性別投票的長期傾向。這一類「翻轉性別」的趨勢，也曾經出現在其他民主國家：英國的相關研究顯示，1996 年以前女性更加支持保守黨（別忘了此前英國由柴契爾夫人自 1979 年至 1990 年擔任首相），之後女性對保

守黨的支持弱化；美國則是在 1980 年代以後出現女性長期支持民主黨、較排斥共和黨的發展趨勢。

女性領袖會出現在那一種國家？

從個體層次來看女性選民的投票行為時，往往會忽略其國際比較的脈絡。絕大多數女性領袖的研究出自民主國家，而世界上的女性領導人背後所需的政治經濟與社會條件，就較少學者關注了。

讓我們看看對岸的領導人吧！在中共中央政治局裡目前全都是男性，而地球上絕大多數極權或威權體制，包括被人詬病的北韓或有人讚賞的新加坡，清一色都是男性領袖，無論他們用什麼神話來包裝自己的權威，多半都是靠爸一族，其權力來自血統繼承。

目前我們已經收集到的跨國 Panel 數據包括了 1980 至 2010 年間 138 國的一些變量與數值，詳情請參考表一。表一第一行顯示，在 138 國的 4278 個國家─年度當中，只有不到百分之四（0.039），也就是 30 國的 167 個年度是由女性領袖執政，第二行的女權指數（female empowerment index）則來自最近公布的 V-Dem 數據庫。[3] 表二呈現了簡單相關係數矩陣，顯示女性領袖與下述變量有簡單相關──較高的女權指數、民主國家、經濟發展程度較高者、較低的吉尼係數、較高的宗教容忍程度。政治暴力則出現在不民主、低度發展、歧視女性、貧富差距大、宗教容忍度低的國家，表面上看起來與領袖的性別無關。

民主國家才會有女性領袖嗎？幾乎是，如果那些出現女性領袖的國家還

---

1. 楊芬瑩，〈女總統之後的性別平權〉，「報導者」網站，2016 年 1 月 16 日。
2. 楊婉瑩、林珮婷（2013），〈她們改投給蔡英文嗎？2008~2012 年總統大選性別差距的變動〉，《選舉研究》20(2)：37-71。楊婉瑩、林珮婷（2010），〈她們為什麼投給馬英九？探討 2008 年總統大選的性別差距〉，《選舉研究》17(1)：91-128。
3. 數據來源：https://v-dem.net/en/。

表一 敘述統計

變數	N	平均值	變異數	極小值	極大值	變數解釋	資料來源
女性領袖	4,278	0.0390	0.1937	0	1	1= 女性領袖 0= 男性領袖	國內外報導、FEMALE WORLD LEADERS CURRENTLY IN POWER
女權指數	3,933	0.6571	0.1931	0.1140	0.9692	該指數衡量包括婦女的公民自由指數的平均值、婦女民間社會的參與指數，以及婦女的政治參與指數。	Varieties of Democracy（V-Dem）ver. 5
民主程度	3,804	1.3055	0.8106	0	2	2= 民主，1= 部分民主，0= 獨裁	Polity IV
經濟發展	4,278	7.9336	1.5804	4.7166	11.3819	人均 GDP 之對數	World Development Indicators（WDI）
吉尼係數	4,278	37.9695	9.1596	15.6766	69.3456	吉尼係數	Standardized World Income Inequality Database（SWIID）ver. 5.0
宗教容忍	3,909	3.1954	0.9353	0.0560	3.9792	數值愈小，表示政府愈企圖壓制宗教組織	Varieties of Democracy（V-Dem）ver. 5
政治暴力	4,278	0.1209	0.3260	0	1	1= 有傷亡之內戰或國內 / 國際武裝衝突 0= 其他	Varieties of Democracy（V-Dem）ver. 5

表二 變數相關係數
註：* 為顯著水準 $p < .05$

	女性領袖	女權指數	民主程度	經濟發展	吉尼係數	宗教容忍
女權指數	0.1507*					
民主程度	0.1506*	0.6547*				
經濟成長	0.0909*	0.6260*	0.5307*			
吉尼係數	-0.0491*	-0.3975*	-0.1398*	-0.4817*		
宗教容忍	0.1336*	0.5923*	0.6598*	0.3278*	-0.0428*	
政治暴力	0.0141	-0.2759*	-0.1170*	-0.1898*	0.1463*	-0.1738*

被算是威權國家，通常也已經進入民主化的轉型階段，而且至少有競爭性的定期選舉，例如最近緬甸的翁山蘇姬、或先前菲律賓的柯拉蓉‧艾奎諾。事實上，最近半世紀以來地球上的極權國家從未出現女性領袖，女權指數較高的國家大半都是民主國家，已經容許同志婚姻的十九個國家，沒有任何一個是極權政體。

經濟發展與分配平等能帶來女性領袖嗎？經濟學者的觀點是，女性勞動參與率愈高、愈容易推動女性權利與參政的擴張，反之亦然，兩者與經濟發展是正向循環[4]，但是在我們的數據裡，一旦控制了女性權益此一中介變量，每人平均 GDP 的對數就沒有效果了。經濟發展可能透過一些社會機制——主要是女性經濟自主與公共參與，擴展女性公民權，而女性權益擴張可能幫助女性領導人出現，但經濟發展本身顯然不是女性最高領袖出現的先決條件。

此外，如社會主義女性主義者所主張的，貧富差距可能來自職場的性別歧視或勞動分工的性別隔離，造成兩性工資或收入差異，因此，貧富差距愈大的國家通常女性權益愈差，但是吉尼係數好像與女性領袖沒什麼直接關聯。而媒體關注的宗教容忍問題與女性領袖雖然有些正向統計關係但也很薄弱。

女性領袖在暴力中崛起並且帶來和平？我們的發現裡最有趣的是前一年曾經發生過政治暴力——包括死傷千人以上的內戰、大規模種族或宗教衝突、以及對外戰爭的國家（南蘇丹或少數非洲國家），或是在武裝衝突前線的國家（例如南韓），有較高機率出現女性領袖。婦女選民對和平的渴望可能部分解釋選民的投票傾向，畢竟政治暴力對性別平等有害、而且只有開放選舉的國家才會出現女性領袖。[5]

---

4. Matthias Doepke, Michèle Tertilt and Alessandra Voena, 2012, "The Economics and Politics of Women's Rights." *Annual Review of Economics*, 4: 339-372. DOI: 10.1146/annurev-economics-061109-080201.
5. 當然也有一些碰巧的案例，參見 Pablo Casas-Arce and Albert Saiz, 2011, "Women and Power: Unwilling, Ineffective, or Held Back?" *The Institute for the Study of Labor* (IZA) Discussion Paper No. 5645, http://papers.ssrn.com/sol3/papers.cfm?abstract_id=1812530 (Date visited: February 4, 2016).

表三 女性領袖掌權並存活的條件，131 國 1980 ～ 2010

註：" + " p<.1, " * " p<.05, " ** " p<.01, " *** " p<.001.

	女性領袖掌權時期 =1	
	（1） 隨機效果	（2） 固定效果
女權指數（前期）	7.6682** （2.3830）	6.8944* （2.7601）
民主程度（前期）	2.4916*** （0.5752）	2.6065*** （0.6413）
經濟發展（前期）	-0.3684 （0.2705）	-0.9517 （0.7459）
吉尼係數（前期）	0.0322 （0.0322）	0.0731 （0.0435）
宗教容忍（前期）	0.2072 （0.4306）	0.2161 （0.4803）
政治暴力（前期）	1.6828*** （0.4585）	1.6434*** （0.4784）
年度虛擬變數	Yes	Yes
常數項	-14.3039*** （3.3358）	
常數項（lnsig2u）	2.1908*** （0.2968）	
N of obs	3,424	790
N of groups	131	30
Log likelihood	-385.4719	-244.3258

女性領袖的表現真的有所不同嗎？

　　既然選民對女性領袖可能有些期待，她們在任期間的表現如何？關於女性領袖是否表現更佳的研究。早期的研究認為女性經理人的領導風格與表現確實異於男性，但近來的研究認為這些女性經理人的崛起本身就有「選擇性偏誤」[6]，以企業界為例，可能仍是財團家族裡的女性後代，政治人物就是官二代接班，而且愈廣泛的數據研究就愈傾向男性與女性經理人在領導風格與表現上，沒有任何統計顯著差異。[7]

或許由於樣本數量與數據收集的困難，在女性最高政治領袖方面的研究較為少見。Fernando Ferreira 及 Joseph Gyourko 分析了 1950 至 2000 年之間，美國 575 個城市的女市長與其他男性同業之間的表現差異，這些表現的指標包括政府支出、就業情況與犯罪率的變化，而男性或女性執政在上述所有項目上，都沒有統計顯著的差異。兩位作者將這個現象解釋為女市長有更好的政治生存技能，並獲得選民認同。最後，曾有女市長的城市並不會改變未來女性候選人當選的機率，因此兩位作者認為，女市長在女性政治權力的提升方面沒有作用。[8]

然而，在跨國男女領袖的統治績效方面，文獻很少。[9] 因此我們自己試算了上述數據，看看女性領袖在任期間的經濟發展、貧富差距有沒有改變。如表四的模型（3）單一變量測試顯示，選出女性領袖執政期間與經濟成長或吉尼係數基本無關，使用更嚴格的因果模型當然更加無關了。

在政治暴力方面，使用簡化的固定效應邏輯迴歸計算模型（6），顯示女性領袖上台前往往是一段政治暴力惡化期間，上台之後僅有限改善。

最後，女性領袖在任期間，女權指數會有顯著提升。這個結果合乎理性預期：既然女性選民投票給女性領袖，女性領袖為女性選民服務爭取支持、並且提升其連任機率，是很合理的結果。不過女權指數這個數值的評估方式，也包括女性的政治參與成分，因此可能引起爭議。另一個未能包括有趣的統計相關，是女性領袖在任期間，同志權益也會有正向變化。

---

6. Alice H. Eagly and Linda L. Carli, 2007, *Through the Labyrinth: The Truth about How Women Become Leaders*. Boston, MA: Harvard Business School Press.

7. Jon Aarum Andersen and Per H. Hansson, 2011, "At the End of the Road? On Differences between Women and Men in Leadership Behavior." *Leadership and Organization Development Journal* 32(5): 428-441.

8. 已出版的版本為 Fernando Ferreira and Joseph Gyourko, 2014, "Does Gender Matter for Political Leadership? The Case of US Mayors." *Journal of Public Economics* 112: 24–39. Doi:10.1016/j.jpubeco.2014.01.006.

9. 關於全球選民態度的調查，請參考：http://www.pewsocialtrends.org/2015/01/14/chapter-2-what-makes-a-good-leader-and-does-gender-matter/。

表四 各國女性領袖在任期間之影響的估計結果，1980-2010

註：1. "*" p<.05, "**" p<.01, "***" p<.001.
    2. 模型（6）使用邏輯回歸模型估計。

	經濟成長 （3） 固定效果	吉尼係數 （4） 固定效果	女權指數 （5） 固定效果	政治暴力 （6） 固定效果
女性領袖在任	-0.0386 （0.0350）	0.5611 （0.3226）	0.0264*** （0.0061）	-0.2867 （0.4034）
年度虛擬變數	Yes	Yes	Yes	Yes
常數項	8.0230*** （0.0329）	37.5873*** （0.3035）	0.5393*** （0.0062）	
N of obs	4,278	4,278	3,933	2,015
N of groups	138	138	133	65
R-square within	0.0803	0.0793	0.5416	
R-square between	0.0382	0.0172	0.0053	
R-square overall	0.0042	0.0112	0.1303	
Log likelihood	-1920.5	-11420.4	5116.8	-551.2276

小結

誰決定了總統的性別？暫時的回答是，時勢造英雌。女性選民的政治覺醒與公共參與會明顯造成政治地震，使與女性競爭的男性候選人喪失優勢。從跨國數據來看，女性領袖只能出現在民主化或女權較受保障的國家，出人意表的是，她們仍可能在嚴重的政治暴力衝突後或者緊張的國際局勢中獲得權力。

她們真的能帶來改變嗎？在經濟成長或分配方面，產業創新與福利國家政策的長期影響，可能要比領袖的性別重要得多。女性領袖與和平的國內或國際關係似乎有關，但很難下結論，曾有少數鐵娘子比男性更好戰。可以期待的是，女性領袖似有顯著較大的機率改善女權，甚至同志的權益。最後，

無論其政績如何，她們連任與任滿的機率超過男性，也意味著女性領袖更能獲得選民認同。

　　總之，以國家主權為前提的民主與女權大致上攜手並進，擴大了女性公民的政治參與，這是女性領袖存亡的前提。能夠選出一位女性總統，這是台灣民主運動與婦女運動的共同成就，台灣人可引以為傲。至於新總統是否能在經濟發展與分配正義有所突破，跟個人性別實在沒什麼關係，未來就讓我們拭目以待。

　　我們活在這樣一個人類星球上，其中某些國家的小女孩去上學，可能會遭到暴力攻擊而喪命，替婦女爭取權益的律師或 NGO 人士，其中多半是女性，也可能會被控陰謀顛覆國家安全而身陷囹圄。對於像我這樣有兩個女兒的父親來說，她們值得一個更好的未來。看來，總統的性別還是件重要的事。

女人的貞潔，男人的政治

性別意識與名人道德

田晶瑩 澳洲國立大學中華研究中心訪問學者

「島國前進」發起人陳為廷在宣布參與苗栗立委補選後，為避免被對手挖出過往而選擇自爆「襲胸事件」，引發外界評價兩極。而後又有女性在網路指控遭其襲胸，並留下陳的建中學生證；後續因事情愈演愈烈，陳最後宣布退出 2015 年苗栗縣立委補選。

此事件鬧到滿城風雨，大家恐怕已經無心了解銀行聯貸、農地休耕、中國農民登台等更重要的社會議題。有不少男性為陳為廷發聲，認為他只是犯了小錯誤，甚至認為這是「私領域」的事，與他能否成為政治人物與為民服

務無關；當然也有不少女性在網路上提及自身被其他異性騷擾／侵犯的經驗，表達這樣的事件會對受害者造成多大傷痛，讓她們經常感到噁心想哭，覺得自此帶著不潔的陰影；更多的是酸民們的網路霸凌，叫蔡英文去讓人摸一把，或是指女網友提出的學生證並不能作為證據，應該留下真正有力的證據云云。對這件事的各個反應凸顯了我們經常犯下的性別謬思。

性／別意識與女人的貞潔

首先，立法委員吳育昇上薇閣是私領域、太陽花女王劉喬安援交是私領域，但性騷擾絕不是私領域的事。性騷擾這件事本身就帶著強／弱的權力關係——通常是上對下／男對女，而在此次的事件中還要加上陳為廷擁有發言陳述的權力，而受害的女性則不一定可以現身為自己的權力辯護。男性多半以為性騷擾事件只不過於吃吃口頭豆腐、或是錯估形勢的性邀約，然而女性感受到的卻是身體／主體性被侵害。何以男女之間存在這麼大的差別？我們的社會不斷強調的性別意識：男人應該是主宰的、性活躍的，而女人則應該是順從的、性被動的。在這樣的性別秩序下，男性作為父權社會中的受益者，經常忽略／合理化其自身帶有的性別權力，呈現在物化女性、認為女人需要男人保護／管束、覺得男人天生性衝動、性是男人能力的展現等各方面，而性騷擾女性其實正是父權性別意識下對女性霸權的展現。

在台灣社會裡從來都只有女人需要守貞，古代對於不貞的女性處以浸豬籠或其他私刑，而對守貞女性則設立貞節牌坊予以表揚。雖然浸豬籠與貞節牌坊在現今社會已不復見，但是這樣的父權意識卻依舊普遍地複製與存在。為什麼男人會覺得摸女人一把是「賺到」，而女人被摸一把則是「吃虧、不潔」？為什麼女人的身體會被「弄髒」？我們究竟為了誰而守貞？「守貞」的思想原本就是父權社會為女性設計的，要妳好好的保護妳的性與身體，因為它是屬於一個男人的。君不見男人總是把女人當征服的對象，而女人的貞潔卻是易毀的、女人的性則是羞恥的。

很多女性在購買內衣的過程中可能都有類似經驗，即使拒絕了，還是被

女店員衝入更衣室「幫忙喬奶」，但我們並不會因此而感到不潔，至多只會認為對方不尊重我（客人）；然而當女性受到男性的性騷擾時，背後的性別權力關係就足以令當事人受到壓迫而感到恐懼。接著父權思想教育女人的是：如果有男人碰了妳，妳就「髒」了。正是這樣的邏輯讓受到性騷擾的女性覺得「噁心想哭，覺得自此帶著不潔的陰影」，在其身體受到侵犯後，主體再受到二度傷害。父權社會對女性的規訓讓女性在受到騷擾後產生「不潔」的恐懼以及自我質疑，也讓受害女性不敢站出來，覺得遭受性或身體侵犯是一件有損名譽、不可以被知道的事，甚至經常有受害女性的家人不願意讓她站出來，以免有失面子。因此，唯有我們認真了解性別意識與父權思想，改變現在的性別秩序後，才有可能杜絕這樣的性別權力壓迫。

性教育在台灣經常是隱晦而不可言的，甚至被以負面方式來描述，對女性強調不可以讓男人「玷汙」你的身體，對男性則是放任其在 A 片或是從男性同儕嘴炮間獲取不正確的性資訊，殊不知這等同於再次加深父權社會中的性別權力壓迫，比起檢討為何加害人會性騷擾／性侵害他人，更常見到的是檢討被害人為何要穿短裙、為何要上夜店、為何要喝酒、為何要與男性單獨出遊……等指責女性未能盡到「保護自己貞潔」責任的言論。何以女性不該穿短裙、不該喝酒，否則受到性騷擾／性侵害時就是她也有責任？而男性卻不受此限制？如果這個邏輯真的正確，那麼是否房子遭小偷便是因為戒備不夠森嚴、防盜系統不夠高級；而若是被搶劫就是因為自己警覺性不夠嘍？

英國警方曾經以喝茶來比喻「性」的概念製作了一段「tea consent」動畫短片，以讓大家了解合意的性與性搔擾或性侵犯的界線。動畫影片中以邀人喝茶的脈絡來強調尊重別人的性自主權：

請人喝茶而當對方不想喝茶時，不應該把茶強灌入對方口中（無論你多想要對方喝或是你多麼地覺得對方應該要喝茶）；縱使對方一開始同意喝茶，但後來不想喝了，或是過去曾同意喝茶，但這次並不想喝，都不應該把茶強灌入對方口中；而昏迷的人無法展現自主權回答要不要喝茶，所以更不應該把茶強灌入對方口中。

此處強調的是尊重對方的自主權，不論是性或是喝茶，無關男性或是女性。因此，我們該強調的是：你／妳要碰觸任何人的身體前，都應該得到對方的同意；而任何人要碰觸你／妳的身體之前，也都應當得到你／妳的同意。唯有強化這樣的尊重他人性自主權的概念，才能減少類似事件的發生。

▌政治人物／名人的道德標準？

另外有不少人提到，像陳為廷這樣有道德瑕疵的人不應該當立委，因為他會為社會帶來不良示範；也有人因此質疑太陽花學運的整體價值，或認為學運人士應盡速與陳為廷作出切割，以免損及學運名譽。這樣的反應背後的邏輯是什麼？太陽花學運從來不是由一群「神人」所創造，而是社會中的每一分子，在那個時刻有著相同的理念──反對黑箱服貿──而走上街頭。參與學運的人們來自不同的背景，支持不同的政黨，學運代表的是這個社會的縮影，甚至連「太陽花」也是後來才被放上的名稱；更別說太陽花女王、學運領袖等封號，不都是由媒體添加的嗎？那麼為什麼劉喬安或是陳為廷，不應也不能有道德瑕疵？不論是學運的哪一員，或是任何的名人都只是個「人」，然而他們在被媒體與社會大眾「神化／英雄化」之後，我們就再也容不下他們的一點缺陷。相對地，那些未被神化／英雄化的人物，例如犯下性侵罪的李宗瑞或馮滬祥，卻不見有人大力討伐，更難見到的是為該些案件受害者發聲的聲音。

尤其在李宗瑞的案子中，更多人檢討的是受害者為何要去夜店、是否衣著暴露、為何接受男性的搭訕而導致被下藥迷姦。如前段所述，在我們的父權社會中多數人認為女人要好好保護自己的貞潔，此種檢討受害者的行為無異是再度強化父權意識，而把受害者更進一步推入深淵。而在被「神化／英雄化」的人身上，我們卻要求他／她是個完人，當他不再完美之時，則像中世紀獵殺女巫一般，把這個人在高中時的文章挖出來、對受害者人肉搜尋、找出當年的警察與司機進行訪問，再補上如果妳／你的女性家人是受害者，妳／你的感受是如何？如果陳為廷只是個無名小卒，還有多少人在意他犯的錯以及受害女性的感受？

《聖經》中有一個故事說，一日有一名犯人[1]被捉到，眾人正對著她丟石頭，耶穌到來後對眾人說：「你們中間誰是沒有罪的，誰就可以先拿石頭打他。」於是從老人到小孩，一個個地把手中的石頭放下了。現今台灣社會存在著這樣的獵巫現象，當一個人（通常是名人）犯了錯，人們躲在匿名的網路背後不停地對他／她抨擊，就如同前段故事中對著犯人丟石頭的眾人一般；而這樣的「眾人」當中也不乏曾犯過相同錯誤的人。我並不是說名人或政治人物的道德不該接受檢驗，而是我們不該把自己置於道德高地、透過抨擊犯錯的人才得以區別我們與犯錯者有所不同。

▌不應是「對錯」、「黑白」、「藍綠」的二元對立

「竊鉤者誅，竊國者侯」正是台灣社會雙重標準的寫照，而且我們都可能是共犯。每個人都可能犯錯，差別在於是否能認錯並悔改，從此不再犯；還是振振有詞地為自己尋找理由，甚至利用自己的權力位置去壓迫受害者。最後，我知道很多人還在等我說出一個「對」或「錯」，然後他們才能對此下批評。就好像一切不是藍就是綠，不是黑就是白的二元對立，你總要選一邊站。但這個世界從來沒有這麼簡單；不信的話，就來讀一讀社會學吧！

1. 原文為行淫的婦人，但本文意不在傳教、更不願再加深性別意識，以及通姦是否是罪亦不在本文討論範圍內，因而此處以犯人取代。

第七篇　勞動、運動與性別

你嘛用心洗

陳美華　中山大學社會學系副教授

美髮沙龍的身體工作

誰來做身體工作？

我開始留意到美髮業源自於五年前某個冬日午後，在台中一家全國知名美髮連鎖店的親身體驗。一走進店裡，盛行於台式服務業的招呼語「歡迎光臨～」此起彼落的聲音，響遍整個店。

一位穿著時髦，頭上頂著流行的玉米燙的年輕助理帶著甜美笑容過來招呼我，帶我坐下，問清楚我要剪髮後，就輕輕抓起我的右手開始按摩。但我的手臂不僅全無放鬆的感覺，反而像被菜瓜布刷過一樣。不用看，我都感覺得到她雙手像是爬滿了魚鱗。這家店的規定至少按摩三至五分鐘，洗頭五至

八分鐘。我忍耐地等她做完按摩，再幫我洗頭。

她是九月才入學的高一美髮班新生，家住彰化二水。跟大多數的美髮建教生一樣，家裡並不富裕，希望「學一技之長，至少可以養活自己」。這是她開始美髮生涯的第二個月，但每天洗頭又不能戴手套，雙手都受傷了。她去看醫生，醫生說只有一個選擇：改行別做了。好不容易才來到台中，怎麼可能退縮？她選擇繼續工作，「死馬當活馬醫」。

這類故事在美髮界並非新鮮事。之後我訪問的美髮助理、（高檔名店）設計師、店長、年收入千萬的知名連鎖店一級主管都提過洗頭洗到「手流血」、「手裂掉」、「韌帶受傷」，甚至「洗到泡泡都變成紅色，還說是客人頭髮掉色」的故事。弔詭的是，每個設計師的手都保養得相當好。洗頭助理和設計師的雙手間的反差，反映的是美麗產業中誰在執行身體工作（body work）的低階苦差事。

英國女性主義社會學家卡蘿‧沃克維茲（Carol Wolkowitz）以身體工作（body work）一詞，來概念化那些在他人的身體上勞動或提供服務的工作。這類使人舒適、美化、強壯、健康、獲得快感，甚至藉由不斷操練而習得某些技藝的身體工作，包括被視為 3D（dirty 骯髒的、dangerous 危險的、demeaning 貶抑的）的照護產業、維持健康的醫療專業、打造身體的美容美體產業、休閒運動產業，以及提供性快感的性產業。身體工作廣泛涵蓋了最美、最香、最時尚的美體產業，也包括光譜另一端那些最髒、最臭、把屎把尿的照顧產業以及處理大體的殯葬業。

在這些和客人的身體接觸程度不一的工作中，愈是涉及直接處理身體體液、排泄物、嘔吐物的工作，如奶媽、幼教、看護、護士、性工作，女性集中的現象愈明顯，也愈容易淪為「骯髒工作」，廉價的女性外籍移工也常是主要的勞動力。身體工作者的專業也建立在能夠無視難聞氣味、噁心體液，而在那些難以親近的身體上執行工作。此外，因為勞動對象是活活生生的人體，因而，工作者在執行勞務的過程中常被期待（有時也真的）提供適度的關愛

（care）與溫情。因此就有社會學者以「親密勞動」（intimate labor）一詞來凸顯身體工作者和客戶間高密度的親密互動。[1]

洗頭是美髮業中工作者和客人身體接觸最頻繁的一環，最底層的洗頭助理是最主要的身體工作者。助理除了洗頭，還必須依各店家規定幫客人按摩肩頸、搥背，最後負責清掃散落一地的頭髮，讓沙龍隨時保持光鮮亮麗。因而，從助理開始按摩、洗頭、沖水，再吹整至乾爽的過程有時超過三十分鐘。有些消費者在按得很放鬆、洗得很舒服之餘，幾乎在躺著洗頭的臥椅上睡著。這也是消費者把上美髮沙龍視為放鬆、寵愛自己的原因，甚至連日本觀光客都特別安排到美髮沙龍「體」驗「台式」的洗頭享受。

▎洗頭是要用感情的！

台灣美髮沙龍林立，傲視全球的豪華洗頭服務，收費卻極其低廉。全國性大型連鎖店打出「洗頭 150、剪髮 200」的廣告，對街的在地知名連鎖店可能就打出「洗頭 99、洗＋剪 288」搶市。激烈競爭下，洗頭已不只是去汙、止癢、回復頭皮清潔，或是做造型的工作，而是環繞著洗頭進行各種身體工作的繁複演繹：有的在客戶躺在躺椅上時，貼心地在客人雙膝上蓋上防寒小毯，有的在額頭上貼吸油紙以防水花噴濺到客人的臉上，有的甚至提供「洗眼睛」的服務，先以溫水清洗雙眼，再用溫熱的毛巾熱敷雙眼，有的用精油進行頭皮按摩，有的乾脆大幅擴張上半身按摩的範圍與時間——目的都在充分取悅客戶，滿足消費端「體」驗小確幸的享受。

問題是，當人們享受洗頭時，洗頭助理的工作「體」驗又是什麼？

美髮工作者大多都會同意，洗頭是最基本的，但要做得好並不容易。即便洗頭助理經過無數的假人頭練習，但因為頭型、真假髮質地的差異，面對真人頭時往往很難拿捏客人的感受。於是，助理經常互相把對方的頭、肩頸當成練習的原始材料，有時設計師得貢獻自己的頭來洗，以便了解助理的洗頭功夫。洗頭難，但究竟「難」在哪裡？很多受訪者無法說得很清楚。國

你嘛用心洗

中畢業開始當學徒，五十歲成為知名連鎖店一級經理人的老師傅認為，關鍵是「指腹要用力、指甲要硬，刷、刷、刷，這樣她才會爽」、四十多歲手上有兩家店的店長則認為「重點洗，客人有感覺就可以」，但這些對多數無法「體」會的初學者而言，似乎只能以「一直練」、「洗久就會了」、「有些客人就是很難搞」來自我安慰。

洗頭助理的難題其實就是身體工作者的難題：當勞動的對象不是器械、物件，而是一個個活生生、有知覺、有想法，會哭、會笑、會痛、會爽的人身肉體時，感受、覺察客戶各種身體知覺的能力，就成為勞動的核心。頭，其實是很特別的部位，除了那些無力抗拒只能任人摸頭的小孩，以及如膠似漆的情侶之外，成年男女的頭其實是很少被人碰觸的，因而一般人也很難想像、感受另一個人的頭在層層白色泡沫覆蓋下，被十個手指頭來回抓洗、觸摸，讓溫水沖過的感覺。然而，無法掌握客人的身體感受，美髮助理就無法掌握客人究竟是否滿意。因此，洗頭時我們常聽到助理以柔和的語氣詢問，這水溫可以嗎？這力道行嗎？還有哪裡要再加強嗎？並隨時留意有沒有過多的泡沫或水流入客人耳朵、弄髒客人衣物，惹來客人不愉快。聲音也是有表情的，如果人們只是聽到儀式性的詢問，不免覺得助理「不用心」。

現在已有兩家連鎖店的 Paul，回憶自己當洗頭助理時，第一天幫客人洗頭就被三名設計師點名批評「洗得好爛」而深覺受挫，後來慢慢體會出要「練手指的柔軟度……去感受這個客人的脈動和情緒」。他開始用雙手去感覺，因為手是有感情的，「當你摸到客人那一剎那，其實無形中就有東西流露到你的身體裡」。

Paul 的說法很抽象，也很難理解。可是在疾病蔓延的年代，洗到流血都「不能戴手套」的行規，看重的並不是乾淨／骯髒、健康／有病的界線，而

1.　Eileen Boris and Rhacel S. Parreñas, 2010, *Intimate Labors: Cultures, Technologies, and the Politics of Care*, Stanford: Stanford University Press.

是「手套會讓你失去觸感」、「比較感覺不到東西」，甚至影響判斷。當學徒時一直為洗頭所苦的阿菲，即使已晉升台北東區頂級沙龍設計師，還是認為洗頭是這行最「難」的差事，畢竟「美感」或「設計」都可以有自己的眼光或品味，不過洗頭不行。她花了很長的時間跟我談她對洗頭的「體」悟：

阿菲：所以，我當助理的時候很痛苦啊，因為……其實我覺得最難的是洗頭耶，洗頭要用感情。

美華：（爆笑）哈哈哈，洗頭要用感情。

阿菲：對啊，因為那是身體的互動，你要控制節奏，他才會舒服。而且……服務的那個人，他要感受……去感受你身體裡面需要他的部分，比如說……他在幫你按（摩）的時候，他如果夠用心，他會感覺到你很疲憊。

美華：嗯，每個按摩師傅都這樣說。

阿菲：其實我覺得洗頭滿難的，然後你的力道啊那些，就全部都要有一個連貫性，不然你其中一個節奏斷掉了，那個感覺就不好，就好像一首歌嘛……老闆教我的時候他就說，洗頭像……他說洗頭就像做愛一樣，就想像你在跟對方做愛，用那樣的感受去洗頭就對了。

美華：哇，他這樣講你就突然豁然開朗了。

阿菲：不然我就沒耐心，可是我就覺得一天要做幾次愛啊，這麼多……洗到二十顆，我覺得很累耶，不爽。……但是有時候看客人很舒服，我就覺得很高興。

　　洗頭要用感情，因為那是「身體的互動」。洗頭表面上是腳在站、嘴在講、手在洗的體力勞動，但「心」、「關懷」透過指尖被大量動員。這不只是把頭洗乾淨而已，還必須留意客人「皺眉」、「動一下頭或身體」等細微地肢體表現所傳達的身體感受，並適時給予回應。事實上，周邊不少朋友在抱怨洗得不好的助理時，往往不只說「洗得很不好」，而是喜歡加一句「就是很不用心！」這類負面評價反映的正是消費端不僅希望被洗乾淨，更期待能被細「心」呵護的無理要求。洗頭，因而不只是洗頭，而是一個必須「用『心』洗」的工作。「洗頭像做愛」毋寧是個精巧的比喻，它點明了這是一

個身體對身體、心對心的勞動過程，問題是，當「做愛」成為工作，一天洗二、三十顆頭時也只有疲累的份。

肉體享樂的代價

享樂是有代價的，底層的身體工作者付出身心俱疲的代價。2014 年全台服務業的月平均工時為 173.4 小時，月平均薪資為 48,815 元；但美容美髮業的月平均工時高達 205.9 小時，月平均薪資只有 26,480 元，敬陪末座。美髮及美容美體產業明顯是個女性集中、高工時、低工資的工作。

在人們愈來愈重視身體養護的年代，美髮從業者只是眾多低薪、苦勞、又必須有關愛心的身體工作者的一小部分。作為消費者，我們對各類身體工作者的期待往往不只是身體的養護，而是更多流露於指尖、聲音語調與身體姿態所呈現出來的關懷、呵護，甚或刻意營造的尊貴感。這些肉體享樂的期待使得身體工作者必須承擔更甚於以往同類勞動者的無酬工作——必須隨時體察客人的身體感受與情緒，並學會一種特定的肢體勞動過程來展現客人的尊貴性。美髮沙龍有意識地要求助理必須用「心」對待客戶，但其實只給付了「洗頭」這看得見的體力活的薪資，至於助理用「心」寵愛客人、用「感情」洗頭的部分則全然無酬。用「心」的助理幫店家贏取回頭客，但利潤累積在店家，而不是回饋到助理的薪水袋。我們必須揭示底層勞動者的無酬勞動被遮蔽、隱藏的做事，以朝向更合理、更平等的勞動關係。

不只是「會陰保養」

Gay Spa 文化中的身體工作與照顧倫理

陳伯偉　南華大學應用社會學系助理教授

「男男按摩」（Gay Spa）是台灣近年來相當熱門的男同志性消費文化，但也因「男同志」與「性工作」的汙名，讓男男按摩成為媒體眼中匪夷所思的「另類性產業」，「散播疾病的溫床」。為了安定人心，2015 年 6 月台中一名男警「犧牲色相扮同志蒐證」，除了強忍按摩過程的不悅，還要承受「第一次被男人碰觸私處」的羞辱，只能「淚水往肚裡吞」，最後無法忍受，蒐證後立即找藉口離開，事後「嚇得直呼我真的無法招架」。男男按摩到底提供哪些服務，讓身為人民的保母如此焦慮不安，必須咬緊牙根硬撐？媒體報

導對男同志性消費的刻板印象，又讓我們忽略哪些男師專業的勞動內容？透過研究男男按摩，我們是否能對男同志性產業作「另類」的社會學想像？

男男按摩基本款

男男按摩基本可以分兩種：有沒有「數字」（1069）[1] 服務的提供。從事「數字服務」的師傅，相較於按摩技術，更強調提供專業的「性服務」。別以為勃起是男人的「天性」，提供性對男師來說輕而易舉，這簡直是一份「賺錢又賺爽」的差事。試想，你喜歡的「菜」是《大英雄天團》（*Big Hero 6*）中陽光精壯的阿正，而你的客人卻只有「杯麵」（Baymax）般的身材，除了不能面露難色，在真槍實彈上戰場時，一方面要讓客人爽，一方面還要擔心自己的聲音、表情與姿勢看起來不夠爽。因此，不管是 1 號師傅持久賣力的勃起演出，或是 0 號師傅「真情投入」（還是偶爾含淚當 1 的反串演出），都需要專業的情慾展演。

另一種店家類型並不主打數字服務，而是提供情慾按摩，強調在大約兩個小時的流程，如何透過手法讓客人備感呵護，擁有「談戀愛的感覺」。因此，老闆常告誡新手師傅「不要把客人當（CPR）安妮」，因為即便師傅長得再帥、身材再好，但「按客人像在按大體」，都不容易有回頭客。換句話說，相較於赤裸裸的性，「體現」親密乃是這類店家主要銷售的商品。雖然師傅偶爾在遇到自己喜歡的客人會擦槍走火，不過一般而言師傅不太會跟客人發生性關係，除了擔心服務流程因此變得更複雜，也擔心客人一旦得到手後就失去新鮮感，又或在同業中傳開而有損身價。話雖如此，從事情慾按摩的師傅仍須幫客人「會陰保養」打手槍，作為整個服務的「happy ending」。讀到這裡，你也許會很好奇，到底是什麼樣的專業手法，可以讓人有種戀愛的 fu ？

---

1. 1069 指的是同志性愛中的姿勢與腳色。1 號指的是在肛交過程中扮演（陰莖）插入角色的一方，0 號則是接受的一方。69 則代表彼此口交的意象。

▍前奏：寵愛勞動

　　情慾對男師而言是一把雙刃劍：透過情慾的流動可以傳遞給客人「我也喜歡你」的訊息；然而，如果按摩過程只剩情慾，師傅無法營造「情人般的互動」。為了營造師傅與客人之間的親密感，專業「去性化」（desexualized）的手法在一開始按摩時很重要，一個受歡迎的師傅需要知道「如何在對的時間，把事情做對」。「對的時間」包括：客人往往忌諱師傅在還沒有按摩前就開始挑逗，因為這會讓客人感覺「這個師傅是不是有那麼飢渴？」，還只是想偷時間、草草了事。「把事情做對」則像是按摩時要注意客人的呼吸頻率，讓客人身體律動帶領你的雙手，不要客人吐氣你還將身體硬往下壓。有經驗的師傅透過對按摩細節的掌握，除了直接展現自身的專業，也間接告訴客人「我會好好呵護你（的身體）」，進而贏得客人的信任。赤裸裸的情慾在一開始按摩時反而會替師傅帶來反效果，讓客人覺得「這個師傅怎麼這麼花癡、不專業」，客人也無法感到師傅對自己身體的照顧與呵護。

▍間奏：專業手法，「意」出的親密

　　男師的工作不會只停留在對客人身體的呵護。專業的手法乃是為了鋪陳後續更「逼真」的親密氛圍，營造與客人「互有好感」的曖昧互動。譬如，「挑逗」一詞常出現在我的田野訪談中，客人對「不經意地挑逗」特別有感覺。因此，有經驗的師傅不會直接挑逗客人，而是呈現於專業的按摩手法中。以充滿性暗示的奶頭為例，師傅不會直接碰觸客人的奶頭，因為對方會覺得太突兀，而是在按摩的過程中，「不經意」地滑過奶頭，帶給客人有更多遐想，「ㄟ？不是在按摩嗎？怎麼好像有碰到奶頭？這個師傅是不是也喜歡我？！」

　　師傅如何在按摩過程中創造出「意外的驚喜」也很重要。一位年近四十歲、從業十年以上，也是受訪三十五位男師中收入最高者提到：好的服務要像在跳 tango，除了既定流程外，還要能夠即興演出，帶入適合的手法與花式，因為「這超乎他（客人）的想像……讓他更好奇與期待接下來的流程……你

的按摩也告訴客人你很享受你正在做的事情，而他的身體不會讓你覺得無聊……」。

　　不管是「不經意地」挑逗，或者在按摩過程中帶出的「意外」的驚喜，師傅想要營造的是一種與客人「互有好感」的曖昧氛圍。不照表操課的按摩手法，除了讓客人覺得自己享有「特別待遇」外，也為師傅接下來的情慾展演增添說服力。

高潮：「眼見為憑」的好感

　　營造曖昧的氛圍是一回事，對男師來說，更重要的是持續讓這樣的感受，成為客人眼中的「事實」，師傅勃起與否便成為重要的指標，因為對客人來說師傅如果沒勃起似乎意味著「他對我沒興趣」、「好像在告訴我（客人）長的抱歉」；對師傅而言，勃起除了告訴客人「你是我的菜」，也能隱藏自己內心對客人的真實情感，尤其大部分的客人並非是男師慾望的對象。為了不讓客人覺得被打槍，師傅需要透過「情慾勞動」來掩飾「表裡不一」的感受，抑制自己可能感到不悅的負面情緒，也藉由勃起對客人的期待做出正面的情慾回應。

　　能替雇主帶來經濟效益的個人情緒展演，常是服務業主要的工作內容，員工的臉部表情、身體姿態以至於說話聲音，都可以成為從業者情緒整治的範圍，成為銷售內容的一部分。然而，陰莖並非像臉部肌肉容易操控，為了服務客人眼中的慾望，師傅需要挪用自身的情慾腳本，來向客人證明自己的心意。譬如，受訪男師提到遇到不是自己菜的客人時，「……不要看整張臉，只看鼻子跟下巴之間，這樣比較容易把他換成自己喜歡人的臉……你喜歡有很多腿毛的腿，那只看他的腿，如果他的腿不好看，那就只看他的（腿）毛」。在以身體感官為主的男男按摩，曖昧氛圍的營造，乃是為了鋪陳「眼見為憑」的好感，讓客人覺得自己是師傅眼中可慾的對象，透過情慾勞動，男師除了「體現」（口是心非）的情感，迎合客人眼中的期待，也在有限的服務時間內，讓彼此間互有好感的親密氛圍更顯「真實」。

「感同身受」的照顧工作

　　男男按摩不只是情慾銷售，也是感同身受的照顧工作。舉例來說，某受訪者談到令他難忘的工作經驗是服務一位已婚的身障男同志。相較於一般客人會卡師傅油水、在服務的過程中他覺得「他（客人）很卑微……有很多包袱，花了這麼多錢卻連碰都不敢碰我」。在這位客人腿上有一道很大的傷疤，「嚴重的程度就好像你親眼目睹他在你面前被卡車壓過」，在按到這個疤時，憐憫之情油然而生：「按到（疤）的時候都會有感覺，就會覺得說……你真的很辛苦……真的希望你的苦難到此為止的那種感覺……」。這種「感同身受」的情感體現，在消費者身上也可以看見。譬如，在傳統家庭長大，必須隱藏自己對男人慾望的 L（消費者）提到，男男按摩過程讓他有種「能被深深理解」的感動：「……按摩師那溫暖的手……細緻的呵護……頓時間你會覺你整個心房是鬆懈的……一個突然覺得～哇！他怎麼會那麼了解我……他好像知道我身體的疼痛在哪裡，好像知道我的（辛苦，不能做自己的）點在哪裡……」。

　　透過按摩過程中身體的親密邂逅，客人的身體不單只是沉默、被服務的身體，而是成為「會說話」的身體，述說著自身被輕忽的苦楚；男師的手則成為一雙「會傾聽」的手，傾聽著客人身體所承載的苦楚與社會排除。透過身體的親密感觸，手與身體開始對話，身體不再用來劃分彼此之間的陌生距離，而是成為陌生人可以相互對話的空間；男男按摩也不只是矯情的情慾展演，而是情感照顧的具體實作，撫慰著邊緣的身體。

身體的社會排除與「另類」的親密實作

　　近年來（男）同志在台灣消費文化中的再現與能見度，似乎讓人覺得同志不再是隱晦、難以啟齒的議題，同志族群也認為自己應該站出來，為「正向」與「健康」的形象感到驕傲，「良善」的同志情感如對婚姻、家庭的嚮往，也應獲得法律實質的尊重與保障。然而，我們不能忘記，在「快樂酷兒」的年代與「同志驕傲」的領土，並非所有人都能夠進入，也唯有國度內的公

不只是
「會陰保養」

民以及被允許入境的身體，才能擁有權利定義何謂「快樂」與「幸福」。當我們在提倡「同志驕傲」、「快樂酷兒」的形象，並主張同志應也享有追求親密關係的權利，似乎只有青春、健康的身體被推崇，正向、陽光的形象被鼓勵，符合社會「道德」標準的親密關係能夠被讚賞，至於老、殘、病、醜的身體卻被排除在外，「淫亂」、「不潔」的形象也不被看見，同志性工作仍被社會大眾視為汙穢、難以理解。

在我訪談的過程中，雖不乏有高身體資本的消費者；但同時我也看見許多「不快樂」，甚至讓人感到「噁心」的身體，如何被排除在男同志情慾市場與親密關係的追求之外，反倒是被視為「骯髒」、「危險」的男男按摩，直接提供這些老、殘、病、醜的身體在情感上的照顧，辛苦生活的出口。如同把自己工作當「長照」的男師提到，Gay Spa 可讓老年同志「……覺得日子不用一直過得那麼苦悶……還可以感覺替自己活……」，即便男男按摩常要遊走法律邊緣，不被公權力與社會所接受，但卻也在這灰暗不潔的角落，提供被漠視的身體活著的尊嚴，不被拒絕的空間。

▌看見差異、擁抱邊緣：正視男同志性工作

看見差異、擁抱邊緣，是近年來台灣同志運動的主軸。然而，社會對金錢與親密關係兩者之間的既有框架，也就是「真心無價，用錢買來不會是真感情」，抑或「性交易過程只有性與金錢的交換」，讓我們忽略男男按摩專業的身體工作，以及「感同身受」的照顧實作，如何協助老、殘、病、醜的身體找到生命的出口，體現男同志情慾文化中被忽略的情慾需求與慰藉。

再者，社會對男同志性工作者的汙名想像，讓我們忽視男師專業的身體工作，簡化同志性交易過程中衍生出的多重親密互動與情感意涵，要求男師背負無謂的道德指控，「理所當然」將男男按摩視為社會問題的根源與疾病的傳染源，成為公權力整治男同志性產業的理由，國家公衛部門掃除「愛滋地雷」的藉口。

另一方面，同志族群也須正視男同志性工作者所遭受的汙名，而非排除族群內部的差異，以維持自身的純淨，換取可能將被應許的權益，成為排除異己的推手。透過男男按摩的社會學想像，或許我們可以重新思考，男同志性交易不只是「交易性」，而應正視男男按摩存在的正當性與必要性，看見男師專業的身體工作，以及感同身受的照顧倫理與親密實作。

////////............
不只是
「會陰保養」

找回女人味

女性與運動的矛盾情結

姜穎　致理科技大學休閒遊憩管理系助理教授

▌運動的女人

2016 年夏季奧運會落幕，台灣唯一一面金牌由女子舉重選手許淑淨奪下。檢視過去台灣參與奧運的歷史，女性運動員是主要的奪牌者，女性選手為了獲得獎牌，往往必須經歷艱苦訓練歷程，不過，媒體報導總聚焦在其容貌、體型，並隨著個別運動員「女性化外表與否」而發展出不同的評價。

這種對於菁英女性運動員身體容貌「女性美」的關注，並不是新鮮事，早在 1928 年 12 月 3 日，日治時期《台灣日日新報》漢文版有一篇〈近代女

性體格變化）的報導，就談及「一般婦女運動家，容貌姿勢過於帶男性的，所謂曲線美暨嬌媚之女性美漸次喪失，真可悲現象」。

時間更晚近些，1988 年夏季奧運於南韓首都漢城（首爾）舉行，該年 10 月 3 日《民生報》報導，漢城奧運選手村在 10 月 1 日晚上舉行了一場「奧運選手村小姐」選美活動，當年在女子跆拳道表演賽獲得雛量級金牌的台灣跆拳道選手陳怡安穿著旗袍，也參與這次「選美」活動，並獲得金牌獎。同日《聯合報》的報導中，描述在該項「選美」中當選的「波蘭的韻律體操選手佛爾加（Tevesa Folga）舉手投足賽過職業模特兒，她卸下外套露出雪白泳衣，彷彿不著一物」。這些關於女性運動員的論述在現在看來十分荒唐，但以本屆夏季奧運為例，金牌女子舉重選手「不像個女孩」、賽後應「慢慢把裙子穿回來」仍是今日台灣可見的媒體論述。

奧運中的女人

談到現代奧運，世人的普遍認知為法國人皮耶爾・古柏坦（Pierre de Coubertin），即「現代奧運之父」，催生了第一屆現代奧運會。回顧奧運歷史，儘管女性運動員自 1900 年法國巴黎奧運起參與現代奧運競技，但古柏坦在 1934 年「奧運四十年：1894-1934」（Forty Years of Olympism: 1894-1934）的演說中，仍然強調「我本人反對女性參與公共的競賽」，至於「女人在奧運中扮演的最主要角色，應當如同在古老的競賽場（ancient tournaments）上一般，僅是男性贏家頭頂的桂冠」。因此，運動社會學者如珍妮佛・哈格里夫斯（Jennifer Hargreaves）就曾直指「現代奧運之父」是一個為人熟知的「厭女主義者」（misogyny），而現代奧運在發展之初就是一個「制度化性別主義和階級宰制」（institutional sexism and class domination）的範例。1896 年的第一屆現代奧運，女性被禁止參與，參賽選手幾乎全是富裕、有閒的上層階級白人男性，英國隊的成員則絕大多數來自牛津公學校的運動員，美國隊則主要由來自哈佛和普林斯頓的富裕年輕男子組成。

運動與性別之間存在著一股張力。許多女性主義歷史學者和社會學家

認為，十九和二十世紀誕生的現代運動，支撐並且合法化了（ideologically legitimates）加諸於女性的男性宰制意識形態，這種意識形態在教育、政治、媒體等其他場域早已受到挑戰和質疑。直到 1990 年代，仍有運動社會學家主張，運動是男性權力和特權重申及合法化的「終極沃土」。因此，運動研究曾被視為「女性主義的繼子」（a stepchild to feminism）。然而，正是基於運動場域根深蒂固的性別結構，運動參與也成為現代女性賦權的重要象徵。看在歷史學者霍布斯邦（Eric Hobsbawm）眼中，十九世紀末至二十世紀初西方世界最重要的社會實踐之一是運動，因為運動「提供了布爾喬亞女性一個新的社會角色」。霍布斯邦在談到當時網球運動的發展，他認為這是運動首次提供許多西方上層或中產階級女性一個被認可的公共角色，她們被視為一個獨立的個體，和她們妻子、女兒、母親、配偶或是其他男性附屬角色分離開來。[1]

到了 2016 巴西里約奧運，在一萬多位參賽選手中，女性運動員占約 45%，比例為史上新高。相較於 1900 年巴黎奧運的 997 位參與運動員中，僅有 22 位是女性，今日女性的奧運參與比例實非「現代奧運之父」所能想像。然而，截至 2014 年 5 月，國際奧林匹克委員會的 106 位委員中僅有 24 位是女性；加上前述女性運動員的媒體再現持續存在的性化與瑣碎化困境，奧運和女人的關係仍有改變的空間。

運動作為一種日常消費實踐

但除了菁英女運動員的運動實踐外，運動作為女性的一種日常休閒消費實踐又是怎樣的風景呢？運動社會學者露易斯・曼斯菲爾德（Louise Mansfield）認為，1980 年代在西方社會中是一個關鍵的年代，她以 1937 年出生的女星珍芳達（Jane Fonda）的健身操書籍為例，強調 1980 年代有一種商業化的健康（美）（commercial fitness），啟動了西方女性身體商品化的歷程。[2]

---

1. Eric Hobsbawm, 1983, 'Mass-producing Traditions: Europe, 1870-1914.' In Eric Hobsbawm and Terence Ranger (Eds.), *The Invention of Tradition. Cambridge*, UK: Cambridge University Press.
2. Louise Mansfield, 2013, 'Sexercise': Working out Heterosexuality in Jane Fonda's Fitness Books. In J. Caudwell and K. Browne (Eds.), *Sexualities, Spaces and Leisure Studies*. New York: Routledge.

這種身體是精瘦、有肌肉的，是為年輕、健康、活力與長壽的象徵，並且提供了異性戀女性氣質的典範。從 1980 年代開始，這種「運動養生」（exercise regimes）及其變化形式，開始滲透到公共與私人的休閒空間裡，成為身體論述的常規，規訓著女性的身體，讓她們自動地達到內、外的異性戀女性化。

在台灣，日本殖民時代開啟了台灣人對於現代體育／運動的認識，體育課、登山、修學旅行成為台灣女人運動休閒的濫觴。隨著資本主義的發展，台灣在 1980 年代末期從以工業生產為主的社會逐漸轉為消費社會，女性逐漸成為重要的消費者。運動休閒消費也在這個階段發展出來，以「運動中心」為例，在台灣由 1970 年代發展至 1990 年代達到高峰。1970 年代中南部的「舞蹈社」，到 1981 年專屬女性的「佳姿韻律中心」成立；1990 年代跨國連鎖健身中心的發展，使得運動中心逐漸成為台灣都會女性運動休閒的重要空間。

2003 年 3 月，台北市第一座帶有「公共」性質的市民運動中心開啟營運。檢視台北市十二個市民運動中心的性別統計，2015 年台北市市民運動中心使用者的性別統計顯示，男性使用者達 592 萬 3,329 人，占 54%；女性使用者則占 46%，有 499 萬 5,293 人次，以台北市女多男少的人口結構來看，男性仍是運動中心的主要使用者。但在日常生活中，我們的確感受到一股「女性運動」熱潮，登山、自行車、路跑到健身房裡的重量訓練，台灣女人似乎正前所未有的熱烈投入運動實踐之中。

以台北富邦馬拉松為例，由 2005 至 2011 年 9 公里組的女性參與人數在七年間成長了 12%。2016 年台北渣打公益馬拉松女性則有 8,523 人參加，比例達到三成五；2016 年 NIKE 女子半程馬拉松也有 1 萬 8000 名女性參與。此外，運動商品是感受這股熱潮的重要途徑之一，除了舉辦專屬女性的運動賽事與課程外，跨國運動品牌設有訴求女性的社交媒體專頁，有關運動的傳統性別刻板印象，如男強女弱、女人討厭流汗等，似乎在「由我創造」、「一起變強」、「每一滴汗水，都是一種無畏」等標語中被翻轉，宣稱「跨出舒適圈，用運動突破框架。這一刻，我的世界更加廣大」更「正確」挪用了許

多女性主義的詞彙。然而，在同一個品牌專頁上也可見「一起終結單身，一起大吃美食也不發胖，一起拼出馬甲線」、「準備好為夏日繽紛出擊，一起美美的練出馬甲線」或是「跑道，就是我的保養之道，我的紅潤好氣色，誰也卸不掉」的貼文，卻是再次鞏固了父權社會對於女性的身體規訓。

美的規範與解放

　　這種將運動與「變美」、「自由」與「選擇」的構連，是一種「變美的規範性」（normative practice of beautification）與「解放的認同」（emancipated identity）的連結。[3]「運動的女人，女人的運動」挪用了有關女性主義的知覺，成為一種全球化、解放式的新女性氣質；部分性別研究者和主流論述可能會視這種「運動美麗實踐」是一種愉悅、自我選擇的女性氣質追尋。畢竟在多數情形裡，這些女人絕不會自認為是「被迫」運動；她們可能真心熱愛運動；她們自由地選擇所從事的運動鍛鍊項目。但為何我們還是得留心呢？因為這些選擇與此類運動實踐企圖保持／達致之「健康（美）」身體具有高度的同質性。最淺而易見的同質化是前述的運動品牌女性專頁，再現出運動女人（代言人）們有著極為相似的身體體型與外表，儘管她們可能被再現為汗水淋漓、從事各種劇烈運動，但她們的身體仍一再示範著標準的「又殺又美的線條」。而這個「同質性」是許多女人與自己的身體之間存在著的痛苦關係根源。儘管對許多運動的女人而言，運動不（僅）是負擔、規訓或任務，而是象徵「自由」的抒壓、休閒、養生與健美。

　　更進一步想要問的是：人類真的存在一種「對於運動的自然／本質需求」嗎？如果答案為否，那運動的需求從何而來呢？運動的品味／胃口又如何產生？若運動還是一種品味與身分地位的象徵、生活風格的展示，運動的女人又該如何想像自身與運動（商品）之間的關係？如何實踐運動呢？

---

3. Michelle M. Lazar, 2011, 'The Right to Be Beautiful: Postfeminist Identity and Consumer Beauty Advertising.' In R. Gill & C. Scharff (Eds.), *New Femininities: Postfeminism, Neoliberalism and Subjectivity*. London, UK: Palgrave Macmillan.

這篇文章並不企圖否定女性在運動休閒消費中獲得的愉悅與賦權，而是認為我們不應輕忽持續存在著的那些有關女人、運動的性別想像與規範。畢竟，這是一個愈來愈多女人實踐運動、愈來愈多女人宣稱她們愛好運動的年代，當運動消費被視為女人「自我創造」的重要途徑，我們怎能不留心這樣的議題呢。謹以蘇珊・波多（Susan Bordo）的論述為本文作結：

**　　女性主義者的文化並非個人行為的藍圖，也不是想增加個人的自主性，以超越文化的限制，或者勸說所有人成為女性主義者理想典型的殉道者。它並沒有告訴我們要「做什麼」——是否要減肥、化妝或增重。它的目標在於啟迪與理解，加強民眾對文化權力、文化複雜性、文化的系統特徵的「認知」。[4]**

4. Susan Bordo, 2004, *Unbearable Weight: Feminism, Western culture, and the Body*. Berkeley: University of California Press.

何撒娜　東吳大學社會學系助理教授

韓國女性的「火病」

我們所受到的壓迫，身體都知道

화병

接觸「火病」

　　我住在韓國的那幾年，前後有過很多名女性室友。這些室友來自不同的背景，其中有二十歲上下的大學生、從鄉下到首爾追逐星夢的高中畢業生、言行舉止中規中矩說話溫柔婉約的國小老師、三十多歲的單身職場人、碩博士班老學生、苦學英語想出國留學圓夢的女孩，還有年近四十苦苦準備公職考試多年的資深「考試生」（韓國人這樣稱呼全時間準備各項公職、升學考試的人）等等。

我們住在一起的幾個女生，每個星期都會聚在一起，吃飯、打掃家裡、閒聊，以及分享近來的生活。因為這些室友的緣故，常有機會聽到來自不同背景、不同專業領域的女性們想法，近距離地參與她們的喜怒哀樂與生活。

其中有個小女生，離開故鄉古都全州來到首爾，在韓國頂尖的藝術名校弘益大學專攻韓國傳統繪畫。她讓我印象深刻之處，除了剛來首爾那陣子每天都因為想家而哭泣之外，還有她那多病的母親。我跟她同住了四年，從一開始，就常聽她提到母親身體狀況不好、常生病去看醫生的事情。我幾次追問她母親的身體狀況和病因，聽到的答案都很模糊，有時候是肩膀痛、腰痛，有時是頭痛，有時候則是沒有原因的身體虛弱，必須待在家裡靜臥休息等；然而，每次身體不舒服到醫院看病時，醫師卻又找不出病因。久而久之，我開始懷疑她母親是不是在「裝病」，一天到晚嚷著這裡痛那裡不舒服，想要藉此獲得大家的注意與同情。而我的態度，也從一開始的同情與擔心，開始感到有點不屑。然而，隨著對這位多病的母親認識愈多，我開始對她那醫師診斷不出原因的各種「病痛」感到愈多的同情與諒解。

這位我從未見過面的室友母親，在二十歲出頭很年輕時就結了婚，婚後共生了二女一男，也就是我的室友姊妹與最小的弟弟。如同大多數韓國女性一樣，她結婚之後就留在家裡帶小孩做家事，老公也跟多數韓國男人一樣忙於工作，很少待在家裡。現在兒女都長大了，她的生活一下子失去了重心。想想看，二十歲出頭就結婚當了媽媽，當她的小孩都上大學離開家裡時，她才四十多歲，正值壯年。過去作為生活重心的兒女都長大離家，她也開始想出去找個工作，一圓自己成為職場人的未竟夢想。然而，一個四十多歲的婦人，學歷不高，過去完全沒有職場工作經驗，待在家裡這麼漫長卻看似「空白」的人生，完全無法替她加分。更何況，韓國目前的就業市場嚴峻，連年輕人都找不到工作了，更別說是這樣一個過去生活裡只有柴米油鹽醬醋茶經驗的中年婦人。

一片空白的社會經歷、被家人遺留在後方的孤單，以及渴望進入社會職業網絡卻被排除在外的挫折沮喪，種種不如意加總起來，讓她老是覺得頭痛、

身體痠痛、還有各種無以名狀的身體不快感。後來我才知道，在韓國有種特別的身心性疾病叫作「火病」，這種「火病」非常常見，雖然男女都可能得病，但特別容易發生在中、老年婦女身上，也就是那些所謂的「阿珠媽」們（韓國人稱呼已婚、上了年紀女性的稱呼）。有個韓國朋友說，包含他自己的母親在內，幾乎他認識的每個「阿珠媽」都有這種病，很少聽過沒得過「火病」的。

「火病」成因與女性處境

「火病」的「火」，與「憤怒」的情緒有關。當人們接受到外界的壓力（stress）時，隨著文化情境的不同會有不同的反應。有個研究訪問了約七千名的男女病患，比較不同國家的人們接受到外來的壓力之時會有什麼樣的反應與情緒。大部分人的反應是憂鬱或不安等，然而韓國人遭受到壓力時最常有的反應卻是「憤怒」，也就是「身體發熱」、「發火」等情緒反應。除此之外，還有很多不同的症狀，常見的包括肌肉疼痛、消化障礙、關節炎、頭痛、頭暈、全身無力、生理痛、臉潮紅、呼吸困難、失眠等，有些人會感覺到心臟咚咚跳得很用力。

「火病」的患者男女皆有，然而卻以中老年女性為多數，這跟傳統儒家文化影響下的性別不平等有關。傳統家父長制加在女性身上的重重限制、婆媳間的矛盾衝突、以及男尊女卑的思想壓迫等，帶給女性許多的壓力。然而，文化上卻又強調對這些壓迫與壓力的隱忍是美德，長久下來，造成許多女性強烈的「恨」的情緒。

韓國女性在日常生活中面臨了許多的歧視與壓力。如果到了適婚年齡沒結婚，會面臨很大的逼婚壓力與歧視；即使結了婚，壓力與歧視也不會因此而消失，因為不管年紀大或小，也不論教育程度或專業能力如何，女性只要結了婚，就會自動變成一個大家口中的「阿珠媽」，而韓國人講到「阿珠媽」時，多少都帶有明顯的歧視。結了婚成為大家口中的「阿珠媽」後，女人通常很快地懷孕生子，成為在家帶孩子操持家務的全職家庭主婦，生活中只剩

下家事、孩子跟尿布，還有奉養照顧公婆等責任義務。因為老公工作太忙，所有的育兒與家事幾乎都要由女性一肩擔起。

▎韓國女性遭受的不平等待遇

那麼，不要待在家裡當專職主婦，找個工作改當職業婦女如何？很遺憾，韓國女性在這方面的選擇並不多。根據世界經濟論壇（World Economic Forum）所調查發表的全球性別差距報告（Global gender gap report）顯示，韓國是在性別平等表現墊底的國家。韓國女性在教育機會與衛生福利這兩方面得到的待遇相對平等，然而，經濟地位差距以及政治參與機會的差距，才是造成韓國性別不平等的最重要原因。韓國女性參與勞動的機會少、進入管理階層的機會極低，以及同工不同酬等現象非常普遍，大幅拉大了性別之間的經濟地位差距；在政治參與方面，韓國女性的機會更少。也因此在各項女性參政與經濟地位的指標中，韓國幾乎都是經濟合作暨發展組織（OECD）裡表現最差的國家。

女性遭受到的不平等在從學校畢業、進入職場之後愈趨明顯。剛進入職場時，也許性別的差異沒有這麼巨大，然而等到年齡漸長，性別的差距會愈來愈大。男性被拔擢為管理職的機會遠多於女性，即便是在同樣的職位上，同工不同酬的情形也愈來愈嚴重，這些都意味著薪資的差異會隨著年資逐漸拉大。

大部分的韓國女性在三十歲左右進入婚姻，接下來的育兒生活迫使許多女性必須離開職場。就算有女性想要繼續留在職場上工作，大部分也只能找到兼職（非正規職）的工作，一方面因為家庭裡大部分的責任落在女性身上，像是育兒、家事和照顧長者等的諸多責任，讓女性很難從事正職的工作；另一方面，就算已婚女性想要從事正職的工作，事業主也不見得願意提供。因此，家務的負擔及社會期待所帶來的龐大壓力使大部分已婚韓國女性被迫離開職場那些有穩定收入、升遷與福利的正規職，轉向低薪、不穩定、沒有保障的兼職工作。

▌被迫為家庭而活的人生

　　已婚女性很難找到正職工作的原因是建立在父權社會的幾個幻想出來的基礎上。以父權為主的社會，假設每個女人都找得到一個好男人結婚，白頭到老；那些已婚男人都有能力找得到一個待遇不錯的正職工作來養家活口，所以女人基本上應該待在家裡從事沒有報酬的家務工作，而且要滿足於這樣以家人為中心的人生。就算女人想出去工作，父權社會假設女人頂多只需要賺點零用錢供自己花用，因此不需要從事正職工作，只要兼兼差就可以了。

　　事實上，不是所有的女人都想要結婚，也不見得能找到適合的、負責任的伴侶；而在失業率極高的情況下，已婚男人也不一定能找得到正職；而就

圖一　韓國男性與女性的就業率
實線為男性、虛線為女性，依據此份 2012 年的統計資料顯示，韓國女性在三十歲以後大半必須離開職場。
資料來源：韓國統計廳

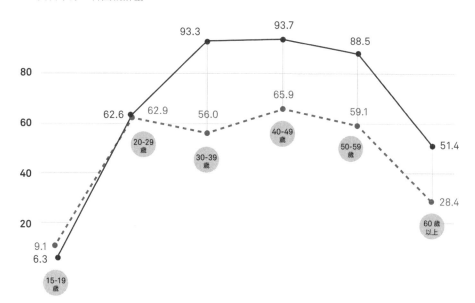

算男人有正職,薪資也不見得足夠滿足家裡的需求。有時候不幸碰上伴侶早逝或失婚,女人仍然必須靠自己的雙手賺錢養家。除此之外,就像許多男性一樣,有時女性進入職場的目的不完全是為了經濟因素,工作上所帶來的自我成就感、自我成長的機會,還有職場上所能建立的人際關係,也都是重要的原因。即便如此,韓國已婚女性想要重新進入職場,仍然有著重重巨大的障礙。

▎病痛是無聲的抗議

　　女性被期待結婚、生子、進入家庭,中斷自己的事業、放棄自己原來的理想,負擔起所有家事與育兒的重擔,還必須要控制自己的情緒與不滿。但事實上,無止盡又不平等的家事重擔,很難不點起女性胸中的那把熊熊怒火。面對這些不平等的歧視待遇,平常被限制在瑣瑣碎碎的家務事裡、生活圍繞著老公家人團團轉、被當做什麼都不懂的「阿珠媽」們,即使不甘願繼續這樣被剝削、被歧視,在現實生活與強大的社會壓迫下,也很難真正改變自己的處境,就像我室友的母親一樣。

　　在這樣強大的傳統與社會文化壓迫之下,這些無能為力改變自己人生處境的女性們,即使努力告訴自己要隱忍、要以和為貴、以家庭為重,卻仍然無法逃離被重重壓迫下所產生的憤怒情緒。就算心裡並未意識、察覺到這股憤怒之火,然而,她們的身體都知道,所以不斷地用著各種病痛與不適,進行無聲卻從未止息的抗議。

第八篇　醫院裡的性別課

許甘霖　東海大學社會學系助理教授

尖刀砍進你身體
以成為最美麗的人

生活風格醫療的社會特徵

從《小美人魚》說起

在《安徒生童話》的《小美人魚》（*The Little Mermaid*）裡，憧憬著和俊俏王子談戀愛的小美人魚愛莉兒（Ariel），鼓起勇氣向海女巫烏蘇拉（Ursula）求助。烏蘇拉嘲笑愛莉兒的愚蠢，並提醒她要付出的代價和可能的悲慘結局：

> 妳坐在海灘上，把這藥吃掉，尾巴就會分成兩半，縮成人類的美腿了。但這會很痛，就像有把尖刀砍進妳的身體。任何看到妳的人都會說妳是他們見過

最美麗的孩子！妳仍會保有游泳似的腳步，比任何舞蹈家都要輕柔，但每一步都會像在尖刀上行走。如果妳能忍受這些苦痛，我就可以幫助妳。

但要記住，妳一旦獲得了人類的形體，就再也不能變回人魚了，再也不能回到妳姐姐或父親的宮殿裡了。同時，假如妳得不到那個王子的愛情，不能讓他忘卻一切而全心全意愛妳，並與你結成夫妻的話。在他與別人結婚的第一天早晨，妳的心會碎裂，而妳會變成水上的泡沫。

本來活潑健康的愛莉兒，為了與健康無關的願望自願挨刀，並承擔失能的副作用或殞命的風險，最後沒有實現願望，但回不去了。在現代社會中，類似情節的故事每天都在上演，就發生在「生活風格醫療」（lifestyle medicine）的場景裡。

「生活風格醫療」是本世紀醫療景觀裡最受矚目的趨勢之一，起於威爾剛（Viagra）這類「生活風格藥物」（lifestyle drugs）引發的風潮。這類藥物的適應症通常是介於「生活風格願望」與「健康需要」間灰色地帶的困擾。一旦某種生活風格願望（如「瘦身」）相關的生理學機制被找出來，這個願望通常會轉成「健康問題」，進而成為透過醫療介入可能解決的醫學問題。

▌醫療行銷：烙印與角色指派

廣告行銷是招攬顧客和刺激銷售的商業利器，但多數國家對醫療廣告皆有規範，用意是避免造成不必要的醫療需求。但是當非必要性的醫療需求成了商機，行銷廣告就扮演重要角色；生活風格醫療便是如此。

傳統上，主要的廣告主是藥廠或醫療儀器廠商，行銷策略包括：贊助醫學會、醫學期刊刊登廣告、提升疾病關注活動等，醫師是行銷的目標對象和藥物儀器的把關者。近年來，美國食品藥物管理局有條件開放「直通消費者行銷」，允許藥廠透過各種管道接觸潛在消費者，但醫師仍然是主要的把關者。新興的生活風格醫療雖繼承了傳統和新興的醫療行銷模式，但實質內容

有重大的差異。以下以醫學減重及醫學美容為例，說明生活風格醫療行銷的特點。

因有增加服用者心血管疾病風險而於 2016 年下架的亞培諾美婷（Reductil），在 1997 年取得美國食品藥物管理局批准上市後，開始以全球為範圍的行銷。亞培藥廠委託台灣的公關公司在 2005 至 2006 年間策劃包括「10-20-30 戰勝肥胖——職場成功大挑戰」、「男性肥胖與性功能表現：親愛的——我把它變長了」，以及「失戀陣線聯盟——全台胖妹大募集」一系列公關行銷活動，與醫療診所合作，透過記者會招募「因肥胖而導致特定社會交往困擾」的民眾接受免費減重治療，隔一段時間後再舉行記者會發表減重成果。撇開減重效果不談，這些公關活動都訴諸與肥胖的體型外貌相關的負面社會觀感：如肥胖男性陰莖短、「沒搞頭」，沒能力給另一半性福；肥胖者在職場上給人笨拙、沒能力的感覺，不易獲得錄取或升遷機會；肥胖女性缺乏吸引力，交不到男朋友。就強化與肥胖相關的負面社會屬性（即烙印）作為訴求來說，這類行銷策略或可稱之為「烙印式動員」（mobilization of stigma）。

肥胖還能訴諸健康風險進行以衛教為名的行銷活動，但醫學美容的治療標的大多與疾病無關，因而消費者的打造更為重要。由於醫療廣告的規範、市場秩序尚未建立，以及醫療專業技術的重要性等因素，「口碑」成為建立美容醫學醫師或診所之品牌形象的重要因素。除了傳統透過電視及平面媒體的行銷廣告外，許多敏銳的業者開始積極經營網路社群，比如說「YAHOO！奇摩知識＋」和醫療保健部落格。透過這幾個「通路」提供的平台進行醫學美容相關的（自）問（自）答和新知分享。從這類問答和分享資訊裡可以辨識一種行銷策略：根據社會互動的象徵意義和醫學術語，將各種身體特徵重新框構為可以透過醫學美容技術解決的醫學問題。舉例來說，自然老化導致皮膚鬆弛出現頸部細紋，「看起來像火雞脖子而透露實際年齡」，可以注射肉毒桿菌或玻尿酸加以改善。就凸顯身體特徵會影響人們在社會互動場合的角色，這種策略可稱為「角色指派動員」（mobilization of role assignment）。

尖刀砍進你身體以成為最美麗的人

這兩種行銷策略都刻意凸顯或誇大非關健康的症狀（或處於灰色地帶的健康問題）的社會互動風險，以及透過醫療方案解決而獲得的社會互動效益；健康問題並不是主要考量。正是這種與傳統必要性醫療迥異的強調和刻意忽略（或者主次關懷的置換），構成生活風格醫療的風險特徵。

治療選擇性與雙重無知

實證醫學（evidence-based medicine）是現代醫學的磐石，雖有不少內在限制但至少為醫學社群提供了的風險治理依據：在既有醫學知識和技術可能性的基礎上，根據專業社群認可的方法獲得的證據，制訂診斷標準和治療方案，作為臨床實作依循。從這個角度來看，傳統必要性醫療與生活風格醫療與在風險治理方面的差異，可用治療選擇性（therapeutic selectivity）的概念來說明。

在癌症化療的過程中，藥物殺死癌細胞同時通常也會對正常細胞造成傷害，「治療選擇性」描述的便是特定治療方案有效殺死癌細胞並降低對正常細胞傷害的程度。在傳統必要性醫療領域裡，治療本身和疾病一樣都有風險，因而選擇治療方案的原則是「兩害相權取其輕」：不治療與接受治療的相對危害，或相競治療方案的相對效果和副作用。雖然可能基於各種非健康考量而採取不同治療策略，但「相對健康風險」仍是治療選擇性的原則。

然而，在生活風格醫療領域裡，治療選擇性的原則完全不同。如文章開頭提到的小美人魚愛莉兒，接受烏蘇拉「治療」的目的是追求愛情而不是更健康，而所有的健康風險都來自治療本身。這便是生活風格醫療之治療選擇性的特徵：權衡的是治療的社會效益和健康風險，沒有可比較的相對健康風險，即使有也未列入考慮，甚至健康風險就是代價（「可以像金城武一樣帥，你願意少活幾年？」）。以醫學減重為例，雖然過度肥胖確實有礙健康，但任何減肥藥都有副作用，且根據肥胖治療的臨床治療指引，藥物是最後的選項。然而，根據實證醫學擬定的治療方案乏人問津，提供雞尾酒療法或非法減肥藥的診所卻門庭若市，而且主要求診的多為追求苗條身材且根據醫學標準屬於健康體位的「健康病人」。

即便治療選擇性的原則是社會效益與健康風險的權衡，實證醫學仍不失為風險治理的有效原則。然而，實證醫學在生活風格醫療裡的重要性卻不高，為什麼？首先，根據定義，生活風格藥物或技術所要解決的，主要是生活風格願望或困擾，而非健康問題，因而難有嚴格意義下「妥當」的適應症，甚至先有研發藥物後才「創造」適應症。以效果而非副作用為導向的藥物臨床試驗，系統性地低估藥物的健康風險。像曾經合法但已下架的諾美婷原本為抗憂鬱藥物，因其抑制食慾的副作用而轉成為減肥藥，而威爾剛本為治療心絞痛的藥物，因發現有海綿體充血的副作用轉而用以治療勃起障礙。這便是為什麼很多生活風格藥物售價昂貴，且產品週期很短的主因：藥物上市後，隨著銷售額增加累積相當嚴重副作用的案例而下架，接著以鉅額利潤支付醫療賠償；減肥藥是其中最典型的例子。

其次，生活風格願望或困擾並非「疾病」，因而多數的治療方式都屬於適應症外使用（off-label use）。肥胖的雞尾酒療法最為典型：此一療法一般所採用的藥物可能包括食慾抑制劑、新陳代謝促進劑、降血脂藥、膨脹劑、緩瀉劑、利尿劑等等，這些藥物的適應症都不是肥胖，可是都有「體重降低」的效果。這種治療策略匯聚各種藥物「讓體重降下來」的副作用，因而非常有效，但同時也匯聚了這些藥物的其他副作用，所以具有高度健康風險。這便是為什麼鮮少有人胖死，因減重而致死或健康嚴重受損的事件卻時有所聞。

醫學美容同樣有適應症外使用和缺乏實證理據的問題。由於缺乏具參考價值的臨床治療導引，醫學美容醫師的臨床實作仰賴的是經驗法則，包括：挑病人（避開要求過多、有不切實際期望以及不正常自我意象等特質的訴訟高危險群）、施術前充分溝通以降低病患期待落差、透過試誤原則和保守治療以累積個人經驗、使用熟悉的儀器而不追逐最新設備等等。從實證醫學的角度來看，普遍的適應症外使用、缺乏實證理據，以及高度依賴經驗法則，意味著理論與實務間普遍的知識落差和專業無知。

與傳統必要性醫療裡的「虛弱病患」相比，生活風格醫療的病人是「有

尖刀砍進你身
體以成為最美
麗的人

力消費者」，但購買力無法有效降低醫療風險，因醫病之間有兩種資訊不對稱：其一是醫學知識的不對稱，包括對醫學專業知識的無知，以及對醫師也不自知的「專業無知」的無知；其二，來源似乎可靠的訊息其實多半是行銷策略的產物。這意味著即便是以充分溝通為基礎的知情同意，其實是「知情的無知」。醫師專業的知識落差以及醫療消費者的知情無知構成的「雙重無知」，刻畫了生活風格醫療風險最主要的社會特徵。

你真傻，不過你當然有權作主！

烏蘇拉初見愛莉兒時，對她說：「我知道妳要什麼。妳真傻，不過妳當然有權作主，但這會為妳帶來不幸」，而愛莉兒決定承擔風險後仍提醒她：「但我必須獲得報酬，而且我要求的並不是微不足道的事物」，一針見血地指出了現代生活風格醫療與人的關係：人們將生活風格願望強加於醫療科技上，同時也讓自身承擔無法預期的風險。這正是生活風格醫療的窘境：美感反身性（aesthetic reflexivity）（亦即，運用符號並據以創造自我與社會之意義的能力）扭曲了人們合理的風險評估，提高人們承擔風險的意願，但卻無法降低風險。

范代希　台北醫學大學醫學人文研究所助理教授

為什麼沒人說「老祖母」的秘方？

談女性與另類醫療

　　你（妳）身邊也有這樣的一群女性嗎？她們可能平時就有固定練瑜珈的習慣，上班疲累的時候會找人按摩疏通經絡；經期不順的時候會選擇找中醫調養；幾滴精油是她們泡澡時最佳的夥伴；隨時攜帶急救花精，當孩子受到驚嚇時馬上滴幾滴。當孩子生病時，不急著看西醫，先依照孩子症狀給幾粒小糖球。還有一群更年長的女性，每天早上起床第一件事是練氣功，各種維他命與保健食品不離手；老伴筋骨痠痛時會幫忙刮痧拔罐；小孫子怎麼也睡不過夜時，立刻想到帶去廟裡收收驚；家裡的抽屜裡更有各種萬金油、活絡油等家庭常備良藥。

以上都是「另類醫療」的例子，難道只有女性採用另類醫療嗎？當然不是，在新時代運動（New Age Movement）與全人風潮（Holistic Approach）的席捲下，另類醫療的使用早已經成為跨國界、跨族群、跨性別、跨年齡層、跨階級的「世界級」運動。只是，相對於男性，另類醫療通常以女性為最大宗與最主要的使用者（與診療者）。一項 2006 年的全國抽樣調查亦指出，女性、高教育與高收入者使用另類醫療的比率較高。[1] 到底女性與另類醫療之間到底有什麼特別的連結？[2]

男人用左腦，女性用雙腦？

一位法國另類醫療的醫生曾經給我這個答案：「男人習慣用左腦（理性與邏輯性）思考，不知如何用右腦（情緒情感），女人可以使用雙腦。男性病患對於機制沒那麼清楚的療法會有所質疑，他們需要知道因果邏輯，他們需要知道所有的事，才會相信。」

這個答案非常有趣，剛好連結到另類療法的定義。另類療法真正的學名叫做輔助與替代療法（Complementary and Alternative Medicine，CAM）。顧名思義就是「輔助」與「替代」正統的療法。其實，無法使用主流生物醫學的方法去分析其機制並驗證其療效的療法與醫療論述就常常被歸類為 CAM。

無法以生物醫學的方法來分析與理解的療癒方式就是非正統而不值得採信的嗎？當然不是。首先，我們知道這個所謂的主流與另類／補充的分類是流動而且是相對性的。以近年非常流行的正念減壓（Mindfulness）為例，這是一套結合東方禪修與西方科學的療法。禪修與生物醫學在理念與方法上大相逕庭，但東方的禪修卻在與科學研究結合之後成功打入歐美社會並且進入主流醫學體系。所以我們應該把它歸類成為主流還是另類？

---

1. 林寬佳、陳美麗、葉美玲、許中華、陳逸倫、周碧瑟（2009），〈輔助與替代療法之使用及其相關因素之全國性調查〉，《台灣公共衛生雜誌》，28（1）：53-68。
2. 此處泛指一般女性，暫不討論罹患重病或罹患西醫無法解決病症的女性。

此外，以中醫來說，其歷史與淵源遠長於西醫，在華人社會也有非常穩固的文化權威，在台灣形成與西醫鼎立的局面。中醫這個具備專業性、文化權威，且深受民眾信賴擁戴的療癒體系，是否應該被歸類為 CAM 呢？

回到法國醫生的觀點：男性只重理性，女性情理並重，這個說法相當程度地呈現了性別刻板化的圖像。依照社會學的觀點，後天社會化的因素比先天占了更重要的影響力。以下我將從幾個觀點來討論女性與 CAM 的關係：

一、非關健康，生命歷程與文化形塑求醫行為

我們先從男性與女性的求醫行為來看，女性不論中西醫的門診次數、CAM 的使用與自行服藥的比率都普遍高於男性。其實，女性的門診次數本來就會因為懷孕生產等生理現象而增加。同時，女性因為壽命較長，受到慢性病與退化性疾病影響的機率更高，[3] 因此需要更多醫療上的關注。性別社會化的因素也扮演了很重要的角色，在許多文化當中，女性相對較被「容許」去感受甚至去表達自己的脆弱與需求，因此在身體微恙時也比較願意求助；而男性從小卻常常被教導「寧可流血不流淚」，久而久之他們對自己的情緒與身體感受的敏感度下降，也更吝於求助。

男性雖然「自覺」健康狀況較佳，但並不代表他們的身體健康較佳。研究指出，男性平均門診次數低，但急診次數、住院比率、住院花費和平均門診費用卻很高。[4] 所以男性不是不生病，而是往往「等到事情大條之後才看病」。因此，我們可以初步推論，女性似乎對自己的健康狀況更警覺也更重視保養，而男性或許基於陽剛特質的文化潛規則，他們傾向於忽視自己的身體警訊或延遲就醫。

二、女性對醫病關係與醫療的需求反映在 CAM 的使用上

CAM 常被定位成較為柔性的，甚至是在經驗的層次上較為女性化（feminized）的療癒方式；生物醫學則常被定義成比較硬的（hard）、科學與

父權（patriarchal）取向的。[5]

　　研究亦顯示，目前主流醫學仍以男性為主要研究基準，女性獨特的生理結構與需求時常被醫學研究與藥物實驗忽略。[6] 因此，如果一位女性因為這裡痛、那裡酸，睡眠品質不佳而求醫（女性因為荷爾蒙與生理結構的關係，可能有比較多承受疼痛的機會）。當西醫器質性的檢查結果沒有異常，就被認為是心理或壓力問題，服藥卻又面臨嚴重的副作用（藥品測試多以男性為人體實驗對象），那麼這位女病患還有什麼選擇？

　　也許她會再去找下一個西醫，抑或帶著她的問題去求助 CAM。和西醫不同，CAM 的診間一般比較沒有時間的壓力，也沒有虎視眈眈等在旁邊的下一號病人，醫生或治療師可以花很長的時間去詢問而且梳理她最近的身心狀況與生活形態。光是這個分享與溝通的過程，很多時候就足以滿足女性被聆聽、被支持與被理解的需求。接下來，有些療程會有身體上的撫觸，如脊療、顱薦椎治療與按摩，觸碰也能夠釋放身體的部分壓力。有些療法還會開一些溫和的處方，由於 CAM 的處方大多強調天然草本效用溫和，比較不會有副作用的焦慮。

　　我們不能確定女性病人的疼痛是否真能夠透過 CAM 的療程而消失。但 CAM 對女性的吸引力來自於它的論述是相對生活化或玄妙的（而非艱澀的醫學理論），強調經驗性的（可以立即體驗），治療師與病人有更多互動（建立在人的關係而非冰冷的儀器或數據），病人與家屬能參與較多的醫療決策（而不是醫生說了算）。因此，每個女性獨特的需求與觀點，有更多的機會被聆聽與支持。最重要的是，CAM 總是給人希望，讓人相信永遠都有回春的可能，再困難的病都有可能透過某種方式而有痊癒的希望。這些「人性化」

3. 劉仲冬（1998），《女性醫療社會學》。台北：女書文化。
4. 黃惠如，〈擺脫三不：不重飲食‧不懂紓壓‧不看醫生〉，《真好男人要健康》，2010 年 8 月。
5. Yael Keshet and Dalit Simchai, 2014, The 'Gender Puzzle' of Alternative Medicine and Holistic Spirituality: A Literature Review. *Social Science and Medicine*, 113: 77-86.
6. Alyson McGregor, 2015, *Sex Matters in Emergency Medicine*. TED Talks.

以及「以人為本」的特質對於女性而言應該是更有吸引力的。

▍三、女性較易從人際網絡中獲取 CAM 的資訊

女性時常出入的美髮沙龍、健身運動中心、各種讀書會、下午茶聚會等人際網絡是交換相關 CAM 資訊的大本營。女性善於蒐集健康情報，並且分享自己最近使用了哪些好用的健康食品，吃了那些高檔的維他命（有時興起還會發起團購）。女性取得這些 CAM 的資訊後，並不會獨享，反而常常帶會帶回家照顧其他人。

▍四、女性使用 CAM 常是為了照顧家人

從古至今，女性常常被放在照顧者的位置。過去，女性作為家庭照顧者，在沒有受過西方文化薰陶的情況下，常常使用這些「民間的療法」來照顧自己與家人。[7] 家族中年長的女性尤其掌握著這些「生活上的知識」，成為民俗療法的把關者與傳授者。因此我們常常會說「老祖母的祕方」或「老祖母的智慧」，約莫就是彰顯女性在傳遞這些祖傳療法上的關鍵位置。

在西醫獨大之後，這些傳統療法與在家庭中使用這些療法的女性，常被評價成「迷信」、「不科學」，並且與強調「專業」、「科學化」的西醫形成對比。這些傳統的療癒方式雖然仍在民間盛行，但往往被主流醫界認為難登大雅之堂。直到近年，CAM 的普遍性與在醫學教育上的重要性才被正視。然而，在檯面下，民眾自行整合「西醫」與 CAM 早已是一件司空見慣的事。

年輕一輩中產階級的女性不只使用老祖宗的醫療方式，她們對 CAM 的接受程度更高。CAM 的使用不再只是為了治病強身，更傳達出某種價值觀（如身心靈整合）、時尚符碼甚至是階級品味。有趣的是，和老祖母一樣，這些女性們使用 CAM 的動機很多時候也是為了照顧家人。CAM 的訴求常是溫和、天然、非侵入性、無副作用，有些更訴諸於超自然或靈性層次的療癒。這種趨近於「天人合一」的療癒方式，搭配近年來席捲全球崇尚天然、有機

//////////////

的風潮，以及對生物醫學的種種反思，使得外來的 CAM 也成功地開發了一群崇尚自然、對西藥戒慎恐懼的「媽媽們」。有一間 CAM 的廠商在廣告上開宗明義地寫著「媽咪育兒新思維，XX 醫學守護」。

過去我們所受到的教育是，生病不要亂吃藥，一定要看醫生。然而新一代的家長（尤其是母親們）不再只聽信一種權威，她們在資訊流通迅速的年代，透過各種媒介了解各家育兒與醫療資訊，再整合（選取）最合用的。相較於傳統生物醫學，以醫生（權威者）的判斷為唯一準則，有些 CAM 更強調照顧者對病人的長期的觀察、了解與直覺，並且藉由這些觀察為病人（孩子）選取最適合的居家療癒配方。因此，母親（時常）作為主要照顧者的知識、能力與重要性似乎在這個歷程中被看見與強化了。

五、女人比較迷信？或者女人比較靈性？

過去「男主外，女主內」的分工讓男人很自然地透過工作得到自我認同感（或者忙到根本沒有時間去思考這個問題），但現代的女性卻常在傳統的女性角色與新女性的定位（職涯與家庭孰輕孰重）與自我形象衝突拉扯，因此更需要透過這些「身心靈調和」的活動安頓身心、找尋自我。這類活動強調「先照顧好自己」、「找回自身力量」的取向，有別於過去「照顧別人」、「由別人決定自己命運」的傳統女性角色。

有趣的是，女性一方面透過「身心靈調和」的活動想要找回主控權，但很弔詭的是女性同時似乎也比較熱衷於算命、收驚、拜拜等傳統的「超自然控制」的 CAM ？雖然我們不確定從事這兩類 CAM 活動的女性有多少重疊，但我們可以看到兩股力量的糾結：一方面追求「內控」，但另一方面又尋求「超自然力量」（外控）解惑，兩者在某種程度上皆反映出現代女性的不由自主與不確定感。

7.　胡幼慧（1996），〈性別與另類療法之社會空間〉，《婦女與兩性研究通訊》，38-39：1-3。

統合以上，我們可以發現女性一方面想要掙脫束縛，找回自己的力量，一方面又受到傳統性別角色框架的限制，而靈性或全人取向的 CAM 可能給了她們一個出口。非關迷信與靈性，女性使用「超自然」、「身心靈」CAM 的動機時常源自於女性的生命經驗與現實處境。

▌總結：女性與另類療法

　　女性從過去到現在一直都是 CAM 的愛用者並非偶然。筆者認為，比較合理的解釋是：CAM 的特質與女性的生命經驗以及被賦予的角色息息相關。女性與 CAM 的關係如此密切，最主要的原因是，CAM 提供女性主流醫學以外，另一種更貼近女性經驗與需求的醫療選擇。

　　此外，因為女性一直承擔非正式「照顧者」的角色，從家人的身心健康到學業、前途都是女性「操煩」、「照顧」的範圍。因此，沒有侵入性，（宣稱）天然無副作用又容易上手的 CAM 就成為女性最好的幫手。同時，女性對「身心靈調合」與全人取向 CAM 的愛用也反映出現代女性在傳統價值與新時代女性的角色衝突中，亟欲找到一個統合身心靈的出口。

誰來陪產？

施麗雯　台北醫學大學醫學人文研究所助理教授

從酒吧到產房

生產中

產婦在生產過程若得到足夠的支持，產程會比較順利。男性伴侶在產房中的陪伴常被視為是一個重要的支持，不但能夠減低產婦的焦慮幫助生產，亦能增強日後照顧新生兒及育兒自信心的來源，更有助於新手爸爸參與母嬰照護的意願與能力。現代的男性進產房常被認為是相當理所當然的情況，但在以前，女人生產時，男人是「遠產房」；現在的男性之所以在產房裡，其實是當代醫療專業發展的結果。男性婦產科醫師當然是最先進入產房的男人，再來是產婦的男性伴侶。

在歐洲，1920 以前女性的主要生產場所幾乎都是在家裡。之後，女性生產地點才逐漸從家裡轉換到醫院，特別是在 1920 至 1970 年代期間這段被視為是醫院生產的「輝煌時期」（golden age）；在此同時，照護孕產婦的人力不再以女性助產士為主，男性婦產科醫生也加入了生產照護陣容。台灣的生產史也有同樣的歷程，只不過從 1972 年之後婦產科醫生開始成為台灣女性的主要接生者。截至目前，台灣 99% 的新生兒都是由婦產科醫生接生（見圖一）。

圖一　1951 至 1997 年台灣助產士與產科醫師接生比例圖
資料來源：吳嘉苓（2000），〈醫療專業、性別與國家：台灣助產士興衰的社會學分析〉，
　　　　　《台灣社會學研究》4：191-268。

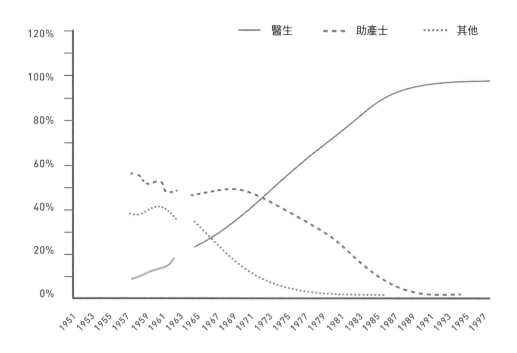

誰來陪產？

這個被稱之為「生產醫院化」（hospitalization of birth）過程，除了女性生產的場所與孕產照護人力的改變外，最常被討論到的是生產的醫療化（medicalisation），讓女性失去對自我身體的控制。有趣的是，男性伴侶也是在這時加入了生產陣容。

　　男性是在什麼時候開始進入產房陪產？從歐洲英國的生產史來看，現代醫院的興起——特別像是在倫敦的大學醫院（University College Hospital in London）這類規模的大醫院開始在 1951 年後大量鼓勵男性參與女性懷孕和陪產。[1] 真正的分水嶺是在 1970 年代，自此開始了男人從酒吧移進產房的陪產之路。

　　根據 Laura King 研究英國準父母生產經驗研究指出，1950 年代大部分的男性在女性伴侶臨盆之際，多還是待在酒吧裡等待消息。因為當時的社會風氣視生產為女人的事情，加上民風保守，女性也不願意讓男性伴侶看到自己生產樣貌（下半身裸露）。如此保守社會風氣源自於維多利亞時期後的性壓抑所致。在 1920 至 1940 年代，許多英國夫妻都還羞怯於彼此裸身的樣子。有關男性的「遠產房」，在 Jennifer Worth 的小說以及其被改編成熱門影集《呼叫助產士》（Call The Midwife）裡，也可以看到男性都是被請出生產的房間外。

　　1950 年代後，隨著醫療系統化、英國全民健康服務制度（National Health Service, NHS）開啟與衛生醫療的推廣，愈來愈多女性進入醫院生產，在此同時居家生產人數開始下降。King 指出，1960 年時大約有 10% 的英國男性陪產，其他 90% 的男性都是躲到以男性為主的場域，像是酒吧和球場這類地方。[2] 1960 年之後，因為媒體開始鼓勵和勸說男性陪產的好處，這樣的轉變也是源於女性生產場所的改變，待產中的女性因為對醫院的不熟悉，使得他們開始

1. Lucy Wallis, 2013, 'How it became almost mandatory for dads to attend the birth.' BBC News. 14th March 2013.
2. 引用自 Laura King 的研究計畫 'Hiding in the pub to cutting the cord? Fathers' participation in childbirth in Britain since the 1950s'。

尋求男性伴侶的支持和陪伴。男性的陪產亦與家庭關係的轉變有關，自 1970 年代後生產與育兒不再只是女人的事情。

男性從原本在酒吧一面喝酒一面被動地等待伴侶的生產消息，逐漸走入產房目睹和陪伴伴侶的分娩。這個轉變過程最多反對的聲音來自於在產房裡的醫護人員——特別是男性醫生，因為他們除了要應付產婦的分娩外，還需要額外花時間回答產房裡的男性不時提出疑問與應付狀況（例如過於緊張或者見血休克至今都仍時常有所聞）。然而，隨著男性陪產後的許多正面回應—特別是和伴侶情感的增溫，使得男性的陪產愈來愈被視為理所當然。1990 年時約有 90% 的男性陪產率；到 2000 年估計約有 96% 男性參與伴侶的生產。[3]

台灣的情況又是如何？

台灣也經歷了像歐洲的「生產醫院化」，不過發展時間落後了好幾年。[4]台灣的「生產醫院化」始於 1972 年，第一次婦產科醫生的接生人數超過助產士。在這之前，大部分的女性由俗稱的產婆或先生媽協助生產（或者是由家中有經驗的女性長輩協助斷臍），而男性則是在家幫忙燒開水、準備其他事物和等待。當時的風氣也視生產為女人的事情，特別是民間的習俗把產婦的經血視為是汙穢的，常聽到的台語「咁願借人死，嘛毋願借人生」，反映了傳統社會對女性身體的汙名化意象，這也讓台灣男性止步於生產的房間。

1960 年代後醫院產科興起，女性生產的場所轉移到醫院的產房。但由於醫院的規定（例如感染問題），當時產婦的男性伴侶只能在產房外等待。[5]後來以家庭為中心的健康服務概念的推展，男性開始參與生產；但這也只能算是陪一半，因為當時男性的陪產只局限於待產室。周汎澔等人針對準父親陪產的研究中指出，當時女性的生產已從「居家」轉移到「住院」生產，男性可以在待產室陪伴待產；但是當第二產程開始，產婦必須移到生產室（或者俗稱的分娩室）的產檯上時，除了當時少數幾家醫院採取有條件的限制外，男性通常只能在生產室外等候。台灣男性進入生產室全程參與陪產是直到近十年才開始被大力推廣，根據國內助產學者郭素珍等人於 2006 年進行的抽樣

訪查，當時只有 32% 的男性伴侶曾有陪伴生產的經驗。[6]

然而，台北市男性的陪產率似乎比其他區域的統計高一些，可能源於台北市衛生局於 1999 年開始推動準爸爸陪產制度有關，並從原先的六家市立醫院推及到 2015 年的 26 家醫院。[7] 根據 1999 年時針對台北市某家醫院進行男性陪產的調查結果，當時男性在該醫院的陪產率約為 37.6%。2003 年 1 至 12 月間，台北市政府針對當時 25 家醫院開設的 309 個產前教育班進行調查，顯示準爸爸進產房的陪產率為 43.9%。[8] 至 2008 年，在醫院產房男性的陪產率為 55%。近年來，更由於準爸爸的陪產被衛生單位納入該醫療院所是否達到『親善』的回報欄位中，因此準爸爸陪產率突然躍升（請見圖二），2015 年 6 月底止在「母嬰親善」醫院，男性陪產率已經達到 82.48%。

圖二　台北市實施母嬰親善醫院的準爸爸陪產率
資料來源：台北市衛生局；施麗雯製表

年度	台北市實施母嬰親善醫院總數	台北市準爸爸陪產率 %	準爸爸陪產總人數
2009 年	16	71.85	12186
2010 年	20	74.91	11014
2011 年	20	78.5	13,862
2012 年	19	82.85	16,339
2013 年	20	82.81	14,422
2014 年	22	83.48	15,257
2015 年（1-6 月）	22	82.48	7,286

3. National Childbirth Trust, 2000, *Becoming a Father*. National Childbirth Trust, London, p.49; cited in James Tor, 2003, *Is There a Father in a House? A Handbook for Health and Social Care*. CRC Press. p.60.
4. 請參見吳嘉苓的〈我媽是怎麼生下我的？母親節的社會學提問〉這篇好文，文中從產婆／助產士、生產空間、到生產措施等等環節的分析，讓我們看到不同世代小孩的出世方式背後助產士的興衰、以及產科的專業化到現在的生產醫療化過程。該文收入王宏仁主編（2014），《巷仔口社會學》，台北：大家出版社。

不過，需要注意的是，這個比率是來自於目前在台北市實施了「母嬰親善」的醫院的調查結果；換言之，因為城鄉的差距以及這些選擇母嬰親善醫院的懷孕夫妻對生產與產後照護上的要求已經自我篩選過，台灣男性整體的陪產率勢必低於這個比率。但是從過去十六年來的相關研究和調查數據，顯示有愈來愈多台灣男性進入產房陪產。從這些數據看起來陪產似乎是當代社會的趨勢，但問題是，台灣的男性是否已經準備好了？

　　產婦生產時緊張與害怕是正常，那麼在旁邊陪產的男性呢？許多男性對於陪產亦感到相當緊張，有一些是為了展現男性氣概而硬著頭皮進產房；有些則因此不進產房。在最近一份由「生產改革行動聯盟」（簡稱「生動盟」）的網路調查，決定不陪產者所持的主要理由是：「擔心造成日後心理與生理上的影響」和「妻子與伴侶拒絕」；其次則是「對於生產情景的恐懼感」。「生動盟」的網路調查結果跟過往的研究結果一樣，對一些男性來說，進入產房前必先需要克服自身的焦慮和恐懼。

　　一位法國醫師 Michel Odent 曾公開反對男性陪產，並將當代女性剖腹率上升歸因於男性在產房陪產的結果。[9] 他強調女性在生產時除了需要有一位有經驗的助產士協助外，應盡量撤除其他不必要的儀器與人事物，讓女性獨自安靜地生產，原因是女性在生產時，需要「催產素」（oxytocin）來協助產程的進行。Odent 醫師認為男性伴侶在陪產時的緊張表現會讓女性無法分泌這種化學物質，因而延長了產程，最後變成剖腹產。然而，Odent 醫師只把當代高剖腹產率歸咎於男性的陪產顯然是有問題的，特別是早已經有許多研究指證剖腹產的發展為現代醫療過度介入的結果。因此，將男性在陪產時的緊張情緒影響到產婦分泌催產素，作為拒絕男性進入產房的理由並不充分，問題的根源在於男性的「緊張」而非「陪產」。

　　在台灣，陪產的重要性與意義也愈來愈受到重視，2014 年 11 月 21 日立法院三讀修正通過《性別工作平等法》部分條文，陪產假由三天增加到五天，以讓男性有更充裕的時間陪產與照顧新生兒。但是，在生動盟的調查中也指出，部分異性戀產婦最希望的陪產者並非是自己的先生。除了擔心日後的親

密關係受到影響外，男性伴侶有時候不一定是產婦在生產時的最佳支持者。加上，當代同性伴侶家庭的組成，陪產者已經不只局限在男性伴侶，女性的陪產者可能是自己的媽媽、姊妹或女性伴侶。

2016 年英國知名主廚 Jamie Olive 在 Instagram 上分享自己兩位未成年女兒也全程參與老婆生產，這則即時訊息也在媒體上掀起誰可以陪產的爭論。英國知名媒體《衛報》（The Guardian）指出，當代其實有愈來愈多產婦提出能夠讓孩子參與弟弟妹妹誕生的要求；報導也指出，問題不是在於誰來陪產或者未成年子女可不可以陪產，而是這些陪產者是否準備好了？看看英國，想想台灣。在當代的一些台灣男性仍缺乏陪產意願[10]、以及醫療院所未必鼓勵男性伴侶陪產的情況下[11]，我們不確定未來台灣男性陪產率是否能再提高，以及政府是否可以看到陪產者的多元性；但可以確定的是，陪產者若在生產前接受正確的陪產知識將會是女性在生產之路上的重要支持者。畢竟陪產者除了出席陪產外，適時地給予產婦心理上和身體上的安撫，扮演一個可信賴的陪產者角色，幫助產婦面對待產、生產的過程才是最重要的。

5. 周汎澔、余玉眉、余德慧（1994），〈準父親初次陪伴待產及生產之經驗歷程〉，《護理研究》，3（4）：376-386。
6. 郭素珍等（2006），「94 年度促進民眾健康照護品質計畫──婦女接受生產實務之評估及改進」成果報告，行政院衛生署 94 年度補助計畫。
7. 林相美（2004），〈準爸爸陪產常有人當場昏倒〉，《自由時報》，2004 年 7 月 31 日。
8. 但是在李美鶯等人在 2003 年 1 月至 6 月於台北市某一家醫學中心的調查結果，發現該醫院的陪產率只有 9.08%。對於這樣相差懸殊的比率，很有可能來自於當時各醫院的制度與醫護人員對男性進產房的支持情況。李美鶯等人的研究指出，這樣低的比率來自於大多的準父親不知道可以進產房，對生產流程也不瞭解。參見：李美鶯、柯月鈴、施美智、葉昭幸（2005），〈促進準爸爸陪產之專案改善〉，《長庚護理》，16（4）：433-441。
9. Clare Murphy, 2009, 'Should dads be in the delivery room?' BBC News. 25 November 2009.
10. 田裕斌（2015），〈周杰倫不進產房陪產 避免給醫生壓力〉，中央通訊社，2015 年 6 月 9 日。
11. 林怡秀（2015），〈想陪產遭婉拒 醫生怕郭彥均「受不了」〉，聯合新聞網，2015 年 6 月 8 日。
李樹人（2015），〈看老婆生產 老公變蒟蒻男 有人當場暈倒 要不要進產房 醫師不同調〉，《聯合晚報》，2015 年 8 月 1 日。

黃于玲 成功大學醫學系助理教授
/////////////

吳嘉苓 台灣大學社會學系教授
/////////////

人口學知識、生殖科技與少子女化的東亞

前言

　　東亞是全世界晚婚不婚、少生不生最顯著的區域,各方也在探索理由、思考對策。大部分的社會科學研究是從社會價值改變、性別分工特性、經濟上的不平等,以及社會福利政策缺失等等來理解此現象。[1]例如,有些研究顯示,即使人生的選擇多樣,東亞對於婚姻與育兒的價值與做法仍然十分傳統,國家仍採取「家族主義的社會福利政策」,照護、教育與住房常依賴個別家庭支出,這使得「進入婚姻、養兒育女」的選項,變得十分缺乏吸引力。東

亞各國工時過長、職場性別分工僵化、工作的前景堪憂，也讓年輕人在婚姻市場上缺乏心力經營，而經濟弱勢的年輕人更容易處於戀愛與結婚機會的劣勢。不婚不育對於人口老化、勞動力短缺、年金制度運作、社會連結等等都可能有重大影響，東亞各國也陸續提出催婚催生的政策，但顯然成效有限。

除了社會價值變遷與福利政策的討論，新興科學與技術在此議題的介入，也很值得關切。在過去的數十年前，東亞地區還為人口爆炸的議題而擔憂，施行各類家庭計畫來控制生育。有關人口發展效益的計算、避孕科技的選擇等等都有諸多考量。今日，東亞在短短三十年間，從降低生育率的努力轉向「增產報國」的倡議，又開展出了哪些科技與社會的議題呢？

本文介紹、探究兩個基本問題：在人口科學計算上，低生育率現象有沒有不同的評估方式？只能靠著「增產報國」來處理嗎？在生殖科技上，管控生育的技術又有何新發展與使用方式？

人口學新概念：重新評估少子女化的影響

近年來政府與媒體時常引用的「少子女化」，指的是育齡婦女生育率降低造成子女數減少的趨勢。台灣的總生育率在 1951 年戰後嬰兒潮達到高峰（7人）之後，開始逐漸下降，1984 年下滑至 2.1 人的人口替代水準。之後十幾年間，生育率呈現持平狀態，直到 2000 年前後又開始下降，進入了人口學家稱之為「超低生育率」狀態，這幾年則一直在一人上下徘徊。

台灣人口學家與經濟學家透過統計數字，試圖了解與少子女化趨勢相關的重要因素，特別是初婚年齡與生育年齡延後的影響。根據內政部統計處資料，跟 1981 年相比，2014 年男性初婚平均年齡由 27.6 歲增為 32.1 歲，女性則是由 24 歲延至 29.9 歲，延後近六歲。晚婚的影響是，同期間女性生育第

1. James Raymo, Hyunjoon Park, Yu Xie, and Wei-jun Jean Yeung, 2015, 'Marriages and Family in East Asia: Continuity and Change.' *Annual Review of Sociology* 41: 471-492.

一胎的平均年齡由 24.3 歲延後至 30.5 歲。20 至 25 歲生母的出生嬰兒數逐年大幅減少，另一方面，30 至 34 歲生母的出生嬰兒數則逐年大幅增加。有偶女性生育第一胎年齡往後延，但是生育總數並沒有大幅下降。台大經濟系駱明慶的研究指出，1963 至 1967 年出生世代的女性，40 歲以前生育總數仍有 1.97 人，將近兩人，與人口替代率相去不遠。[2] 因此，有偶女性人數的下降，才是台灣低生育率的主要原因。

政府官員與媒體視少子女化為國安危機，擔心結合人口老化趨勢，會嚴重衝擊未來的扶養比、勞動力供應、經濟成長、公共財務與生活水準。因此從內政部到地方政府，紛紛推行各式生育津貼與未婚男女聯誼作為因應之道。然而，全球已有一半以上的人口生活在低生育率的國家，而人口結構也與二十世紀截然不同，人口科學社群也開始重新評估低生育率與人口減少對於總體經濟的效應。美國加州柏克萊大學有一個經濟人口學研究團隊就提出人口老化與經濟負擔的新衡量方式：經濟支持比（economic support ratio）。相較於扶養比（14 歲以下幼年人口加上 65 歲以上老年人口占工作年齡人口比例）單純是以年齡區間作為依賴或生產人口的判準，經濟支持比透過國民移轉帳的概念，重新考慮人口結構變動與各年齡層的經濟行為，如何影響資源分配。[3]

如果依照傳統「扶養比」的計算方式，2015 年台灣每位 15 至 64 歲的生產者要負擔 0.35 位依賴人口，2060 年則會增加至 0.97 位。但是根據「經濟支持比」的算法，2015 到 2060 僅會增加 0.18 位依賴人口，經濟負擔增加的速度較慢。這是因為經濟支持的計算考慮了高齡者也是當代社會財富與資產的擁有者（甚至比青壯年人口擁有更多財產），在人口老化的同時，社會整體資產也跟著他們的儲蓄與積累投入消費而增加，成為第一種人口轉型的二次人口紅利。[4] 在低生育率社會中，父母對於子女教育與人力資本的大量支出，形成新世代數量少但人力資本高的經濟生產力，則是第二種二次人口紅利。[5] 也就是說，從經濟支持比的角度來看少子女化與人口老化，對整體經濟的衝擊程度或許並沒有扶養比的觀點來得激烈與嚴重，應該可以讓我們沉穩地思考相關因應政策，而不是一股腦地投入效果有限的一次性現金生育津貼等。[6]

除了「經濟支持比」的新衡量方式之外，人口學家也重新思考人口與勞動力推估對經濟發展的影響，特別是女性勞動參與率——過往常被人口學家視為是少子女化的原因之一。既有的勞動力推估是以年齡與性別結構為主，這樣的資訊較適合評估勞動力數量，而非勞動力品質。近年的研究將低生育率社會中增加的人力資本納入勞動力計算，例如鄭雁馨的研究估計，2050 年的台灣勞動力將有七成是受過大專以上教育，教育程度低於高中的藍領勞動人口將低於一成。台灣目前高學歷女性人數多，女性勞動參與率低於六成，相較於瑞典的 76% 女性勞參率，實有很大的進步空間。若是政府相關單位致力於擴大婦女就業，同時維持男性就業率，可以減緩高達兩百萬人的勞動力短缺。[7]

　　長久以來，人口學概念與知識形塑著我們如何理解人口質量與生育率對於一個國家、社會與家庭的意義。台灣曾在二次大戰後世界人口爆炸的氛圍與國內經濟成長的目標下，由國家主導控制人口成長的大規模家庭計畫。近年來，面對社會變遷下的第二次人口轉型與低生育率所可能產生的經濟面衝擊，部分人口學家針對改變中的人口結構與行為提出新的概念與估算（如經濟支持比與納入教育程度的勞參率），不再受限於既有的人口替代率與扶養比等指標。這些新概念與新知識，也刺激我們重新思考目前過度強調拉抬生育率為主的人口與家庭政策是否適切。

2. 駱明慶（2007），〈台灣總生育率下降的表象與實際〉，《研究台灣》3：37-60。
3. Ronald Lee, Andrew Mason, and members of the NTA Network, 2014, 'Is Low Fertility Really a Problem? Population Aging, Dependency, and Consumption.' *Science* 346(6206): 229-234.
4. 林曉嬋（2015），〈國民移轉帳方法（NTA）對經濟支持比的分析〉，《台灣經濟論衡》13（4）：89-112。
5. 鄭雁馨，即將出版，〈動力或阻力？人口結構與經濟發展：台灣的過去與未來〉，收錄於李宗榮、林宗弘編《翻轉經濟：新世紀台灣的經濟社會學》，台北：中央研究院社會學研究所。
6. 尤智儀、李玉春（2016），〈縣市生育津貼政策對夫妻生育意願之影響〉，《人口學刊》52：43-79。
7. Yen-hsin Cheng and Elke Loichinger, 2015, 'Women's Labor Potential in an Aging Taiwan: Population and Labor Force Projections by Education Up to 2050.' Paper presented at the 3rd Asian Population Association Meeting. Kuala Lumpur, Malaysia, July 27-30.

生殖科技的新政治

當強調生育作為解決國安問題時，也可能引發的生殖科技使用的新政治議題。保險套、避孕藥、RU486、人工授精……，當今人類生殖並不只是血肉之軀的運作，經常由科技作為媒介，而不同歷史時期的人口政策也影響了生殖科技的價值、分配與使用。在促進生育的年代，這些生殖科技出現新的關注焦點。

首先，人工流產的規範，有了新的變化；韓國政府意圖緊縮墮胎的使用，就引發了婦女團體的抗議。韓國的人工流產僅限於性侵害、亂倫、嚴重危及婦女健康時等理由，但是自 1960 年代以來，所謂非法的墮胎仍廣泛使用，也成為醫師的重要收入來源。多年來政府以減少人口為政策目標，墮胎也成為子宮內避孕器之外、降低出生率的輔助手段，幾乎很少動用到墮胎罪。

自 2009 年開始，韓國政府在生育率過低的情況下，政策大轉彎，多次昭告要積極取締墮胎。[8] 近日韓國衛福部更推出新做法，表示要強化處罰實行非法墮胎的醫師，最高刑責可能包括吊銷執照一年。韓國的婦女團體長期以來要求將墮胎除罪化，以確保婦女擁有自主決定生育的資源。然而，近年來面對政府鼓吹生育的人口政策，政府不只漠視婦女團體的呼籲，更透過處罰醫師，更加限縮墮胎這項醫療措施的資源。

相較而言，日本與台灣墮胎早已合法化，政府較難以低生育率作為理由，重新管控墮胎。以台灣為例，近幾年雖然有思考期、強制諮詢等修法倡議，在婦女團體與醫界主張婦女生育自主權的情況下，這項修法提議目前擱置未行。思考期的辯論沸沸揚揚，而政府對於避孕措施補助的縮減，卻甚少獲得注目。現今如要裝置子宮內避孕器，或是進行結紮，僅有低收入戶以及患有精神疾病、「有礙優生的遺傳性疾病」等民眾，可以獲得節育科技的補助。充沛的避孕資源能減少不必要的懷孕，也有助於降低墮胎需求，但是政府並沒有從這個角度來分配資源。[9]

相較於使用墮胎與避孕的資源限縮，助孕科技卻獲得前所未有的支持。日本從 2004 年起，開始部分補助人工協助生殖科技。日本千葉縣浦安市一家醫院於 2016 年還推出凍卵補助案，未婚的健康女性只需負責三成的費用，廣獲國際媒體報導。韓國從 2006 年以促進生育為由，開始「不孕夫妻支援事業」，實施助孕科技的補助。台灣則從 2015 年開始實施人工生殖科技補助，初期的補助對象僅限於中低收入戶。

從這些政策變遷可看出，政府催生並非僅是口號標語，也不只是靠著社福措施來減輕家庭負擔，更進一步透過生殖科技資源的重分配來進行。限縮墮胎資源、取消免費避孕、補助助孕科技，這些新政策是否有助於人口成長，常受到質疑。然而，這些政策是否會削弱婦女生育控制的資源，有無考量經濟弱勢家庭所需的資源，都需要持續的公共監督與辯論。

「凍卵」這項新生殖科技，成為婦女晚婚趨勢之中熱門的科技商品。紀錄片《卵實力》描繪了演員張本渝 37 歲時的凍卵經歷。電影《我的蛋男情人》中，林依晨飾演的女主角，也是在失戀之後開始探索「凍卵」的可能性。這冷凍技術訴求急凍時間，讓即將老化的卵子停格，彷彿人生可以就此安心前進，需要生育的時候再解凍卵子即可。[10] 促銷凍卵的論述號稱這增加未婚熟女選擇資源。

然而，凍卵過程涉及醫療介入的副作用，解凍之後必須要歷經成功率有限的試管嬰兒技術，或是延後生育可能要面對的母嬰健康風險，都較少被提及。[11] 更重要的是，東亞社會大多仍規定異性戀已婚夫妻才能使用人工協助生殖科技，這意味著女性仍需等到婚配對象出現，才能使用自己冷藏的卵，

8. Woong Kyu Sung, 2012, 'Abortion in South Korea: The Law and the Reality.' *International Journal of Law, Policy and the Family* 26(3): 278-305.
9. 江盛（2013），〈墮胎：婦女權利、障礙和醫學倫理〉，《台灣醫學》17（2）：1-8。
10. Catherine Waldby, 2015, ' "Banking time": Egg-freezing and the Negotiation of Future Fertility.' *Culture, Health & Sexuality* 17(4): 470-482.
11. Karey Harwood, 2009, 'Egg Freezing: A Breakthrough for Reproductive Autonomy?' *Bioethics* 23: 39-46.

也無怪乎卵子解凍而受孕成功的案例仍然非常低。

　　對比起來，單身女性、女同志透過「精子銀行＋人工授精」的技術就能達到生育的需求，醫療侵入性較「凍卵＋試管嬰兒」為低，費用也較便宜。然而，這些想生要透過科技生育的社群，卻限於法令規定，無法使用新生殖科技資源。台灣的同志家庭權益促進會多次喊出要「增產報國」，但是國家並沒有驚喜地回應，助孕科技可能發揮的催生力，還是受到了異性戀婚姻的社會秩序所阻擋。

　　無論是人口學的新計算，還是生殖科技的新政治，都彰顯科學與技術也在積極介入與處理不婚不生的「問題」。面對東亞的少子女化，不只涉及戀愛巴士與生育補助的社會辯論，也需要積極投入推估參數與科技運作的再思考與監督。

//////............

人口學知識、
生殖科技與少
子女化的東亞

性別作為動詞：巷仔口社會學 . 2 / 戴伯芬主編 . -- 初版 . -- 新北市：大家出版：遠足文化發行 , 2017.05
　　面；　公分
ISBN 978-986-94603-4-7(平裝)
1. 性別研究 2. 文集
544.7

106006471

國家圖書館出版品預行編目 (CIP) 資料

common 36

性別作為動詞 —— 巷仔口社會學 2

主編　戴伯芬 ｜ 書籍設計　林宜賢 ｜ 插圖繪製　吳郁嫻 ｜ 責任編輯　官子程 ｜ 行銷企畫　陳詩韻 ｜ 總編輯　賴淑玲 ｜ 社長　郭重興 ｜ 發行人　曾大福 ｜ 出版者　大家出版／遠足文化事業股份有限公司 ｜ 發行　大家／遠足文化事業股份有限公司　231 新北市新店區民權路 108-2 號 9 樓　　電話—(02)2218-1417　傳真—(02)8667-1851 ｜　劃撥帳號—19504465　戶名—遠足文化事業有限公司 ｜ 法律顧問　華洋國際專利商標事務所　蘇文生律師 ｜ 定價　新台幣 350元 ｜ 初版一刷　2017 年 5 月 ｜ 初版五刷　2023 年 5 月 ｜ 版權所有　翻印必究　本書如有缺頁、破損、裝訂錯誤，請寄回更換。本書僅代表作者言論，不代表本公司／出版集團之立場與意見。